农村科技型社会组织培育研究

徐顽强 等 著

科学出版社

北京

内 容 简 介

本书拟围绕农村科技型社会组织培育这一主题，从概念剖析、理论溯源、历史演变和发展现状上归纳出政府主导型、市场导向型、社会力量引导型三种培育模式，以及培育的内生、外在、耦合动力机制和“政治-生存”存在、“经济-功能”效率、“社会-发展”再造的动力结构，并用这些动力机制分析当前我国农村科技型社会组织培育模式的运行。在此基础上，通过构建农村科技型社会组织培育效果的评价体系，借鉴发达国家的培育经验，提出当下农村科技型社会组织培育和发展的路径。

本书可以作为农村科技服务、社会组织、乡村振兴战略研究的读物，可以作为党政领导机关、各地方政策研究室或研究中心的专题读物，以及“三农”事业从业者继续教育学习的教材，也可作为广大农村问题研究爱好者的参考书籍。

图书在版编目（CIP）数据

农村科技型社会组织培育研究 / 徐顽强等著．—北京：科学出版社，2019.6

ISBN 978-7-03-059651-2

Ⅰ．①农…　Ⅱ．①徐…　Ⅲ．①农业科技推广－研究－中国　②农村－社会组织管理－研究－中国　Ⅳ．①S3-33　②C912.82

中国版本图书馆 CIP 数据核字（2019）第 265881 号

责任编辑：王丹妮 / 责任校对：贾娜娜
责任印制：张　伟 / 封面设计：无极书装

科 学 出 版 社 出版
北京东黄城根北街 16 号
邮政编码：100717
http://www.sciencep.com

北京盛通商印快线网络科技有限公司 印刷
科学出版社发行　各地新华书店经销

*

2019 年 6 月第　一　版　开本：720×1000　1/16
2020 年 1 月第二次印刷　印张：11 1/2
字数：230 000

定价：92.00 元

（如有印装质量问题，我社负责调换）

前　言

在当前创新要素驱动发展的我国，创新成为引领发展的第一动力。创新包括理论创新、制度创新、科技创新、文化创新等，其中科技创新是国家创新体系建设的重要支撑，是形成创新驱动的经济社会发展、提高综合国力的关键，制度创新是助力其他方面创新的保障。因此，要实施系统的创新发展战略，深化科技体制改革，建立以企业为主体、市场为导向、产学研深度融合的技术创新体系。发达国家的农业发展历程以及我国农业发展趋势充分证明：完善的科技管理体制、科技创新和服务体系、多元社会主体共同参与的农村科技服务组织体系对农业现代化发展尤其关键。因此，对我国而言，通过农村科技型社会组织来承担科技推广服务、农业科技成果的研发和转化服务、农业产供销一体化服务，解决农业、农村、农民对“美好”科技服务的需求与政府科技公共产品供给不平衡不充分之间的矛盾，对于推动农业现代化、农村社会经济发展与农民脱贫致富尤为重要。

近年来，解决好“三农”问题，补齐“三农”短板，建设美好乡村、优化农业发展环境、促进农业现代化转型、促进农民增收，加大农村公共服务的供给，完善“三农”发展的政策支持体系始终是党和国家工作的重中之重。农业农村农民问题也是直接关系到2020年我国全面建成小康社会和“两步走”战略目标、中华民族伟大复兴的实现。党的十九大报告中，明确提出要实施乡村振兴战略，“要坚持农业农村优先发展”“构建现代农业产业体系、生产体系、经营体系”“培育新型农业经营主体，健全农业社会化服务体系”①。而要实现农业现代化和农业服务社会化，就要创新农村科技管理体系，健全农村的科技服务机制，培育和充分发挥农业科技型社会组织在农业科技研发、转化、应用中的作用，推动多元主体参与到“三农”事业建设中。

农村科技型社会组织是我国科技组织体系和参与乡村振兴战略的重要力量。近年来，社会组织整体迅速发展，社会组织在公共服务领域逐步发挥不可忽略的作用，政府与社会在公共服务领域协作互动，共建共治共享的社会治理格局初步形成，农村科技型社会组织的发展具备良好的社会大环境。而且，随着建设创新

---

① 习近平：决胜全面建成小康社会夺取新时代中国特色社会主义伟大胜利——在中国共产党第十九次全国代表大会上的报告. http://www.gov.cn/zhuanti/2017-10/27/content_5234876.htm，2017-10-27

型国家战略的逐步推进，科技型社会组织体系更是国家创新体系的重要组成部分，对于“三农”问题来说，农业现代化对农民脱贫致富、全面建成小康社会，补齐农村发展的短板发挥着日益重要的作用。再者，全球社团革命、治理运动兴起以及西方社会组织参与社会治理的良好示范效应，学术界对社会组织参与乡村治理方面的理论和实践经验的研究，为科技型社会组织与政府协同服务农村现代化提供了理论指导。

农村科技型社会组织在“三农”事业建设中具有更大的舞台和发展使命，它们在推动科技下乡、科技服务农业、科技惠农强农方面具有不可替代的作用。一方面它们在农业科技成果研发、农业科技推广、农业科技示范、农业科技成果转化与应用、科技政策评估、创新政府科技政策决策、科技管理体制和机制改革、管理咨询等方面能够弥补传统农业科技服务系统的不足。另一方面，科技型社会组织的存在和发挥的作用，有助于降低技术转让过程中的信息、技术、管理和融资的壁垒及交易成本。再者，通过新型科技型组织发挥黏合剂和桥梁纽带作用，有助于激发农村市场的潜在活力，整合分散的各类生产要素资源，实现科技改变传统农户小规模分散的生产模式，串联农民、企业、市场，连接农户与科技、农村与城市、农业与工业、政府与社会的新型科技管理格局。因此，在创新驱动发展的大环境下，通过创新科技管理体制，以农业科技服务为主线，培育和发展农业科技型社会组织，加强农村科技服务体系建设就显得尤为重要。

目前，我国农村科技型社会组织发展仍处于起步阶段，整体上力量还比较薄弱，农村科技型社会组织的社会化服务水平与广大农民、农业发展的科技化与现代化的要求之间尚有较大差距，而主要症结之一是农村科技型社会组织建设严重滞后，主要体现在这些组织在资金、人才、资源、内部治理、外部协同能力等方面可持续发展能力不高。而我国传统的科技型社会组织主要来自科学技术协会系统以及农业专业合作组织，科技型社团和合作性质的组织由于自身发展的薄弱性，其在农村社会中发挥科技服务的作用也有待提高。加上以龙头企业、工业园、社会力量为主导的新型科技型社会组织发展的体制、制度、模式尚处于探索阶段，还无法与传统农业科技型社会组织形成良性互动，短时间难以实现科技创新和制度创新服务于农业、农村、农民的效果。基于此，科学地培育和发展农村科技型社会组织，是值得进行深入研究的课题。

本书首先对农村科技型社会组织培育的背景和意义进行阐述，总结国内外在该领域的研究成果，并对创新驱动、农村科技服务体系、社会组织以及农村科技型社会组织等相关概念进行梳理，接着探讨农村科技型社会组织培育的理论基础和现实状况，归纳出当前农村科技型社会组织培育模式即政府主导型模式、市场导向型模式、社会力量引导型模式，并进一步构建农村科技型社会组织培育效果的评价体系。再者，通过总结并对比分析世界上农业发达国家如美国、日本、荷兰的农村科技型社会组织培育模式，总结出农村科技型社会组织培育模式的有益经验，提出促进我国农村科技型组织发展的路径，从而发挥农村科技型社会组织在促进农业服务社会化、农业现代化和农村产业结构优化调整方面的基础性、引导性、连接性作用，使其真正成为农村基层社会治理的重要力量。

目　　录

第一章 绪 论

目前，中国农业科技创新已成为推动现代农业发展的主要驱动力，截至 2015 年年末，我国农业科技进步贡献率已达到 56%，农业科技竞争力不断提高。农村科技型社会组织通过连接政府、企业、农户、高校和科研院所，为“三农”提供专业化、社会化的科技服务，对其进行培育就是让农村科技型社会组织充分发挥其功能和最大潜能，从而促进农村科技进步和农村经济的发展。本章主要对农村科技型社会组织培育的背景、意义，国内外研究现状进行综合评述，并界定本书的相关概念，阐释整体研究脉络，为后续研究提供支撑平台。

第一节 研究背景及意义

一、研究背景

发展现代化农业必然需要农村科技服务的支撑，完善的农村科技服务是农业发达的重要标志，也是国家创新体系建设的一部分。近年来，我国农业、农村发展的政策制定部门一直都将农业科技创新作为一项重要课题，并出台一系列政策措施来为我国建设现代化农业铺路。

2004 年 1 月，中国农业科学院首次提出建设国家级的“农业科技创新体系”，主张联合全国各地的农业科学学院，历经多年的共同建设，建成了 1 个国际级、9 个区域性的农业科技创新中心，同时建成了大约 50 个国家级以及 300 个省级农业科研综合试验站（邱密，2014）。从全局看，这是从国家层面提出的建设农业创新体系的顶层设计，有利于系统性指导我国农业科技创新工作的开展。但相对而言，这只是重新安排了农业科技内部资源，探究怎样更合理地去融合更多社会优质资源和剩余资源与农业生产主体之间实现联动以及如何更好地与农业教育机构进行沟通协作，这些关乎农业现代化发展的关键问题涉及得非常少。

2007 年，农业部、财政部开始启动国家现代农业产业技术体系建设，依托现有中央和地方的科研力量与资源，规划设立了研发中心和综合试验站的两级平台（李建军和周津春，2012）。依托这个平台建设国家现代农业产业技术体系，进行科技研发和攻关，集中力量取得农业科技成果，并推广到适合的领域。将农产品、产业连接起来，以点带面带动农业和服务业的发展，做到农产品的生产和消费、研发和市场无缝衔接，从而形成工农业良性互动融合，提高农业的科技创新能力，最终服务现代农业发展。推进农业科技研发、教育、推广和应用结合，构建完整的服务系统，这是建设国家级现代农业产业技术体系的一大目标。就是在这个体系中，科研机关、农业产业、农村合作组织以及农民等主体实现密切互动合作，为我国农业现代化发展积攒成功经验。

2011 年 11 月，“十二五”农业部重点实验室建设工作开始展开，农业部计划以主要农产品、共性技术和生态类型为中心来布局，这是中国“首次在国家层面开展农业科技机构创新资源的统筹协调与优化整合，突破了传统的隶属关系，在不同的农业科教机构间架起了桥梁，使重点实验室逐步成为一个纵横交错的农业科技创新网络”。农业部重点实验室的建设对农业科研领域进行了一定程度的改造，突破了农业科研组织和农民、农业产业之间沟通不畅、条块分割、资源分布不公的瓶颈，努力实现农业科技研发的联动，推动了农业科技创新。尽管如此，农业部重点实验室建设对于如何发挥农民和农业产业的主体地位，怎样激发农业的创新驱动力等方面还存在许多不足，因此这项工作依然不能等同于国家农业创新体系建设。

2012 年年初，中共中央、国务院发布了《关于加快推进农业科技创新持续增强农产品供给保障能力的若干意见》，这是中华人民共和国成立以来首次以中央文件形式对农业科技工作进行全面部署（李建军和周津春，2012）。我们可以从中看到中央高度重视发展农业科技，要把发展科技作为促进农业发展的根本工作，因此必须有效地完善农业科技创新机制。文件还指出要把握好农业科技创新的方向，做好前沿、基础的研究，还要按照农业的需求做好关键技术攻关；完善创新机制，整合产学研的科技资源，致力于协同创新；要为创新提供足够的政策、经费支持，鼓励社会资金参与；重视农村科技推广机构的服务工作，提高其服务能力，帮助农户改变传统生产方式，学会现代化的先进农业技术；引导科研机构对农业的帮扶，鼓励其深入基层开展工作；培育新型农业社会组织，通过多种方式扶持社会力量参与农业服务，发挥社会组织的作用，使农民了解市场、学会先进的农业技能；发展农村教育，特别是要积极培育专门性的农业科技人才，大力支持涉农院校和农业高等学校的建设，并从政策和资源上予以大力支持，最终培养出一批农业顶尖创新人才和团队，与此同时还要培训服务农村的基层科技人员。2012 年 12 月 31 日年颁布的《关于加快发展现代农业进一步增强农村发展活力的若干意见》指出“建设中国特色现代农业，必须建立完善的农业社会化服务体系。要坚持主体多元化、服务专业化、运行市场化的方向，充分发挥公共服务机构作用，加快构建公益性服务与经营性服务相结合、专项服务与综合服务相协调的新型农业社会化服务体系”。2014 年颁布的《关于全面深化农村改革加快推进农业现代化的若干意见》中强调“深化农业科技体制改革”、推动“协同创新战略联盟”建设、“健全农业社会化服务体系”等深化改革农业科技创新的发展路径。2015 年，中共中央、国务院再次颁布一号文件《关于加大改革创新力度加快农业现代化建设的若干意见》明确提出要“强化农业科技创新驱动作用”，以及要健全农业科技创新激励机制，完善相关机构和企业的人才激励机制，重视科研成果的使用效果以及对科研人员的激励；做好农业科技和资源的整合工作，重视企业在农业科技创新中的主体地位；发展农业科技协同创新，在科技园区的基础上发展成集资本、信息、资讯为一体的创新服务平台；尝试成立农业科技成果交易中心，利用研究所、大学、科技特派员队伍等力量使成果得到更好的扩散和转化。

此外，2012 年修订的《中华人民共和国农业技术推广法》中明确定义：“农业技术推广，实行国家农业技术推广机构与农业科研单位、有关学院、农民专业合作社、涉农企业、群众性科技组织、农民技术人员等相结合的推广体系。国家鼓励和支持供销合作社、其他企业事业单位、社会团体以及社会各界的科技人员，开展农业技术推广服务。并且从法律上规定了对农业的推广不是割裂的，若干主体各自为政的行动，而是多元主体的集体行动，需要推进国家机构、涉农企业、社会组织、农业推广技术人员和农民的结合。

近些年来，中央政府尤其重视科技创新在解决“三农”问题中的作用。但值得注意的是，我国农业科技创新中各自为政的现象依然很严重，农业科研院所、机构和农业推广仍是割裂的关系，而推广又和生产没有连接起来，这些都造成了我国农业科学技术转化不成熟，转化程度低，农业技术的推广缓慢。因此，需要将政策真正地落到实处，使科技创新成为农业和农村发展的驱动力，更需要政府部门摆脱传统思维方式，加强和高校、科研机构、各种农民社会组织、涉农企业以及农民的交流合作，形成多元主体联动的创新体系，提高农村科技型社会组织的创新能力，重视中介组织的作用，发挥其承上启下、打破体系分离的作用，从而建立起一个多元互动的农业创新服务体系。近年来，随着政策的推进和中国经济体制的不断完善，一些农村科技型社会组织不断成长发展，日渐成为农业技术推广主体和受益者的桥梁与纽带，这对打破以往部门林立、各自为政的现象具有重大意义。同时，其连接起学界、部门、企业和农民，使各种农业资源得到合理的配置，建立起协同创新的机制，也能为我国农业科技创新和现代化做出贡献。因此，我国要走农业集约化、专业化、组织化、社会化、现代化的道路，需要有效地提升农业生产的竞争力和农业科技的创新能力。在此过程中，我们必须高度关注在农业技术推广主体和受众之间建起桥梁的农村科技型社会组织的成长发展。

创新是国家发展的主要驱动力，农业科技创新水平是衡量国家创新能力的关键指标，那么如何提高农业科技的创新能力以及怎样使科学技术转化为农业生产力是关系到农业现代化发展的关键问题，政府自始至终也十分重视农业科技的力量，采取多种形式的农业科技服务手段，为农业科技顺利转化为生产力搭桥铺路，使科研机构的研究成果能造福农业和农民。

在科技兴农的战略背景下，为了更好地促进科技和生产力的结合，一些农村专业合作组织应运而生。这些机构致力于促进农产品的商品化，并用科技为农业发展服务，且已经成为我国农村科技推广体系和农业科技创新系统的重要力量。参加农村专业合作组织的成员一般是生产同一作物、从事相同产业的农户，通常是以业缘而非地缘为纽带，显示出对农业科技服务需求的同质化。这些特点使得其在运作中可以对目标群体进行精准投放，降低运行成本，有利于规模化经营。农村专业合作组织的参与者也是农业技术的推广者和使用者，为每一个成员服务，通过目标化管理，率先使用新的科研成果和新的设备，组织培训活动，学习新的生产技能和推广新品种。农村专业合作组织的这些实践活动一定程度上为农民提供科技方面的知识，提高了农村科技水平，激发了农民对科学的热情和对先进生产技术的兴趣，使农民学会用新型的技术解决生产问题，从而使农民形成科学的种植、生产和经营理念，使他们成为新时代的新型农民。

目前我国农村已形成多种多样的专业性合作组织，主要包括农民专业技术协会、农民专业合作社、农民股份合作组织和行业协会四种形式。农民专业技术协会主要为成员提供技术、信息、销售等服务，组织较松散；农民专业合作社则具有比较专业的管理形态，成员之间的关系比较紧密，并且需要缴纳一定的资本作为股金或会费，社团成员在农作物交易和技术交流方面也有较多合作，社团会根据盈利情况来安排资金和利润的发放；农民股份合作组织是利用股份制的优势而成长起来的新型农民组织，农民可以用资本、土地、农机和技术来入股，方式比较灵活；行业协会是行业龙头加工企业、营销机构、科研团体、专业合作社团、专业大户等自发成立的行业自律组织。

农村专业合作组织的形式是灵活多变的，具体表现为各种类型的组织、个人有针对性地帮助农民处理生产和经营难题，为农村经济的稳定发展做出了贡献。农业产业化龙头企业在资本、技术和销售环节给予农民支持，在和农民的合作中实现利益共享，而涉农和农业部门则主要负责发掘农村的特色农业，从而发展优势农业产业，使农产品更符合市场需求，带领农民致富。这些农村专业合作组织的功能在实践中不断完善，服务也更全面和专业化，开始将服务贯穿于生产的各个阶段，服务领域也扩展到加工业、运输业和服务业。一些专业合作组织的服务范围不断扩展，除了传统的信息咨询、技术指导、农机作业等服务，还开始提供如经营决策、金融、保险、维权等更具有现代化和更专业化的服务，满足各层次农户在生产经营过程中对技术、信息的需求。不仅如此，一些农业专业合作组织已成为我国农业科技推广体系的一部分，因为随着农业产业化、市场化的前进，农户对农业技术和经营的信息要求不断增高，正如前面所讲，传统的农业推广体系存在各种各样的问题而不能充分地满足农民的需求，大部分农户只能通过邻里传播网络来得到所需信息，因此农村专业合作组织就应运而生，弥补了我国农业科技推广方面的一些不足。市场经济的发展、农业规模化的扩大和农民经营意识的提高都需要农业推广机构与中介为其提供更高层次的服务，一些农业机构已经开始探索向科技经营性公司转化，有的科技协会在政府的支持下已成为农业技术推广的先行军。农村专业合作组织是信息的推广者和传播者，连接着各级农业推广机构、农业科研院所，及时获取前沿的农业科技信息，并对农业新成果进行推广转化，通过自己的纽带作用带动当地农业经济的发展。最重要的是，农村专业合作组织会参与主导农产品的销售，为农产品找好销路，组织市场调研、设立销售网点、统一包装、集中运销，从而缓解了农户因为对市场的不了解而产生的损失，实现专业化、规模化经营，降低了经营和交易成本。另外，在与收购方的交往中，合作组织代表农民的集体利益，可以有效地与之抗衡，帮助农民维护自身利益，避免对方在收购时恶意压价的行为。

以上致力于农村科技推广和服务的机构、组织都属于农村科技型社会组织，其开始于 20 世纪 80 年代，最初只是提供技术咨询和服务的小型组织，但是随着政府的支持和经济的发展，一些企业、各级政府、科研院所和高校也开始开展科技成果的推广与转化。目前，已经涌现出一批能起典型示范、创新型、实力雄厚的大型科技中介机构，这些科技中介机构也逐步呈现出体系化、规范化、产业化、功能化（孙雄松和田兴国，2008）。尽管如此，我国农村科技型社会组织的发展还不十分完善，发展比较滞后，主要起到科技信息的整合、科研机构和农民的纽带、科技成果的转化等作用，而对农业科技方面的创新成果成功商业化方面缺少应有的重视和完善的服务。农村科技型社会组织由计划经济发展而来，虽然经过市场经济的洗礼，但在内部管理和组织方面仍存在着许多滞后因素：政府与其行政隶属和利益关系没有厘清，政府的管理和指导方式比较落后；农民的知识素养、法制和组织观念都比较差，对组织内部的民主参与和内部组织、管理、运营方面的认识不足；农村科技型社会组织内部的运行机制不合理，管理方式落后，应对风险的能力不足，权利和义务的界限不清，制度不健全，而且就全国范围内看资源分配不均衡的状况在各级、各区域的组织之间还比较普遍。

发达国家的实践经验证明，农村科技型社会组织是推进科技在农村传播的主要媒介，对提高农业生产力起着重要作用，有效地推动了农业创新能力。近年来，党和国家越发认识到农业创新能力的重要性，也多次发文论述科技创新及农村科技型社会组织的重要性，采取多种措施帮助其成长，使各类新型的科技组织得到一个有利的发展空间。但是正如上面所说，我国农村科技型社会组织的发展还比较迟滞，主要工作内容仍旧比较简单，主要包括整合科技信息资源、提供信息咨询和服务、为科研部门和农业生产经营者提供沟通平台，且在很多方面都存在许多问题有待解决。

为了使其快速发展以更好地服务农村现代化建设和经济的发展，政府部门和学者都进行了许多有益的探索。然而由于理论基础不扎实，具体的实践工作较少，当前的政策和理论研究还比较肤浅，亟待对相关问题进行深入分析思考。结合中国农村实际，在创新驱动思想和实践的指导下，分析我国农村科技型社会组织培育的困境，并探索出一条符合国情的培育路径是很有必要的，本书正是基于以上各种现实问题的深入思考，来深入分析农村科技型社会组织的培育之道，尝试为其发展壮大提供理论和实践指导。

二、研究意义和价值

改革开放以来我国经济社会发展取得了巨大成就，但我们也必须认识到依靠资源投入的粗放型的经济发展方式是难以持续的。为此，习总书记讲道："老路走不通，新路在哪里？就在科技创新上，就在加快从要素驱动、投资规模驱动发展为主向以创新驱动发展为主的转变上。"①为此，我们必须高度重视科技创新的作用。2016 年 5 月，中共中央、国务院发布了《国家创新驱动发展战略纲要》，正式把创新战略提升到国家层面，这将为我国经济社会发展注入新的活力。在科技创新的前提下，更大化地发挥资源价值，创设集约型经济发展方式，进而推动我国经济的持续发展。在此过程中，科技型组织也将迎来良好的发展机遇，在实现自身成长发展的过程中，有效地服务经济社会发展。

推进农业现代化进程，主要就是把科学技术应用到农业生产中，使科学技术成为促进农业发展的重要生产要素。在当前的土地资源有限、劳动力短缺的硬约束下，农业生产必须寻找新的增长点。通过在育种环节、培育环节和收获环节的科技服务，最大限度地提高农业生产效率，进而提升农业收益。同时，也要积极发展农业周边产业，实现一二三产业的深度融合，拓展全产业链，最终构建完整有效的大农业体系。这一工作的开展不仅关系到农民务农收益的增长，而且直接影响着农业农村现代化的有效实现。其中，农村科技型社会组织是为了实现特定的目标而有意识地组合起来的社会群体。农村科技型社会组织作为中国社会组织的重要组成部分，努力建设发展农村各种社会组织，在促进农村经济社会发展的同时，也为农民提供更多的公共品，最终实现美丽乡村建设，促进乡村振兴。我国是农业大国，正处于农业现代化建设的关键时期，农业科学技术推广的不足，制约了我国农业的发展。科学技术的推广，受到农民文化水平低、政府相关农技推广工作不力、人力和经费紧张等一系列因素的制约。而民间自发组织了一些技术互助组织、生产合作组织等，虽然在一定程度上有利于推动农户的农业生产发展，但是影响范围较小，执行效率较低，缺乏可持续发展的机制。因此，如何在

① 习近平：在中国科学院第十七次院士大会、中国工程院第十二次院士大会上的讲话. http://www.xinhuanet.com//politics/2014-06/09/c_1111056694.htm

国家创新驱动发展战略的推动下，培育和发展我国农村科技型社会组织，具有非常重大的理论意义和现实意义。

1. 理论意义

（1）丰富社会组织发展理论体系。社会组织作为政府服务公民、服务社会的重要协作伙伴，发挥着越来越重要的作用，各国学者对其相关理论和实践的研究也日益深入。我国正处于社会转型的重要时期，社会组织的作用在各行业的功能日益显现，然而由于发展速度快、涉及面广、所处环境复杂、体制机制不健全等一系列因素，许多问题也凸显出来。国内对社会组织的研究集中在比较发达的城市，对农村社会组织的研究较少，对农村科技型社会组织的研究则更为欠缺。然而，农村科技型社会组织正在发展，并且承担着重要的功能，对其进行研究能够丰富我国社会组织的研究体系。

（2）为基层社会组织的发展提供有益的理论借鉴。我们拟构建一个农村科技型社会组织培育效果评价体系，这能够为农村科技型社会组织的运作效果提供一个可供评价的标准和培育过程中的重要着力点，使行为更加有据可依、有纲可循。并且通过对农村科技型社会组织的动力因素、动力结构和运行机制研究，分别从静态和动态对农村科技型社会组织的培育进行分析阐述，能够为实际工作提供理论参考。

（3）为基层科技型社会组织的培育提供方法上的经验借鉴。本书培育模式的总结、动力机制研究的归纳演绎、案例分析，都是对相关理论方法在实际问题中的运用，尤其对农村科技型社会组织的发展研究带来一定的经验启示。

2. 现实意义

（1）透析农村科技型社会组织发展的实践困局。我国农村科技型社会组织面临着重大的机遇，也面临着极大的挑战，更具体地说农村科技型社会组织的培育和发展具有现实的紧迫性，也面临着重重困难。从农村科技型社会组织发展现状、培育模式、动力机制等层次进行深入分析，层层剖析现实中的困境，这对问题的解决具有基础的必要性。

（2）为相关部门提供指导性建议。我国农村科技型社会组织的发展，受到政府、农民、社会组织自身三个主体以及与这三个主体相关制度、资源、文化等多种因素的影响，这其中的每一个因素都能够引起他们的关注并产生相互联系。本书在研究农村科技型社会组织的历史沿革和发展现状、培育模式和国外经验的基础上，形成相应的对策和建议，以期对政府相关部门政策决策起到启示作用。

（3）积累基层社会组织研究的实践经验。本书结合实际案例，归纳出典型的农村科技型社会组织培育模式，归纳出成功的经验和存在问题的教训，能够为其他地区、不同类型的农村科技型社会组织培育的实践活动提供一些经验，而如何将这些经验进行有效地提取，使之更具代表性和更好的发展潜力，就需要将理论和实践有效地结合起来。本书力图建立相应的对策集和案例库，以指导实践的需求。

第二节 文献综述

随着我国现代农业的发展、农村信息化的推进以及农民素质的提升，农村组织及农民对农业科技服务提出了更多要求，当前单纯依靠政府提供科技服务的方法已经不合时宜。科技型社会组织因其自身的特殊优势，在参与农业科技服务过程中能够提高服务的质量和效率、满足农户个性化和多样化的需求、培育新型农民和提高农业科技服务的回应性。科技型社会组织参与农业科技服务的国际经验也表明，农业科技服务既需要政府的支持，又依赖于非政府组织的参与。因此，应当准确地定位政府与科技型社会组织之间的合作伙伴关系，扩大科技型社会组织的参与空间；适应农户各类型的基础需求，支持和鼓励科技型社会组织为农业生产服务。

一、关于农村科技型社会组织方面的研究

从农村科技型社会组织的概念和类型方面进行研究。科技社会组织，顾名思义是科技领域的非政府组织，具有一般非政府组织的特征，主要作用是推广科学技术，进行科技普及和培训，提供科技服务，进而服务于国家科技能力提升，并协助政府处理一些科技方面的社会问题。交叉学理论说明科技型社会组织是一种跨学科的概念，涉及多学科的概念。美国学者萨拉蒙认为非政府组织具有组织性、民间性、非营利性、自治性和志愿性，具有这些特性就可称为非政府组织。路甬祥（2009）指出，科技非政府组织是一种科技领域的非营利性组织。它具有一般社会组织的特性，即非政府、非企业和非党派。我国的农村科技非政府组织包含的内容十分广泛，一般在农村从事科技服务事务的组织都可以囊括在内，如上面提到的农村专业技术协会，它为我国农村地区提供基层科技公益性服务：对当地农民进行科学普及、进行农业生产技术培训、整合农业相关信息，是一种独具特色的组织形态。仝志辉（2005）认为农村科技型社会组织是在农村活动的，主要致力于促进农村经济发展和为农民增加生产福利，参与的对象大部分是农民的非政府和非企业组织。刘义强（2009）除了强调其公益性，还认为农村科技型社会组织还具有互助性的特点，其基础价值在于提高社会自我管理能力。张云英（2011）认为农村科技型社会组织突出的特点是自治性，它是农民自己进行公共事务治理的组织。卫元琪（2000）则提出“科技中介”是连接“科技”和“经济”的桥梁，它使得科技与经济能够融合，而能够提供这些功能的公益组织皆可称为科技型组

织，而能够为农村经济发展提供科技服务，连接农业科技成果和农业技术，对农业科研成果进行孵化，促进农业现代化，提高农业生产效益的各种组织可视为农村科技中介组织。他还认为农村科技中介服务机构的主要功能是激发科研的活力和创造性。它能够为科技创新提供社会化和专业化的服务以增强创新的活力，并且努力促使科研成果的转化，使其能够应用到农业生产中，为顺利地使科技和农业生产结合，这些机构经常会整合和传播技术供求信息、做好科技孵化和技术培训，甚至为企业提供管理咨询。

从农村科技型社会组织的功能方面进行研究。蒯强（2009）提出在现代社会中，非政府组织“可以向社会提供众多服务，承担一些政府部门不该做或做不好，企业做却未必有效的社会事务”。丁楠和周明海（2010）认为，科技非政府组织对农村科技具有非凡的意义，具体表现在四个方面：首先，其参与有益于提供高质量的服务；其次，满足了农户对科技多方面和个性化要求；再次，它的参与一定程度上传播了科学知识，有助于农民科学素养的增加；最后，使农村科技服务的回应性提高。陕黎明和方群（1993）强调了乡级科技组织的特殊作用，主要表现在它一方面有国家政府的支持，另一方面可以直面农民，所以具有很强的沟通性、协调性、组织性和服务性，这种特质使其很难被替代。要发挥其作用，就必须努力改革现有体制，探索并建设专业化、实体化、群众化和网络化的乡级科技组织。扶持农村科技型组织，为其建立和组织以及自我管理提供政策和物质支持。对农民的生产技能进行培训，造就农村科技人才，加强科技普及工作，创造良好的科技组织生长环境。

有关政府和农村科技型社会组织合作模式的研究。美国经济学家韦斯布罗德曾指出，政府和非营利组织在提供公共物品上是一种互补的关系。美国学者布林克霍夫赞同韦斯布罗德的观点，并且认为这种政府和非政府组织的合作关系可以更好地提供公共服务。现代社会，公共服务的供给和需求存在着许多问题，而这些难题必须通过广泛参与来解决，而合作性关系无疑是一种策略，它提供了一种全新的思路，以满足公众对个性化服务的需求。王义（2010）认为农村科技型社会组织发展是国家对农村社会在一定程度上的放权，给予其发展所必要的宽松环境，是乡村社会体制改革的一部分。他还提出，市场经济的成熟程度和我国结社传统都是农村科技型社会组织成长的有利条件。李熠煌（2009）认为农村精英在农村科技型社会组织中的作用不可忽视。他从文化角度分析了农村科技型社会组织成长的驱动力，认为其成长包含着内在性和外在性因素，且外在性因素起的作用更大。造成这种现象的原因有两个：一是农民为规避市场风险的自发性行动，以集体的力量保护个体的发展；二是政府的失职和相关保护性法律的缺失促使这些组织的建立。楚成亚和陈恒彬（2007）认为农村科技型社会组织的成长是与公众和民间权威的状况紧密联系的。公众的积极参与是农村社会组织产生和发展的社会基础。当前，在我国农村地区民众参与薄弱的大环境下，通过外力打破固有的利益藩篱，农村科技型社会组织能得到很好的运行。而且，建立良好组织，拥有坚定的领导者以及确保成员间稳定的共同利益，同时具有充足的经费是一个组织成长发展的必备条件。在农村发展各种社会组织时，要善于借助外部资源的援助，在此基础上实现良性发展，最终和政府共同参与各种服务的提供。

从科技治理视角对农村科技型社会组织进行研究。丁楠和周明海（2010）认为多元化的服务是目前农业科技体系发展的方向。社会的参与是全世界所有国家发展公共事业需要重视的力量，我国农村也有了自己的科技服务力量，如农业龙头科技企业、农业科技行业协会和农业科技与经济合作组织。但是这些组织往往存在发展水平低、覆盖面窄的问题，需要国家在政策、资金方面予以支持。汪锦军（2008）分析了政府、村组织和科技社会组织在农村科技公共事务治理中的地位与作用。政府的支持和参与对农村科技组织的发展至关重要，因此需要为这类型组织发展提供政策支持和财政补贴，进而提升农村的科技创新和治理能力。

二、关于社会组织培育方面的研究

关于社会组织培育内涵的研究。所谓社会组织培育内涵，就是指社会组织培育应该包括的内容以及具体的工作内容，同时包括相关制度的设计。当前，学术界对社会组织培育的研究较少，研究主要集中在重要性、参与主体等方面。也有一些学者呼吁在农村构建社会组织，应该成为促进农村经济社会发展的重要工作。

关于社会组织培育功能的研究。功能是指在事业发展中的重要功效，而社会组织培育的功能就是对社会组织主体作用的关注。社会组织培育不只是进行知识和技能的培训，更重要的是为社会组织发展组建整套的支持系统。吴津和毛力熊（2011）总结了社会组织培育工作的四大作用，包括理念塑造、核心载体、能力提升和引导协调。所谓理念塑造就是建立起社会组织的自愿、公益、尊重、量力而行、安全和户主奉献的原则，并且建立起制度化方式以坚守其核心价值原则；核心载体指的是在组织生长初期，给予其免费的场所、初始项目、初始资金等资源，积极帮助其建立外援；能力提升即通过培训，提高组织的规划、业务、技能、管理等能力；引导协调是在培育过程中，促进政府、企业以及公众等多主体之间的有效联系合作。王世强（2012）认为非营利组织孵化器具有多种综合保障功能，包括硬件支持和资金支持功能，培养能力功能，宣传推广功能，专业服务功能，提供包括管理咨询、财务托管、网络技术支持等方面业务的功能，由多元主体合作共建的孵化器还具有整合跨界合作的功能，引导规范非营利组织（non-profit organization，NPO）发展的功能。

关于中国的社会组织培育发展研究。随着我国经济社会的快速发展，政府的管理方式也有了很大转变，更加注重提供良好服务，同时需要社会组织帮助其管理公共事务。但我国社会组织的发展并不完善，既面临基础薄弱的难题，也遭遇着经验和能力的缺乏，因此开展培育孵化对于促进社会组织的成长非常重要。实践中，我国的社会组织发展也非常重视社会组织培育工作，在改革开放后，社会组织培育工作大致经历了三个阶段（吴津和毛力熊，2011）：第一阶段是理念引入，建立培训课程；第二阶段是2007～2009年，建立孵化器项目，多种手段并行；第三阶段自2009年开始，将之前的孵化经验扩展出去，各地社会组织培育机构相继建立。

关于社会组织培育困境的研究。因为国情不同，每个国家的社会组织培育模式不同。中国社会组织培育的思路是政府作为掌舵者，对公益性社会服务类组织进行培育，例如，通过公共服务外包的形式来提高服务的质量、节约成本，订单式培育和引领这些组织为公众提供更好的服务。中国社会组织培育的困境可以从两个方面来归纳。

一是从政府方面来讲，存在着政府责任转移与资源转移不配套。政府是社会组织的资源提供者，并且会为社会组织提供制度、资金、信息咨询的服务，这对社会组织的成长至关重要。政府是社会资源的实际执行者，掌握着绝大多数的公共资源，因此也就有责任去处理社会问题，也可以采取外包的方式将解决社会问题和服务公众需求的责任交由市场与社会去处理。一般来说政府责任让渡的同时要有相应的资源转移，如财政补贴、税收优惠等方式让渡，或者某些干预等权力的转移。然而在现实操作中往往出现政府资源没有转移或者转移很少，社会组织资源短缺局面，这导致社会组织对资源的掌控能力的弱化。这当中既有社会组织自身发展不足的原因，也有政府出于“经济人”思维导致的自利性的一面。因此，在对社会组织的培育中，社会组织对政府形成的严重的路径依赖，有可能进一步导致潜在的权力寻租和各种不规范的行为产生。

二是从承接培训功能的组织来讲，存在着组织发育不良的问题。西方国家主要包括NPO孵化器、NPO中心、支持性组织或公益创投公司等培育类型。在我国也有四种培育组织。第一种是由政府主办和负责运营的，主要为市民中心或者社会组织孵化基地。工作人员的来源比较单一，缺少专业人员，同时培育经费也相对有限，政府对其控制力较强，因而这类型组织有可能带有官僚主义倾向。第二种则是由民间的社会组织发起并负责运营的，这类型组织的整体规划不足，经费有限、人才短缺，需要得到强有力的援助才能继续运营下去，发挥的作用也比较有限。第三种是由政府主办，由民间运营。这种培育模式既能保证充足的资源，同时也能更加适应经济社会发展需求，因此这类型组织的作用最为明显。第四种则是由政府和社会组织联动合作承接公共服务功能，这类组织的作用也较为明显。

关于社会组织培育实践模式的研究。社会组织培育的主要内容就是“培育社会组织”，为此我们需要积极思考培育的主体和主要的培育内容。基于培育主体和运作流程考虑，当前的社会组织培育模式主要包括三种：第一，政府主导培育模式。在这种模式中，政府发挥了全方位的作用，具体工作包括资源提供、组织监管、引领倡导、指导评估等内容。北京、张家港等地均有这种模式培育的社会组织，如张家港市公益组织培育中心，该中心会长、秘书长等主要组成人员为该市民政局党组成员，因此该中心实际上是由张家港市民政局主导成立的。通过实际工作分析，可以发现该中心的决策和执行安排工作主要由政府统筹安排。第二，官民合作培育模式。在这种模式中，政府和社会组织都进行了全面参与，并提供了不同方面的工作支持。一般是由政府承担办公场所等硬件基础，而社会组织提供人才等软性条件。如南京爱德社会组织培育中心，是南京市民政局、建邺区政府和爱德基金会联合筹办的，民政部门提供办公场所、资金筹集、项目寻找，而爱德基金会负责培育组织的能力建设、搭建社会组织合作交流的平台，中心的重大决策都由基金会和市民政局共同做出。第三，社会组织主导模式。在这种模式中，培育的核心主体是民间社会组织。恩派公益组织发展中心就是最典型的例子。该组织 2006 年注册了第一个机构——上海浦东非营利组织发展中心，为初创期和中小型民间公益组织提供多方面的支持，包括适当的场地、通信、网络与办公等方面的共享设施，系统的培训和咨询，政策、法律和社会推广等，从而降低公益组织的创业风险和创业成本，提高公益组织的成活率和成功率，其工作理念和工作方法也在全国不同地方得到了推广与借鉴。

三、关于农村科技合作组织培育方面的研究

西方国家对于农村科技合作组织的研究开展较早，尤其是发达国家，对农村科技合作组织已经开展了内容丰富的深度研究。农村科技合作组织作为农民联系市场的载体，在新农村建设、农业增效和农民增收中发挥举足轻重的作用。

19 世纪上半叶开始，以欧文为代表的一些社会学家开始细致地阐述合作社思想，其他学者也开始对合作社的理论和实践进行了更深入的研究。美国纽约城市大学的麦卡锡，主要思考了非营利组织和公益事业的两个问题的表现、挑战和发展趋势。且近些年来，发展中国家的合作社发展比较快，也得到了学者的关注。Emelianoff（1942）主要着眼合作社的性质死角，他认为农村合作组织并不是一个独立的盈利主体，只是一种不完整的联合，在业务上进行简单合作。也有学者关注到在发展中国家，农村合作社在解决粮食危机、农业市场资本化方面发挥了巨大作用。但是因为大多数合作社官办色彩较浓。也有学者结合我国实际，分析了返乡农民工创办农村合作组织在带动当地农业进步和经济发展方面发挥的重要作用。

在对农村科技合作组织的培育意义和作用方面，覃思鼎（2007）认为农村合作组织在促进我国农村科技传播方面的贡献主要是改善了农村科技传播媒介的不足，增进了政府部门与受众的互动程度，提高了我国农村科技水平。林柯和火召前（2008）着眼安徽省的实践工作，运用相关经济理论，具体探讨了发展农村经济合作组织对农业产业化的促进作用，同时分析了两者之间的互动合作，他最后认为两者之间存在正相关的关系。另外，张武强和汪雷（2011）论述了农村科技合作组织存在是市场发展的必然要求，既能促进农村公共物品供给能力的提高，也有助于发展农村经济。同时，张建成和刘斌（2005）等也研究了农村科技合作组织与构建农村和谐社会的关系，认为农村科技合作组织能够在农村和谐社会建设中提供坚实的思想基础、政治基础和社会基础。

在对农村科技合作组织培育的对策与建议方面，冉光军和张俊（2011）认为，培育农村科技合作组织，需要农民对这种科技服务内在需求的不断增长，要有与之相配套的基础设施，还需要服务的多样化、专业化和一体化。王威海主张要让农民从思想上接受农村科技合作组织。程广华和王艳（2013）指出我国农村科技合作组织的主要特征是龙头企业发挥“领头羊”作用，且各种合作组织的类型丰富，管理能力也有所提高。王治强(2005)主要思考了农村科技合作组织的主要模式(“公司＋农户”模式、“合作社＋农户”等)，并针对现行难题提出了一些相应对策。基于同样的问题考虑，周秋琴（2010）主要关注农民专业合作系统的内外部问题，在进行原因解剖后，提出了一些可行的应对措施。刘景莉和张海珍（2008）认为当前农村科技合作组织存在发展思想不清晰、政府干预较多、与农民合作较少以及对经济要素优化配置不足等较多问题，最后对症下药提出了相应对策。

四、关于农村科技推广组织培育方面的研究

农村科技推广服务对农村发展的影响较大，相应的服务组织也一直是农村科技型社会组织的重要组成部分，随着科技兴农战略的逐步实施以及农村科技推广工作的逐步深入，农村科技组织在科技推广方面发挥出十分重要的作用。而且，国内外学术界对农村科技推广服务组织的培育研究一直较为关注。

基于农村科技推广服务组织的分类研究，傅雪琳等（1999）认为根据服务范围，农业科技推广服务组织主要分布在种植业、畜牧业以及农机农垦等方面。以政府领导为主的农民科技推广服务体系是当今农村科技推广服务体系发展的主流。汤锦如（1998）提出农业科技推广服务组织主要是完成推广作用的机构，及时沟通农业信息、连接各种发展目标的系统，同时也是促进农业推广活动的重要载体。在农业产业化发展过程中，积极建立与农业发展相匹配的推广机构，能够帮助农民提高素质，进而充分挖掘农业生产潜力。

目前，国外在农村科技推广组织的培育上已积累了较多的实践经验，能够很好地服务农村科技推广服务组织发展。从培育上看，Burton 等认为发展中国家农业科技推广服务组织面临的困境是推广人员资质差，也缺乏激励机制，因此要科学统筹人力资源，完善运行机制。从国外特别是西方国家实践经验看，20 世纪 80 年代，其农业科技服务的推广是以政府为主体，通过资金投入可以免费为农村和农民提供先进的农业科技，改善农业作业方法与技术，最终提高生产效率，提升农民的务农收益，实现农村经济的繁荣发展。但这种方式的缺陷也比较明显，农民往往是被动式地接受。而到了 20 世纪 80 年代后期，私人主导的农业科技推广服务开始发挥主要作用，虽然私人机构仍然追逐利润，但毫无疑问农民的选择空间不断增大。Kidd 等（2000）认为农业技术推广服务机构的资金来源仍然比较单一，政府仍是主要的资金供应方，供应比例在 80%以上。也有国外学者将农业科技服务看作一个由具有不同功能的一系列子系统组成，而不是单一的具有某种功能的机构的体系。

从国内对农村科技推广服务组织的培育上看，我国当前的农民科技推广服务组织是一种教育型的农业推广组织。其主要的推广方式是教育培训，以此来推广科学技术。具体职责是通过开展农业科技试验工作，给农民示范种植技术，并对农民进行培训与指导，以及全程提供咨询服务，最终实现农业科学技术的推广和普及。李立秋等（2003）着眼当前的农业发展，认为必须积极改革国家现有的农业技术推广机构。朱小梅等（2005）提出应该把机构改革作为农业技术推广服务体系改革的核心工作，通过党和政府的统一领导，吸引农业、财政、发展改革部门以及科技发展部门共同参与。此外，也要注重机构体制、服务方式以及运行机制的改革工作，确保建立一支高效的服务推广队伍。吕洪霞和丁文锋（2005）认为进行农业科技推广体系改革也应分析农业科技推广的供求关系；坚持借鉴与创新相结合；坚持系统改革、综合配套的原则。在改革过程中，要敢于打破之前的组织体系，推动农业科研和教育工作的结合。在结合当地实际情况的基础上，建立符合当地发展需求的农业科技服务体系，并通过运行机制的优化，更好地发挥农业科技推广组织的作用。

五、关于农村科技教育组织培育的研究

现代农业使农民的科技教育需求猛增，我国当前对农村进行科技教育培训的组织很多，如专业协会、学会、研究会、高校、科研院所、农业职业学校、农业广播学校等科技教育组织，这些组织在政府的引导下承接政府的科技服务职责推广农业科技，也有部分组织自发、无偿地为农民提供科技服务，这些组织在农业科技教育方面发挥直接服务或者桥梁纽带的作用。

发达国家很早就开始重视农村科技教育培训，通过政府主导、社会积极参与以及农民教育立法的方式保障了农民科技培训的实施。国外理论界对农民教育组织的研究很少，大多集中在对农民科技教育的实践方面。从研究结果看，国外开展的农民教育制度有助于提高农民素质，并且有利于推动社会现代化和持续发展。总的说来，国外农民科技教育已经具备了专业化特点，具有显著的先进性。一是多数国外政府高度重视对农民开展科技教育，并且已经建立起了政府主导、其他社会组织共同参与的工作模式；二是在农民教育方面进行了比较有效的立法工作，为这项工作的开展提供了充足的法律支持，如英国出台了《农业培训局法》用以指导农民培训教育工作；三是国外开展农民教育的机构比较多元化，并且建立起了成熟的农民职业资格体系，根据不同的学制、不同的培训内容，形成了相对应的证书体系，如法国根据不同的教育内容建立了 4 种证书体系；四是教育方式丰富多样，除了传统的教育培训手段，国外还大量采用了现场教学等方式，更好地激发了农民的学习积极性和热情。同时，借助农民的学习和应用，也有效地推动了农业科技成果的转化工作。

国内许多学者开展了对农村科技教育组织的培育研究。理论界对农民科技教育组织创新与科技推广比较关注。王新祝（1997）提出农民科技教育是一种专门性或职业性、适用性、普及性和速效性的教育，根据我国当前农业科技教育现状，现有的教育结构可以分为两类：一类是短期培训班之类的函授教育体系；另一类则是农业推广组织的教育体系。楼仁和曾新根（2003）研究了农村科技教育工作和农业人才培育之间的联系，认为给接受培训的农民颁发“绿证”是比较成功的经验。孙志智和咸秀斋（2004）指出了开展农民科技教育培训与发展农村科教组织的必要性，并提出了完善农民科技教育组织的基础设施条件的建议。任志武（2004）提出在农民科技教育培训中，应该更多地采用效果比较好的“互动性”教学方法。叶维伟（2012）基于态势（strengths weaknesses opportunities threats，SWOT）分析法对江西农业大学函授开展的农民科技教育服务活动进行了详细剖析，他得出开展农民科技教育要以升级农业大学函授为主的基本结论，并提出了应该建立各个层级的农业大学函授，充分发挥联合办学优势，通过统一教材编写、加强学员跟踪服务等措施，来完善教育工作。基于国内外研究成果的分析，我们可以发现学术界和实务部门都非常重视对农民开展科技教育，很多国家也把这项工作列入了国家公共服务的提供范畴。

六、发展趋势分析及评述

分析国内外学者在农村科技型社会组织培育方面的研究，可以为本书提供较多参考和借鉴。但当前的研究中仍然存在一些有待商榷和完善的地方。例如，对于如何厘清农村科技型社会组织的类型，对于在农村科技型社会组织的培育机制，缺乏系统而深入的研究。因此，研究农村科技型社会组织的运行特点及其规律，总结国内外农村科技型社会组织的成功经验，理顺培育体制，强化培育效果，逐步放开农村科技型社会组织限制性的管理原则，为其提供更大的生存、发展空间，推动创新型国家建设，仍然是科技团体管理研究的一项重要内容。在以后的研究中，有以下问题值得进一步思考。

第一，在研究视角方面，当前我国的学者主要围绕农村科技型社会组织培育中的某一业务领域进行具体研究，而从构建创新型国家的战略设计上对农村科技型社会组织进行研究较少，这需要涉及大量的顶层设计。在创新驱动国家大环境下，我们对农村科技型社会组织培育的现状、模式进行深入分析，并对发展思路与对策进行思考。

第二，在研究方法上，现阶段在农村科技型组织培育方面的研究中质性研究较多，而实地调研的数据较少，因此实证分析不足，这也在很大程度上无法有效地提升研究的说服力。在以后的研究中，应该增多实证分析，并推动实证分析与质性分析的有效结合。

第三，在研究目标上，关于农村科技型组织的区域性和地域性研究较少，这不符合中国各地特殊的实际情况。特别是在贫困地区，更应该思考农村科技型组织的重要作用，这在以后的研究中要加以关注。

总而言之，当前对于农村科技型社会组织培训的实证分析过少，无法为政策制定和建议实施提供充足的说服性证据。同时，对于各种异质性的农村科技型组织研究较少，这也不利于更好地思考农村科技型组织的实际功能。

第三节　相关概念解析

当前我国以低成本资源和要素投入驱动经济发展的动力明显减弱，改变持续数十年的要素驱动为主的发展方式，实施创新驱动发展战略，推进以科技创新为核心的全面创新，加快科技体制改革。在创新发展战略下，培育农村科技型社会组织是加速农业科技创新和完善“三农”科技服务体系、推动和受惠于科技体制改革的重要途径。这就更加需要深刻理解创新驱动、农村科技服务体系和科技型社会组织等核心概念的内涵，以便为更好地研究农村科技型社会组织培育的理论和指导实践工作打下基础。

一、创新驱动

最早使用创新概念的是熊彼特，他在《经济发展理论》一书中系统论述了创新理论。波特（1996）则最先研究了国家经济增长的四个阶段，他认为：第一阶段是要素驱动阶段，第二阶段是投资驱动阶段，第三阶段是创新驱动阶段，第四阶段是财富驱动阶段。创新驱动是促进经济增长阶段的第三个阶段，所谓“创新驱动”，即创新是这个阶段促进经济发展的主要动力。

改革开放以来我国主要靠投资来带动要素驱动经济增长，然而这种增长方式是不可持续的，长远看则会遇到许多瓶颈，需要尽快转变。创新驱动就是改变过去依靠有形的要素对经济的刺激，转为利用科学技术、新的管理体制和商业模式改造物质资本，使其焕发出新的活力，形成内生性发展。创新驱动的内增长是指经济的发展靠技术、人力资源和管理的创新，比前几年提到的集约型增长方式更为有效，它不限于物质要素的使用，也不只是效率的提高，更重要的是一种知识、高素质人才和激励机制的新的有机组合，将科技的力量汇集在生产和管理上而形成的全新要素，是一种更高层次、更高水平的增长方式。

创新的外延十分广阔，国家和社会的各个方面都呼唤创新，作为经济方面的创新驱动力主要是科技创新，而其他方面的创新则是围绕着这个核心进行的。熊彼特（1990）认为，创新是生产要素的更新，包括产品创新、技术创新、市场创新和管理体制创新。有人把熊彼特的创新内涵概括为新发明、新产品、新工艺、新方法或新制度应用到经济发展中。这说明创新既重视科技成果的转化，又突出源头创新，即源于生产中经验的累积、技术的提升。然而技术的进步按照传统的模式，是需要几十年甚至几百年才可以运用到生产上，现在则更多依靠科学的发明和进步。20世纪后期以来，科学上的重大进步和发现转化为生产力的时间不断缩短，缩短的幅度也在不断扩大，甚至在某些领域实现同步进行，利用科技成果迅速实现技术跨越。这种以科技进步为核心的创新模式是知识创新和技术创新的紧密融合，是技术进步路径的革命性变化。党的十八大报告明确提出“创新驱动发展战略”，创新是引领发展的第一动力。十八届五中全会提出“必须把创新摆在国家发展全局的核心位置，不断推进理论创新、制度创新、科技创新、文化创新等各方面创新，让创新贯穿党和国家一切工作，让创新在全社会蔚然成风”。这是党中央顺应时代发展和对科技创新充分重视的表现，必将使新常态下的中国经济发展迈上新的台阶。党的十九大报告提出创新是引领发展的第一动力，是建设现代化经济体系的战略支撑，提出要加快建设创新型国家[①]。由此可见，创新对我国经济和国家发展的重要性。

从科学发现到技术创新经过上游、中游和下游三个环节。上游是科研成果的获得；中游将成果转化为新技术；而下游则是新技术的使用。由此可以得出，科技创新不是一个主体在起作用，而是多个创新主体协同创新，所以就有了科技创新体系的建设问题。科技创新体系是产学研各主体间的联合和互动，需要多主体

① 习近平：决胜全面建成小康社会夺取新时代中国特色社会主义伟大胜利——在中国共产党第十九次全国代表大会上的报告. http://www.gov.cn/zhuanti/2017-10/27/content_5234876.htm，2017-10-27

的配合才可以运行顺畅。自主创新包含以下步骤：知识创新—孵化高新技术—高新技术的应用（洪银兴，2013）。在这个过程中，科研院所和高校是知识创新的主要推动者，从源头上创造新的成果；各类科技园会将科研成果转化为可以应用于实践的新技术；企业是新技术的使用者，目的是使新技术转化为实际的生产力，提高企业效益。由此可见，科技创新是创新驱动的主要推动力，只有认识到这一点才能使创新行为不断生产，人们对创新的关注点也才能转为知识的创新和高新技术的孵化。孵化环节是连接高校和企业的纽带，形成一个合作平台，这也是公共政策的聚焦点所在。

二、农村科技服务体系

农村科技服务体系贯穿农业产业中的各个部门、团体和领域，是将农业科研成果转换为现实的生产力的一个综合服务系统。农村科技服务水平决定着农业现代化的进程，也关系着社会经济的稳步前进。农业实力是一国综合国力的重要考量，建立系统化的农村服务体系必定能够带领农村科技的发展，尽快实现农业的现代化。

处于不同自然、地理、政治和经济环境的国家在农业发展过程中形成了各具特色的农村科技服务体系。农村科技服务体系一般包含四个子体统，即农业教育体系、农业科学研究体系、农业科技推广体系和农业科技信息服务体系（图 1-1）。农村科技服务体系是在计算机、互联网技术迅猛发展的时代背景下形成的，已经成为现代农业发展必不可少的一部分。

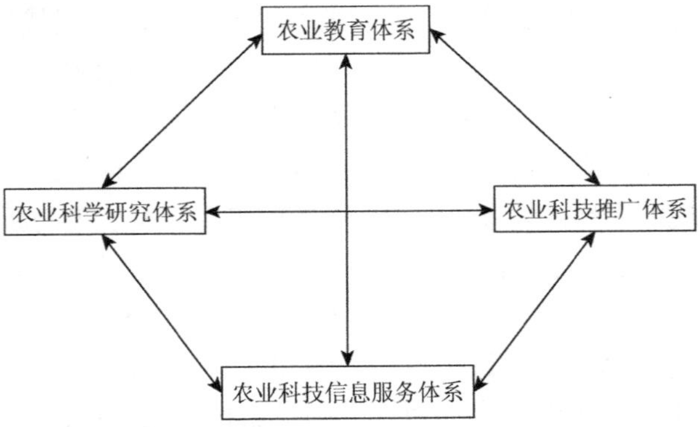

图 1-1　农村科技服务体系各子系统关系图

农业教育体系是基础，其主要作用是帮助农民提高科技认知，从而在生产中可以熟练地使用先进的技术。农业教育就是对农民进行职业培训，提高文化修养，因为农民是农业科技成果的应用者，而现代农业科技需要一定的科学素养，所以对农民的科技培训教育是很有必要的。另外，我国农村的家庭联产承包责任制决定了农户是生产的组织者，因此农户的知识素养水平决定着农业生产的方方面面，要实现现代新型农业科技的推广和成果的顺利转化，完善的农业教育体系是最基本的要求。

农业科学研究体系是农业科学技术推广的源头。为了提高农业科技创新水平、提高农业生产服务效率、促进农业的可持续发展，农业科研机构需要根据农业所处的自然资源条件合理地安排科研项目。广大农业科研院所和高校作为为农村科技服务体系提供研究成果的农业科研主体，要立足于国家农业发展战略和农户的实际需求，提供高质量的科技成果，推动农业科技推广的展开和农村生产力的提升。

农业科技推广体系是农村科技服务体系中最重要的子系统，“推广”顾名思义就是将新研发的农业科技成果推介给农民，起到沟通彼此的作用。当前，农业科技推广的主体包括多种类型的组织和团体，比较广泛的主体有国家农业机构、中介组织、农民户主组织和大型农业龙头企业等。农业科技推广之所以重要，主要还是因为这项工作对农业科技成果转化的程度和新型农业科研成果对农村经济的贡献率有较大的影响。

农业科技信息服务体系是现代农业生产中不可缺少的媒介，能够保障各子系统的顺畅运行。其主要职能是整合农业科技资讯，关注农户的需求，运用先进的信息传播手段准确而迅速地将这些信息传递到受体中去。农业科技信息服务体系建立在信息化快速发展的背景中，可以说信息化催生了这个子系统，使其承担着独特的功能。农业信息化体系要实现其功能就必须要有先进的传播工具，这也考验着农村信息化建设水平，只有发达的农业信息化才能为农业的现代化保驾护航。

三、社会组织

在不同的政治社会环境中，社会组织的称谓呈现出差异性，如非营利组织、第三部门、慈善组织、非政府组织，这些称谓也反映了社会组织的不同特征。

在国外，社会组织往往被研究者称为非营利组织或非政府组织。一般认为，非政府一词最早于 1945 年 6 月使用在当时签订的《联合国宪章》中。此后，1952 年，联合国的一项决议提出，凡不是根据政府间协议建立的国际组织都可看作社会组织。1968 年在联合国经济社会理事会通过的 1296 号决议中规范了联合国与非政府组织关系的法律框架，该条款授权联合国经济社会理事会“为同那些与该理事会所管理的事务有关的非政府组织进行磋商做出适当安排”，并确定了非政府组织在联合国体系中的咨询地位。非政府组织在世界上许多国家得到了支持和发展，并随着全球政治经济一体化的发展而在国际事务中发挥着越来越重要的作用。

当前，关于非政府组织的研究较多，美国霍普金斯大学的萨拉蒙教授进行了持续研究，并提出了非营利组织的五大特征。一是组织性，强调组织结构的完整性，包括相关的规章制度等，同时组织的成立也需要得到有关部门的认可与支持。二是非政府性，主要指这种组织的主要运营方并不是政府，而在实践中，社会组织的发展资源很大一部分则来自政府。三是非营利性，这种社会组织并不以获取利润为目的，同时也不会进行利润分配。四是自治性，坚决避免其他部分的不当干预，通过自身的组织能力进行有效的决策及实施。五是志愿性，这主要强调组织成员主观能动性的重要性。此外，政府管理危机、日益严重的政府失灵，使得政府在公共服务与物品供应上越发吃力，在此也急需社会组织的参与和协助。

我国学者也从不同角度释义社会组织的内涵。万江红和张小玉（2006）认为虽然很多不同称谓的属性侧重点不同，但是本质上并没有严格的差异，通常情况下可以通用和互换。在实际研究中，出于不同要求和个人偏好，仍然存在不同的称谓。社会组织这一概念最早在十六届六中全会提出，之后在新闻媒体的传播下，社会组织的概念开始不断被人熟悉。但在研究和文件中，我们也可发现这种错误的称谓，不利于有效统一思想认识，也不能促进社会组织的快速发展。汪春翔（2013）研究了社会组织的概念范围，认为当下的社会组织概念较为狭窄，主要是指在相关部门登记后，各成员自愿参加、自主管理。赵伯艳（2012）则提出为了更好地满足公民的发展需求，除了发挥政府市场作用，也要积极借助第三方力量推进各项工作。当然，当前的社会组织发展依然面临严重的人才、资源难题，需要得到社会各界的鼎力支持。

总之，立足我国国情可以更清晰地发现社会组织的概念形成时间短，发展相对不成熟。为了保证行文的连贯性，本书将相关概念统称为社会组织。引用国外文献时，统称为非政府组织。

四、农村科技型社会组织

“社会组织”一词是我国特有的一个概念，根据民政部的统计分类标准，我国社会组织可分为经济、科学研究、社会事业、慈善、综合五个大类。但该分类体系中并没有明确列出科技类组织，地方科技部门在进行具体工作时也往往直接把相关组织统称为“科技类组织”。如苏州市科学技术局、山东省科学技术厅在下发年检通知时，都直接称通知对象为“科技类社会组织”，并将其范围解释为“在民政部门注册登记的科技类社会团体、民办非企业单位”。无论是民政部“科学研究类社会组织”还是地方科技部门“在民政部门注册登记的科技类社会团体、民办非企业单位”，都不能包含所有对“创新”产生促进作用的社会组织。“科学研究类社会组织”强调了科技类社会组织知识创造的功能，“科技类社会团体、民办非企业”则是民政部门和科技部门业务范围的简单交集。

李研和李哲（2015）认为科技类社会组织是拥有合法地位，通过开展与科技相关的公益性活动，所有能够促进创新的非政府、非营利组织。科技类社会组织的概念较为丰富，既包含“分散”又暗含“统一”的重要意义。一方面，根据不同的发展需求，社会组织的种类比较丰富；另一方面，不同的社会组织有着共同特征，这体现了有效统一。刘志民和欧阳晓光（2005）提出农村科技服务组织是指在涉及农村、农业、农民的相关领域，在政府、农户、企业、大学、科研院所等各类主体之间发挥联结、沟通、协调作用，面向“三农”提供社会化、专业化科技服务的组织、机构或社会化服务实体。他们还认为现阶段我国农村科技服务体系的组织构架是多模块、复合型结构。除了传统的农业推广组织形式，还包括农村专业合作社、农村专业技术协会、农业科技专家大院、龙头企业创新服务中心、农村区域科技成果转化中心、农业科技示范园区、农村信息化基地等新型组织形式多样化的农技服务模式，以及农业科技示范场、科技特派员制度与科技大学农技服务模式及农技、农村经纪人队伍等。

“农村科技型社会组织”是一个全新的概念，在总结前人的基础上，我们认为农村科技型社会组织是在科技迅猛发展的时代背景和科技兴农的指导思想下，沟通和联结政府、农户、企业、大学、科研院所等各类主体，向“三农”提供社会化、专业化的科技服务，推进农业教育、农业科学研究、农业科技推广、农村科技信息服务等领域不断发展的各种社会组织。

第二章　农村科技型社会组织培育的理论基础

近年来国内外学术界研究创新问题的成果是比较丰富的，创新方面的研究得到了各个行业和领域的关注，相关理论成果也大量出现，本章选取与研究相关的一些创新理论。另外，鉴于对农村科技组织及培育进行研究的尚不多见，相关的理论成果也较少，为了能够有足够的理论去支撑我国农村科技型社会组织的培育，我们在经济学、管理学、社会学等学科中汲取相关理论成果，以此来为接下来的研究提供指导。

第一节　技术创新动力模式理论

自 1912 年熊彼特提出创新理论以来，学者相继将研究视角转至技术创新领域，这推动着技术创新理论沿着单一的技术推动模型向多元的集成网络系统发展。技术创新动力模式理论为农村科技型社会组织的发展奠定了理论基础，对理论的梳理研究有利于我们更好地把握建立健全农村科技型社会组织的理论背景以及其发展态势。

一、技术推动创新模型

言创新，必提熊彼特，美籍奥地利经济学家熊彼特可谓是“创新理论”鼻祖，1912 年，其发表了《经济发展理论》一书，提出了“创新”及其在经济发展中的作用，轰动了当时的西方经济学界。1939 年，熊彼特在《经济周期》中指出，创新是“企业家对生产要素的新组合”，它不仅是科学技术的发明创造，而且更强调把已发明的科学技术引入企业中，形成一种新的生产力，其目的在于获取潜在的利润。熊彼特认为，创新就是建立一种新的生产函数，也就是说，把一种从来没有过的关于生产要素和生产条件的“新组合”引入生产体系，以实现对生产要素或生产条件的“新组合”；作为资本主义“灵魂”的“企业家”的职能就是实现“创新”，引进“新组合”；所谓“经济发展”就是指整个资本主义社会不断地实现这种“新组合”，或者说资本主义的经济发展就是这种不断创新的结果；而这种“新组合”的目的是最大限度地获取超额利润。新组合包括下列 5 种具体情况（熊彼特，1990）（图 2-1）：

第一，采用一种新产品或一种产品的新特征；
第二，采用一种新的生产方法，如改手工生产方式为机械生产方式；
第三，开辟一个新市场，如从国内市场走向国际市场；
第四，掠取或控制原材料或半制成品的一种新的供应来源；
第五，实现任何一种工业的新的组织。

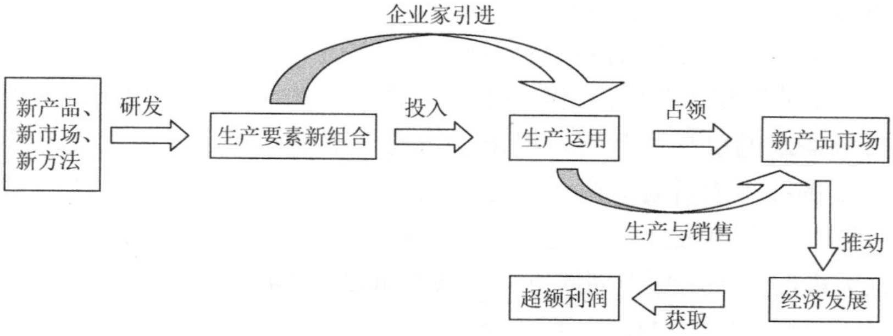

图 2-1　技术推动创新模型

因此“创新”不是一个技术概念，而是一个经济概念，“创新”是将原始生产要素重新排列组合为新的生产方式，以求提高效率、降低成本的一个经济过程。它严格区别于技术发明，而是把现成的技术革新引入经济组织，形成新的经济能力。熊彼特在《经济发展理论》一书中提出“创新理论”以后，又相继在《经济周期》和《资本主义、社会主义和民主主义》两书中加以运用与发挥，形成了以创新理论为基础的独特的理论体系，为技术推动模式奠定了基础。

以熊彼特为主要代表的“技术推动模型”（technology-push model）的最大特色，就是强调科学技术的革新和生产方法的变革在资本主义经济发展过程中至高无上的作用。这种理论主张科技创造催生着社会创新活动，强调创新是起源于科技自身发展需求，应用研究产生了科学发现和技术发明，不断发展进步的科学技术驱动着生产创新，科技发展的有益成果运用于经济市场使产品商业化，产生了新的产品，通过生产与销售环节，市场只是被动性地接受产品，市场需求也是强制性地被创造。该模型认为科技发现和技术创造是创新的动力源泉，是推动创新活动产生发展的根本原因。在这种模型里，技术推动是创新活动的单一原因，强调科技发现与技术创新的同时却往往弱化了来自市场的真正需求，忽视了其他市场影响因素，具有一定的片面性。随着市场竞争的不断强化，加之以顾客为导向的市场变革，社会市场需求的重要性不断凸显，市场需求无论在宏观还是微观层面上都深刻地影响着生产创新，在何种领域创新，如何创新都不再受技术发明的支配，技术推进模型的不足之处逐渐显现，这也对科技创新理论重点转向市场需求领域提出了新要求。

二、市场拉引模式

市场拉引模式（market-push model）强调市场需求在创新活动中的主导作用，市场需求引领推动创新活动。该理论认为一切创新活动的根源就是市场需求，一切生产活动必须以市场需求信息为基准，并不断通过创新活动生产出适合的商品以满足市场需求。市场需求决定着市场供给，决定着生产创新活动的大方向，指明了创新活动的归属。美国经济学家施穆克勒在《发明与经济增长》中指出了创新受到市场需求的引导和制约，提出了市场拉动说。麻省理工学院的马奎斯在1969年开展的技术创新案例调研中发现高达3/4的创新是由市场需求驱动的（赵建春，2002）。在技术发明创新之前，基于现实市场观察与未来市场发展预估，市场需求很大程度上可以预知创新方向，甚至可以对生产创新进行反向推拉，从这一点看来，市场作用相对技术而言更具有影响力。

随着经济社会的进步发展，人性化趋势不断增强，迎合市场需求是生产得以维系的必然要求与最终归宿，多元化的主体需求成为商家把握竞争优势的制胜法宝，谁迎合市场创新发展，谁才能常胜不败，脱离市场动态导向，困禁于技术高阁已不符合当今社会发展潮流，反而容易增加生产成本，造成错误决策。市场再也不是“给什么吃什么”的乖小孩，社会需求也必须引起创新活动的重视。成功的企业家就是能够正确掌握市场需求动态，借助技术发明手段，生产出迎合客户喜好的产品，并不断改良、延伸创新系统，这样在增强顾客满意度的同时为自身发展争取到了更多潜在空间。

这一模型主张市场拉动创新，而不是市场被动接受技术发明结果，拓宽了市场自主选择空间，激发了创新活力，但是其将技术发明完全作为服从市场需求的工具，这对科学创造水平具有很高的要求，缺乏一定的现实可能性，对于科学创造的内在逻辑也缺乏考量。

三、技术与市场双推动模式

技术与市场双推动模式（technology & market push model）综合了技术创造与市场需求的相互影响作用，是一个包容的综合系统，其涉及技术变革与市场需求以及经济背景的影响因素，强调技术研发与市场需求协调一致，既满足了当前技术发展研究水平，又符合社会市场需求，两者协调推动创新活动，借助能够达到的技术水平再迎合市场机会生产出满足需求的产品。在此过程中，技术发明强调的是来自科技发展的自身逻辑，是对实操可行性与技术性的检验；市场拉动突出的是市场需求的能动性作用，是对市场经济机会的考量，两者都有其合理性，但强调的都是单方面影响因素，对于复杂的创新活动都不能自圆其说。

美国经济学家莫厄里和罗森堡研究发现，技术创新的原因很大程度上具有不确定性，他们提出的技术创新综合作用模式主张技术与市场需求的综合作用。加拿大学者对多个企业调查发现，技术推动创新占18%，市场推动占26%，综合作用占56%（段平方，2009）。这些研究都说明单方面的影响因素并不能充分地解释结果，少了哪个部分也不能实现创新，这就要求我们摆脱片面性，从全面系统的角度观察问题。

故此，企业在探寻创新之道时，既要明确科技上的可行性获取技术支持，也要考量经济环境背景，捕捉市场需求机会，只有把握技术与市场的交集，才有可能实现成功的创新。但是这种模型也仅仅考量了技术与市场需求两个因素，较之前两种模型虽有一定的进步，但对复杂的创新活动而言仍过于简单。

四、技术规范与技术轨道模式

英国经济学家道西在对技术与市场双推动模式进行批判的基础上创造性地提出了技术规范与技术轨道模式（technological paradigms and technological trajectories）。该模式强调技术创新过程的连续性变化以及相关动力影响因素，是一个动态的模型。其中技术规范指的是建立在自然科学技术之上的，用于解决专门性的技术问题的一种程序手段与方案对策。技术规范是由创新导致的观念渐趋模式化而生的，受到科技进步、经济条件、冲突背景等多种因素的影响，体现的是技术创新的间断性。在技术规范长期发挥作用效果时，技术规范的范围逐步确定，技术途径被严格确定，由此固化而生技术轨道。技术轨道是对技术规范的具体运用，是用来解决技术规范领域内的常规性问题。技术轨道一经确定，能够诱发累积性的创新活动。

技术规范与技术轨道模式关注了多维的创新动力因素，把相关科技能力与经济背景均纳入考量之中，同时还研究它们的相互作用关系，区分了技术规范是突破性的技术创新，而技术轨道是在既定技术条件下常规性的创新活动。但是该模式仅从科学技术层面解释技术创新，对于深层次的创新动机仍缺乏认知。

五、市场组织推动模式

市场组织推动模式（market organization push model）强调市场组织在创新活动中的作用，市场组织作为微观创新主体，在市场运行中密切关注市场供给与需求信息，同时利用技术手段开发进行技术创新，通过这种途径融入创新系统中去。

企业组织借助自身敏锐的市场洞察力，在发展商品经济大背景下，开发技术研发的经济利益，将市场需求与技术进步统一，同时又把市场主体纳入社会创新活动中来，有利于发挥市场组织的积极性。由于市场组织在该模型中全权负责技术创新研发、运行、结果整个过程，这就督促企业有效地管理创新进程，把握创新质量，提高创新活动的有效性。

该模式将市场组织吸收到了创新活动过程中，激发了经济组织的创新潜力，能够充分地发挥市场组织的盈利导向优势，提高创新质量。通过市场组织利用技术研发与创造，满足市场机遇，实现有效创新。但是由于市场组织自身资源占有不足，增强了其应对市场竞争时的脆弱性，加上市场组织以营利为目的的价值导向，涉及公共利益方面的技术创新领域终究是市场组织创新活动的盲区。

六、计划组织推动模式

计划组织推动模式（command organization push model）主张在微观创新主体之外加强宏观调控力度，借助国家行政手段，通过颁布计划政策，规划科学技术短期、中期、长期战术战略，对各个层面的技术创新进行管理，调控资源分配，引导技术创新走向。技术创新活动完全依托于政府指令性政策，指令性政策又以强有力的行政控制手段保障实施。

该模式强化政府在创新活动中的主导作用，强调指令性计划对于技术进步创新的导向性意义，能在一定的情况下强制性地按照社会形势规划资源分配，这种模式在计划经济时期可谓效果显著，很大程度上也推动了技术创新的发展。但不可忽略的是，计划组织要确保成功推进创新活动，必须满足众多要素：首先，要有全面、准确、快速和及时的信息收集、加工与传达系统。只有信息保持畅通，相关的指令性计划才能得以在各级传达与实施。其次，科学创新工作者要有工作的积极性。再次，国家机器必须拥有强大的力量，能够充分有效地利用行政、经济、法律手段确保政策计划充分实施。最后，也是最重要的一点，掌握决策权的机构必须有做出正确决策的能力，做出的决策必须能够切实地反映客观现实，既要与社会市场需求、技术手段水平相吻合，又要能够确保现实可行性。决策机关不能仅仅局限于政府，还必须吸收专业领域的精英人才，切实保障决策的科学性。然而现实中要完全满足这些要素难度过高，这也就导致计划组织推动模式局限性的不可避免。

七、双重组织推动模式

双重组织推动模式指的是在创新活动中既发挥微观市场主体的创新活力，又注重政府的宏观调控作用。市场组织在国家计划的指导下结合市场动向进行技术发明，组织开展创新活动（胡虹文，2003）。在这种模式下，政府可以通过强大的资源调配手段为市场组织争取更多的创新生产资源，在促进资源优化配置的同时为市场组织参与公共产品与服务提供物质基础，同时在政府计划的指引下，创新活动的规范性也能得到极大的提高，由此产生的创新效果也会更为显著。反言之，市场组织在受到计划组织的影响下，必然会将计划所强调的政府社会需求纳入开展创新活动的动因中考虑，这有利于社会需求与经济需求的协调统一。市场组织与计划组织在这种模式中相得益彰，各尽其能地推动着创新活动的发展，但是创新主体仅包含社会组织与计划组织，仍有一定局限性。

八、EPNR 模型

EPNR 模型是一个动态综合的技术创新系统，它从技术创新的内部条件与外部环境出发探寻技术创新的动力因素，考虑到了经济、社会、科技水平、政策环境、资源配置以及主体的能动性作用，摆脱了单一因素分析的局限性（王海山，1992）。外部影响因素主要包括市场需求机会、经济发展水平、政府政策规划，这些因素通过激发创新活动的内部潜能如企业主体的创新动机，诱导技术创新进行内部性的逻辑演进，推动创新活动的产生。在该系统中，内部动因是创新活动的根本，通过接收外部动因的刺激并反馈参与到动因循环系统中去，外部动因是诱致性因素，通过对技术创新内部施加影响，激发内部因素参与到创新中去。

该系统中的关键因素包括：在市场经济中推动技术创新活动的研发型企业、技术型企业和其他各种开展技术创新工作的企业中影响与从事创新活动的企业家（entrepreneur），它代表的是技术创新的内生动因；对创新活动产生直接或间接影响的政策（policy），政策可以是涉及经济贸易、产业结构、市场供需、科学技术、资源分配等多领域的相关政策规定；通过反映市场供需动态关系的市场需求（need），市场需求是对市场经济发展状况、产业结构的直观反映，是创新活动开展的信号灯；影响技术创新的各种社会资源（resource），这里的社会资源包括基础的原材料、能源在内的物质资源，优质创新人才的劳动力资源，技术知识等信息资源。这四大因素共同构建了 EPNR 动因循环系统，这些因素相互关联并相互作用，共同驱动着技术创新活动的开展，较为全面地解释了技术创新活动。

九、技术创新理论对农村科技型社会组织培育的影响

通过对技术创新理论的梳理，不难发现技术创新理论由单一的直线型技术推动向集成网络系统方向发展。随着科学技术的高速发展，各组织之间的联系更为

紧密，从单一的技术或者需求角度考量创新过于简单与片面，就需要综合考虑多方面因素对创新活动的影响。这也就要求我们把农村科技型社会组织放到综合系统网络中去考量，不要仅仅发挥科技型社会组织在技术转化中的作用，还要重视培育农村科技型社会组织与政府、科研院所、市场企业的密切联系和互动，获取来自多方面的支持。技术创新理论对本书在强化农村科技型社会组织的必要性、构建农村科技型社会组织多方评估标准以及提出组织建设建议方面都有很强的指导意义。

第二节　国家创新系统理论

国家创新系统可以理解为国家系统理论与创新理论的集大成者。早在 1841 年，德国古典经济学家李斯特就提出了“国家体制”概念（李斯特，2013），其中强化了由一国的科学技术、国民个人素养、社会状况、政治状况和制度、自然资源及现有物质生产条件等因素所综合构成的“国家生产力”的重要作用；1912 年熊彼特提出了创新理论，延伸出了包含技术拉动、市场推动、市场组织推动、计划组织推动等多种技术创新模型，创新推动了技术创新理论发展。国家创新理论，从国家整体系统出发，考察国家体系在创新领域的作用。1987 年弗里曼提出了国家创新系统概念，引领了该领域的研究潮流。

一、弗里曼的国家创新系统

英国经济学家弗里曼在 1987 年开展的关于日本创新系统的研究中发现，日本在短短几十年中，强调技术创新、组织创新和制度创新，由一个落后的国家迅猛发展成为技术发达的工业大国，这一现象的产生很大程度上是受到国家制度与组织创新的影响，弗里曼用日本国家创新机制对日本经济发展进行解释进而提出了国家创新系统概念。弗里曼对政府政策的作用、企业及其研究与发展努力的作用、教育与培训的作用以及产业结构的作用给予了特别的重视，并强调在剧烈的技术变革的情况下，将技术创新与组织创新和社会创新结合起来的必要性。创新的成败取决于国家调整其社会经济范式以适应技术经济范式的要求和可能性的能力。

弗里曼强调国家系统创新是公共部门与私人部门相互联系作用的多维网络关系，在彼此的互动中易于激发创新活动的产生，推动创新成果的转化最终有利于创新技术的扩散。在国家创新系统中，弗里曼凸显了政府、企业以及包括大学在内的教育培训系统的作用，主张政府应当从国家宏观角度出发，发挥自身资源协调性优势，用制度与政策引导创新活动；企业要密切结合市场发展动向，自主开展创新生产；教育培训机构要发挥科技知识教育推广作用，为创新活动提供智力支持与保障。各部门之间要保持密切联系并开展交流互动，协调推动创新发展。

二、纳尔逊的国家创新系统理论

纳尔逊在“美国支持技术进步的制度”一文中，通过对美国技术进步的分析，发现国家创新系统是极其复杂的。由于不同的国家在机构结构方面都与公司企业大不相同，这些机构组织在要解决的问题、效用发挥实效、自身的主体性质方面都有所差异，这些都强烈影响着国家创新系统。科技性质不断变化，不同领域的科学技术也各不相同，基于此，事前控制完全无效，只有在事后，市场才能对战略的选择成效进行反馈，这又要求多元的战略选择（多西等，1992）。国家创新系统尽管复杂，但是从高层次体制层面出发考量创新更为全面且更有深度。

纳尔逊探寻资本主义国家创新机制，强调复杂制度在现代国家整个创新系统中的作用，认为制度要在技术的公私两方面进行调控以实现两者的平衡，既强调私有化，借助市场竞争压力与利润激励激发市场主体的技术创新活力，又通过公共性组织共享创新保证技术创新的公共性。其中涉及的核心主体是从事创新活动的私人企业，在促进创新事业公共化方面发挥重要作用的大学、科研机构与政府机构也是国家创新系统中的重要主体。在制度的协调下，主体之间互相竞争又保持合作，不断强化技术供给的多元性，以此应对科学技术发展中的不确定性。而制度也要不断深化自身内涵，包括不断完善技术分享机制，促进交流合作，以适应创新的发展。

三、伦德瓦尔的国家创新系统理论

在伦德瓦尔的国家创新理论中，国家创新系统是能够激发新的具有经济效益的知识转化成技术创新，以及将这些技术扩散到生产过程中的相关要素与交互关系。其中突出强调的是社会系统中学习活动的作用。伦德瓦尔认为国家所从事的创新是不同的，它区别于经济主体横向上的竞争关系，主导的是一种纵向上的引导和利用创新，以实现“有组织的市场”而非“纯粹市场”。但是国家是一个固有的框架模型，受长期历史发展的制约，其文化与地域环境都深刻影响着技术创新，在国家大背景下，创新活动所依赖的经济结构与体制变迁很难得以实现，加之国界的限制，各个国家独立的创新要素很难得以转移流通，已有的组织制度并不能挖掘创新潜能，甚至在很大程度上还会阻碍创新活动的发展。

故此伦德瓦尔认为创新活动真正应由用户与生产厂家的互动主导，反映市场动态与技术机会的用户与厂商之间的互动关系改变着市场环境，决定了创新方式。伦德瓦尔从广义与狭义两个层面来理解国家创新系统。从广义上看，伦德瓦尔提出国家创新系统（图 2-2），他指出国家创新系统是包含所有经济结构的构成部分在内的以及对学习研究产生影响的生产系统、营销系统和金融系统：狭义上的国家创新系统就是指从事参与学习研究的相关机构与制度。通过从广义和狭义层面上把握国家创新系统，我们很容易明确国家创新系统的主体要素，其中囊括了技术院校、大学、技术研发机构与部门、公共部门、生产机构、销售机构与金融部门。社会创新在国家财富创造中的作用无可比拟，因此国家创新系统很大程度上可以理解为社会创新系统（王海燕和张钢，2000），包含工人、消费者在内的最终用户的作用至关重要。用户与生产厂家在彼此交流互动中，不可避免地涉及学习活动。学习活动作为社会活动中的重要部分，有利于将知识资源引入经济生产范畴，发挥知识的潜能并转移成具体的创新成果加以运用推广，以此激发知识经济效益的产生。在这一动态系统中，借助学习这一社会活动，用户与市场主体之间交互作用，理解知识在经济系统中的开发运用，以推动社会创新活动发展。

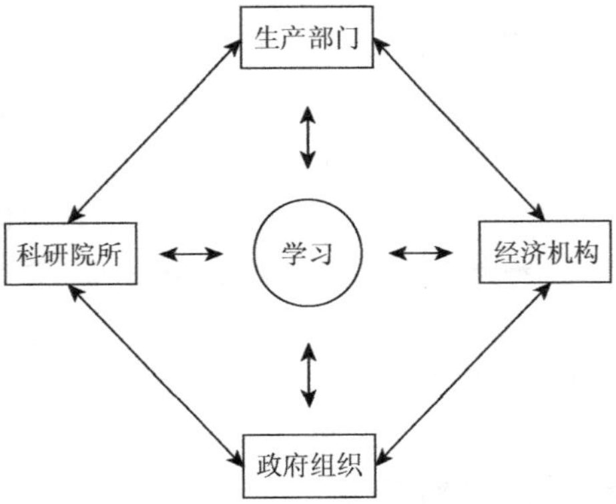

图 2-2　伦德瓦尔国家创新系统示意图

四、佩特尔和帕维蒂的国家创新系统理论

佩特尔和帕维蒂在 1994 年开展的相关研究中强化了激励在国家创新系统中的作用。他们通过对 359 家跨国企业研究发现，研发的国际化推动了创新的国际化（孙明，2001）。在日益开放的国际贸易体系之下，创新国界正逐步被打破，技术创新资源与手段能够在国家之间自由流动，各种创新信息的传播也极为迅速，各国对彼此的创新能力也有大概认知，这就会激发创新水平相对滞后的国家不断开展创新活动进行追赶以达到期望水平。佩特尔和帕维蒂发现，不同国家的技术创新水平之所以存在差异，是因为国家投资不同。国家在政策、资金、教育培训等方面的区别性投资，使得不同国家的技术创新能力呈现出扩大化差异。由此，佩特尔和帕维蒂认为国家创新系统是“决定一个国家技术学习的方向与速度的国

家制度、激励结构和竞争力”，并用该理论引导国家进行技术创新投资，并且预估投资对于推动创新活动的效果。

在佩特尔和帕维蒂的国家创新系统理论中所强化的激励考量了经常忽视的对企业主体的培训，这也是市场失灵的一大缺陷，需要依靠国家投资进行弥补。同时，国家投资还要尽可能地维持创新垄断利益与模仿竞争的协调关系。通过健全国家投资机制，强化激励，从而保持技术创新竞争力，增强国家创新实力。

五、波特国家创新系统理论

随着全球化趋势的不断加强与区域经济的崛起，产生了一种以世界经济一体化视角考察国家创新系统的全新理论。波特在国家联系日益密切的大背景下，认识到了国家相互作用对创新活动的影响，将微观机制与宏观调控运行结合起来，提出国家创新系统以分散的成功的企业创新为基础，国家只能借助营造一个企业生存大环境增强或削弱企业的创新能力。国家作为一个外在环境，应当通过多种手段尽可能地形成鼓励支持企业技术创新的背景，推动企业发展创新。

波特提出，影响竞争与创新的关键要素包含要素条件、需求条件、相关支持产业和企业战略结构（Porter，1990），除了这四大影响要素，波特还指出了机制与政府作用对企业创新环境的作用。机制和政府通过影响这四大要素，以期形成推动企业创新的良好环境。在要素条件方面，国家可通过调节资源分配，为企业创新提供优质物资资源，在劳动力层次，加强创新型人才培养，对劳动力开展技能培训，不断提高劳动者素质，保障熟练劳动力供给；在基础设施层次，国家要加大公共设施投入，完善基础设施建设，为企业创新提供必备的物资条件，创造舒适的环境；在需求条件方面，国家可以通过政策引导市场需求动向，通过补贴、税收等手段刺激市场需求，调节消费结构，鼓励创新领域消费以推动企业研发创新，同时，政府可以发挥政府采购作用，积极扮演好政府作为市场消费者的角色，为创新经济多做贡献以激发企业创新活力；在相关支持产业方面，政府可以通过设置准入门槛，加强机构资质审核等措施调节产业结构，引导创新型企业的重点发展；在企业战略结构层面，政府要通过宏观调控努力营造良好的市场环境，尽量避免恶性竞争与垄断的发生，为企业创造自身良性发展战略创造空间。各个国家应当根据具体国情，考量国家经济主体的发展实情，结合机遇发挥政府主观能动性，积极为企业创新提供良好环境。

六、Archibugi 和 Michie 的国家创新系统

Archibugi 和 Michie 对技术全球化与民族主义进行分析后，认为应当从全球

经济一体化视角考量国家创新系统。国家创新系统中作为推动企业创新力量的政府行为的作用不断加强：各个国家采取手段方式的不同造成了创新成效的差异，在实施公共政策引导技术变迁时要明确虽然创新技术流动打破了以往的限制，国家创新系统的特点不再封闭于国家内部，但是并非所有的创新要素都能在短期内实现国家与国家之间的转移，这需要国家充分考虑路径依赖的影响，加强政策对于基础创新活动的支持，并强化对其他国家有益的创新经验的学习。在开展技术创新活动时，不能仅仅局限于技术手段的研发，还要注重创新技术的应用与转化，在研发创新技术之后，要及时利用发挥其经济效益，以实现经济的可持续发展，避免陷入不发达陷阱之中（Archibugi and Michie，1997）。Archibugi 和 Michie 同时强调技术创新对于增强国家竞争实力的作用，发展创新能力能够增强国家优势，对把握经济政治的话语权具有极大的促进效益。谁占据了技术创新制高点，才能真正把握国际地位主导权。

七、经济合作与发展组织国家创新系统理论

经济合作与发展组织对国家创新系统展开的研究强调创新活动中各个主体联系作用的复杂关系网络的作用，并试图借助各项分析指标使其更具有现实性。经济合作与发展组织重点分析了不同领域机构间的相互联系对于促进知识流动的影响，认为技术研发与创新活动是角色互动的结果，生产系统、运用系统内部的知识扩散对于创新活动的效果至关重要。创新的关键就是使科学知识参与到国家系统中循环流转，能够引导知识资源流动的要素都可以定义为国家创新系统的主体。在这个复杂的交互网络之中，主体主要包括从事创新活动的企业、致力于技术开发的科研机构及院校，以及渗透在创新领域各个层面的创新人员。

国家创新系统就是要努力构建主体间的互动网络，促进彼此之间的合作交流，推动创新活动。企业彼此之间要加强互动合作，经常性地就技术研发与创新项目开展交流。企业作为市场中从事创新活动的主体，要主动担负起研发任务，开展战略性技术合作，有条件的可适当发展联盟伙伴关系，将优秀的创新手段进行共享，在互益的同时促进创新发展。企业还要积极获取外部支持，加强私营企业与公共技术研发部门的合作。科学技术研发所与科技学院在创新领域具有天然优势，借助其自身的知识专业化系统很容易开发出富有创新意义的生产工具与生产方法，公私合作可以借助建立项目合作关系、签订研发合同、专利流转等途径深化创新联系，将科研院所的创新优势延伸到工业生产领域，促进创新成果效用转化。除此之外，在政府扶持下的科研部门也应当加强公共创新基础设施建设，不断提高创新类基础设施质量，尽可能地产生完备的基础知识体系并公益性地向社会提供，从整体上提高创新知识基础。中介部门要积极发挥桥梁作用，引导知识信息

与创新资源在各个部门之间的合理流动，通过整合资源最大限度地提高创新效率，开辟科技人员流动通道，更灵活地将技术人员携带的科学知识转移到有益于创新活动的层面，扩大知识与技术扩散面。政府在创新系统中要协调各个部门的创新活动，既要鼓励扶持科研机构加大投入力度，又要善用政策引导企业创新方向，纠正企业因利益导向造成的决策偏差。国家创新系统就是在政府引导下建立中介组织，构建产学研互动系统，推动科学知识的流动，激发创新活力。

八、国家创新系统理论对创新视域下农村科技型社会组织发展的影响

国家创新系统从一个包容性的角度考察创新活动，认识到不同主体之间的联系活动对创新的重要影响作用。它纳入了包括企业、科研机构、院校组织、政府公共部门以及中介组织等多元主体，摆脱了单线性技术创新的片面性，强调主体之间联系作用、科学知识循环流转与资源调配活动对创新结果的影响。农村科技型社会组织作为农村科技型社会化服务组织，也是国家创新系统多元主体中的构成部分，对于农业创新活动发挥着重要的引导作用，能够对农业生产创新活动提供知识教育服务，提升劳动力的科学文化素质，并将科学知识运用到生产领域，推动农业生产技术创新。加强农村科技型社会组织的建立，有利于完善农业社会化服务公益体系，为农业主体同其他部门如政府与科研机构的联系搭建交流平台，促进资源向农村流动，发展农村创新。从这个角度上看，国家创新系统理论解释了农村科技型社会组织的发展的现实必要性。

第三节 制度经济学理论

制度是指人际交往中的规则及社会组织的结构和机制。制度经济学（institutional economics）是把制度作为研究对象的一门经济学分支。制度与经济是两个相互作用影响的部分，制度经济学研究制度对于经济行为和经济发展的影响，同时考量经济发展如何影响制度的演变。制度经济学的研究始于科斯的《企业的性质》，科斯的贡献在于将交易成本这一概念引入经济学的分析中并指出企业和市场在经济交往中的不同作用。威廉姆森、德姆塞茨等对于这门新兴学科做出了重大的贡献。近年来，新制度经济学作为经济学的一个分支，已从19世纪的非主流学派发展为“显学”，日益引起人们的注意。制度学派可以分为旧制度经济学和新制度经济学，两者的区别仅在于理论流派的时间不同，而对主流经济学所忽视的“制度”的重视，是两者的共同点。制度经济学起源于19世纪末的德国历史学派，其主要代表李斯特，反对从抽象的、演绎的自然方法来研究经济，强调经济发展中的历史性和过程性，强调具体的制度分析与实证分析的历史分析方法，强调从整体的角度

来分析经济现象，强调经济发展过程的演进性。制度经济学之所以引人注目且发展得枝繁叶茂，不仅因为它独特的理论思想，很大程度上还依靠其区别于其他经济学派独具特色的研究方法。

早期的以马歇尔为代表的新古典学派，主张自由放任经济学说，将经济学建立在“自由市场、自由经营、自由竞争、自动调节、自动均衡”这五大原则基础上，强调自动均衡理论，认为在市场充分竞争的调控下，经济能够通过价格机制达到均衡状态，外在的政府干预都是不必要的。在这种经济理论中，强调的是经济人的完全理性，认为市场活动中的经济主体都能够最大限度地获取对自己经济决策有益的全部信息，从而做出使自己受益最大的相关决策。然而这种理想状态在现实生活中很难实现，受信息不对称与个人自身素质的局限，完全理性经济人假设的现实可能性明显降低。当交易行为发生时，由于经济人的有限理性与投机主义，加之市场的不确定性，信息搜寻、条件谈判与交易实施等各项成本也会随同产生。最后，古典经济学只把研究对象局限于经济领域，过度强调市场“看不见的手”的作用，忽视了社会环境对于经济的影响，同时把制度孤立于经济研究范畴之外，认为制度仅仅作为固化的外生变量，未曾对包含经济政策规定在内的制度体系对于市场经济的影响展开研究，也未能思考不同的制度对于经济影响的差异。这都不可避免地导致了古典经济学的局限性，也为制度经济学的产生与发展提供了空间。

一、企业性质理论

英国经济学家科斯可谓是新制度经济学的开山鼻祖。在《企业的本质》一书中，他首次提出了交易成本概念，把交易成本定义为“利用价格机制的费用”，也就是“利用市场交换手段进行交易的费用”（苗金萍，2004），是经济主体获得市场准确信息的必要费用，交易成本包括搜寻成本、协商成本、契约成本、监督成本、执行成本与转换成本等，其中前三者为事前成本，后四者为事后成本。搜寻成本是指在交易过程中对商品信息以及交易对象的信息进行搜集交换所耗费的成本；协商成本是指针对商品价格质量等交易内容进行讨价还价开展谈判以达成有效协商所支付的隐性或显性成本；契约成本是指达成协议之后交易双方对契约内容进行讨论协商并最终签订契约的费用；监督成本是指由于市场中存在广泛投机主义，加之信息资源的分布不均，为避免违约行为，契约双方对彼此行为开展监督所支付的费用；执行成本是指确认对方保质保量完成契约规定内容耗费的检验费用以及产生违约行为时支付的惩罚费用；转换成本是指在交易过程后期更换交易对象所花费的成本。交易成本的存在，是来自人性因素与交易环境因素交互影响下所产生的市场失灵现象造成交易困难的结果，在经济人方面，科斯承认作为市场主体的经济人的有限理性，由于交易主体在身心、智力、情绪等方面不足，经济人在面对环境的不确定时很难做出最优选择，同时由于经济人的自利心态，交易双方往往会采取维护自身利益的手段，甚至采用欺骗行为，这强化了交易过程中的不信任因素，增加了交易成本；在外部环境方面，科斯也意识到市场环境是一个不断变化的动态环境，即使处于静态模式，市场在参与主体以及交互关系层面上也是极其复杂的；由于部分交易具有专属性，交易对象受到局限，资源与市场难以达到匹配，产生了市场失灵；最后由于市场信息分配不均，市场的先占者往往拥有更多的信息资源，在交易双方中会出现信息失衡状况，这增加了交易成本。受到有限理性市场主体影响，科斯将该范畴引用到市场经济中去，明确了交易价值在经济组织结构与经济活动中的重要性，认为交易成本是诱发企业产生的重要因素。企业之所以产生，是因为企业内部管理费用低于市场交易成本，而建立这种固有的、持久性的组织关系，无论是对于企业还是劳工都能够节省交易费用，在此过程中建立这种持久性的组织关系，可以是制度、契约等，这解释了政策与制度产生的动机，让我们从节约交易成本这一视角去考察公共政策与组织机构建立的必要性。以营利为目的的经济人为了尽可能多地增加收益，必然会选择建立企业节约交易成本，用内部交易代替外部交易作为节约成本的有效途径也被广大经济人所采纳，由此产生了企业组织。当企业内部管理费用边际成本与市场交易边际成本达到一个均衡匹配状态时，企业会考虑对自身规模进行扩张。在这个层面上，企业的实质可以理解为行政指令对价格机制的替代，将市场行为转化为企业内部行为（王玉海，2006）。科斯认为在资源调节方面作用的主体不仅有市场，企业也能发挥作用，通过交易费用，企业与市场的联系更为紧密。

二、委托代理理论

委托代理理论是针对私营部门问题产生的，旨在解释私营企业中委托人（股东）与代理人（管理者）之间存在的目标差异，并试图尝试解决这种偏差。委托代理关系是生产力不断发展产生的专业化分工的结果，大规模的工业化生产使得社会分工日益细化，这也就导致了专业化人才的产生，他们在相对领域拥有绝对性优势，有时间有精力胜任特定领域的工作，而作为权力所有者的股东，受制于自身能力以及时间精力的约束，不能行使原有权力，不得不通过一种或显性或隐性的契约，雇佣委托具有专业性优势的行为主体代替行使其决策权力，并以被授权者提供的服务数量与质量为基础支付相关报酬。在这种关系中，授权人即委托人，也常为股东，代理人即被委托人，一般是企业的具体管理者。

在委托代理关系中，由于代理人作为理性经济人，追求的更多的是自身利益最大化，他们在工作中往往将个人发展、闲暇时间与薪资待遇看得更为重要，加之代理人员流动性更强，这也使得他们往往以短期视角看待企业发展，盲目为了个人业绩而追求短期利益。委托人则是从长远宏观的角度把握企业发展，更多强调企业利润最大化。这导致两者的利益追求可能存在冲突，代理人很多情况下并不能够完全理解并接受委托人的真正意愿，在没有详细的契约规定的情况下，代理人的行为很难实现委托人的利润最大化，甚至会损害委托人的利益。在信息对称的情况下，委托人可以借助多项指标考察代理人行为，监督代理人工作，并采取相关措施激励代理人按照委托人意愿对企业进行管理。然而市场复杂环境总是受信息不对称的影响，委托人只能观察到部分或者不能观察到代理人行为，就此采取“强制合同”的效果可能不尽如人意，满足代理人参与约束和激励兼容约束的激励合同才能真正实现委托代理效用，委托人应该关注的是完善契约对代理人的权利义务，明确代理人责任，避免所有权与控制权分离产生的不良后果。

三、产权理论

企业作为市场经济主体，要想充分发挥组织作用，首先必须明确产权问题。产权是指财产所有权，是指所有权人依法对自身财产享有占有、使用、收益与处分的权利，是受法律保护的经济利益主体对财产的非排他的归属关系。没有产权的社会必然导致效率低下与资源分配的无效，产权具有明确性，它明确了财产所有者的各种权利与义务，规定了侵犯这些权利的相应处罚措施；产权具有排他性，一旦规定了要素或产品的产权，与之相关的任何经济关系都与产权人相关联；产权具有可转让性，在自愿的情况下，产权人可以将自己所拥有的要素或产品的所有权益转让给他人，实现所有权与使用权的分离；产权具有可操作性，产权人可以对产权客体进行支配，并由此获得收益，产权人拥有完全处分权。运用到市场经济领域，产权就表现出经济实体性，在市场经济中，产权具有流动性，财产的价值形态运动与使用价值形态运动的发展相分离。财产权利在法定的最终归属上，并不一定为该实体所具有，使用权与归属权相分离的现象是十分普遍的。同时产权流动具有独立性。这里讲的独立性是指产权一经确定，产权主体就能够在合法范围内自主地运用获得权利，而不受干扰。经济学中的交易强调的是权利的买卖，在当今市场上存在很多公共性产品与服务，由于缺乏产权的明晰，很容易导致“搭便车”与“公地悲剧”，这不仅造成公共资源的极大浪费，也会产生一定的外部效应。在这里，外部效应是指从事生产活动对他人或社会产生的影响，经济主体产权划分的不明确使得侵犯他人利益成为可能。产权具有极强的排他性，通过对私有产权进行划分，明确每个经济主体可能受益或被侵犯的权利，可以使得外部效应内部化，借助企业或私人组织在市场生产活动中坚持的追求经济利益最大化原则，完善对资源的有效管理，从而节约社会费用，实现社会效益与经济利益的一致。科斯（1990）就曾经指出，在明确的私有财产权条件下，通过合适的契约安排很多有外部效果的经济活动都可以达到最优福利效果。在交易费用为零的情况下，无论如何界定产权，资源配置都会在市场的调节下达到最优状态，在交易费用为正的情况下，产权划分会影响资源配置的效率。由此可见产权对于经济社会的有效运行至关重要，这也产生了对于界定产权制度的迫切现实性需求。

国家由于具有合法暴力潜能和权威（黄新华，2000），在界定所有权上具有天然优势。诺斯认为，国家同企业一样，在收益与成本方面都追求自身利益的最大化，同样带有经济人性质。国家通过提供公正与保护向社会收取税金，为了实现自身效益最大化，国家将选民划分为不同的集团，并为不同的集团设置相应的产权结构，同时国家还受着来自其他潜在竞争对手的约束。为了取得最大数额的税收，国家首先会明确各个生产要素与产品的归属权，以此明确征税对象，其次，国家通过界定产权，可以有效地降低交易费用促进社会产出的增长，增加征税基数从而获取更多的税收。在此过程中，实现了国家自身经济主体效益增长与社会经济产量增加的平衡。国家参与产权界定，是国家内生需求与社会外在驱动的结果。产权具有极强的排他性，没有公信力的主体根本无法对产权进行界定更不用说使得产权能为社会成员所接受，国家政权在产生过程中就已建立起来的权威，加之暴力机构作为保障机制，使得国家义不容辞地成为产权界定的主体。合理的产权制度是国家理性设计的结果。国家通过自身权威对产权进行明确，有利于产权为全社会普遍接受，方便经济主体之间的交易活动。

但是，国家对产权的界定不一定总是有效的。由于产权的界定需要大量的成本，对排他性权利进行精准度量并且描述资产耗费过高，界定成本过高必然会降低国家利益，追求效应最大化的国家在有限理性的制约下往往会被短期利益误导，同时，集团势力也会对国家产权界定产生影响，国家在进行产权界定时，都会尽量避免触及有势力的集团，对当今统治者构成威胁主体的倾斜政策会降低产权结构的无效性（高萍，2000）。统治者多元化的偏好也可能使得国家产权界定对国民财富的增长作用不尽如人意。

四、制度变迁理论

制度指的是要求大家在社会中共同践行的规则或行动指南，是一系列社会组织乃至整个社会实现的某些功能和具体目标的标准体系。制度变迁是一个包含新制度产生、替代或改变旧制度的动态过程；作为替代过程，制度变迁是一种效率更高的制度替代原制度的过程；作为转换过程，制度变迁是一种更有效率的制度的生产过程；作为交换过程，制度变迁是制度的交易过程。诺思在研究中强调制度对于经济的影响作用，从制度角度来解释经济增长，通过对海洋运输生产率的研究发现制度与组织方式的关键作用，这个结论在对西方国家经济发展研究时也同样适用。诺思认为不同的制度变迁会导致不同的经济绩效，对经济拥有有效激励的制度结构对于经济增长有促进作用。在制度变迁方面，诺思强调体制结构中的产权理论、实施产权界定的国家理论以及影响个人反映的意识形态理论的基础性作用。

制度可以被理解为一种公共物品，它由特定的个人或组织提供，其制度安排是为改变个人的合法竞争方式和产权变化提供一种机制。受到资源稀缺性与有限理性的制约，制度安排往往要针对现实情况不断改良，受到经济、社会、文化的不断变迁，以及各种不确定性因素的影响，制度设计不可能在最初就能预见未来情况的走势，制度不可能完全按照预定的方向发展，故根本不存在适应任何情况并长久发挥效用的制度。在短期内可能存在制度与环境相匹配的制度均衡状态，在这种自然演进的环境下，国家扮演的更多是一种监督者角色。随着社会发展，旧有的有限稀缺的制度难以适应新兴情况，出现了制度需求与制度供给不匹配的制度失衡，社会会不断酝酿新的制度需求，旧制度要么被抛弃，要么进行自我扬弃，以适应新环境，要么就得补充新的内容，进行自我创新，提高自己的生存能力，这推动了制度变迁的发展。制度变迁也受到成本与收益比较的影响，只有当制度变迁的收益成果高于为此支付的成本时，制度变迁才有可能发生，以缓解制度滞后、制度真空以及制度无效问题。

制度变迁主要经过关键事件发生、行为主体推动、制度方案提供、制度评估选择、制度实施等阶段。制度的供给不足会不断酝酿社会的迫切制度需求，当民意累积到一定程度时，受关键事件的导火索激发，民众强烈的制度变更意愿得以表达，受影响的行为主体会不断对制度供给者施压，以求建立新的制度满足其利益。在来自社会的压力之下，制度提供者会对现有状况进行考察，发现旧有制度与新情况之间的矛盾并对其进行修正，提供新的制度备选方案，制度制定者再在吸收社会意见的基础上对制度进行比较考量，评估制度的科学性与实用性，最终选择最符合社会情况的制度加以实行。

按照推动制度变迁主体的不同，我们可以将制度变迁划分为强制性制度变迁与诱致性制度变迁（诺思，1994）。强制性制度变迁是指由政府等制度制定主体通过垄断性强制力以及合法暴力自上而下推行的制度变革，在这种情况下，能够一定程度地节约制度实施成本，但这个过程缺乏国家与社会的互动，社会与市场只是单纯的制度接受者。致诱性制度变迁是指一个或者是一群人在社会急剧变化的情况下响应获利机会，自发性地倡导组织制度变革，由下而上地引发制度变迁。国家作为合法的治理主体，制度供给是其基本功能，同时，在公共产品供给上，国家较之私人企业与组织更有效率，制度具有的公共性质也决定了国家对于制度供给更有优势。

五、制度经济学对农村科技型社会组织培育的启示

在科技迅速发展的现在，农村的社会经济环境都发生着深刻的变化，将科技知识转化运用到农业生产领域，促进农业生产现代化、机械化是社会发展的必然要求。旧有的组织机构难以适应复杂的科技发展状况，例如，农业生产合作社等机构，在生产领域实际所发挥的作用十分有限。在日常的生产经营活动中，农民普遍产生了对于培育发展科技型社会组织的迫切需求，以期借助科技型社会组织，提高生产能力，实现经济效益的最大化，因此，培育科技社会组织具有强大的社会民意基础。党中央、国务院历来高度重视农业、农村和农民工作，始终关注农业、农村和农民的发展问题。党中央提出了加快农业科技创新，提高农业科技含量的要求，主张要大幅度增加对农业科研的投入，加快建立以政府为主导、社会力量广泛参与的多元化农业科研投入体系，形成稳定的投入增长机制。根据全国农业综合区划，在整合现有资源基础上，依托具有明显优势的省级农业科研单位和高等学校，建设区域性的农业科研中心，负责推进区域农业科技创新，开展重大应用技术攻关和试验研究。加强农业领域的国家实验室、改良中心、工程中心和重点实验室建设，改善农业科研机构设施条件和装备水平，加快建设国家农业科研高级人才培养基地。这些系列惠农利民政策的提出，是政府对于农村发展因时制宜进行的制度安排，为制度创新提供了来自高层的动力。可以说，对农村科技型社会组织的培育，是强制性制度变迁与诱致性制度变迁结合作用的产物。

现代社会是一个复杂的关系网络，各利益主体的联系日益密切，彼此之间的互动合作更为频繁，任何个体组织都不可能凭借一己之力存活。现代农业活动不单单只是单方面的劳动生产，还涉及众多社会主体，农村经济主体也必须融入社会化大环境中去。科技发展需要农村经济主体加强科技文化知识学习，运用科学技术成果，转化生产方式。受到文化环境以及个人能力等因素的限制，单纯地依靠农民的自主学习很难实现农业技术创新与运用推广，这就需要农业生产主体加强与科技组织的联系。农业生产主体可以通过与农村科技型社会组织建立委托代理关系，充分发挥农村科技型社会组织在科技领域的专长优势，弥补农业生产主体在科学技术方面的缺陷，通过签订契约等方式共同合作，实现经济效益的最大化。

我国是拥有数亿农民的农业大国，发展农业科技工作任重而道远。面对众多分散的农业主体，开展农业科技推广与培训工作量巨大，发展农业创新更是任务艰巨。如此庞大数额的服务对象必然会导致交易成本的增加，这也间接地影响了

农业技术推广的效果，培育农村科技型社会组织的必要性便凸显出来了，通过建立农村科技型社会组织，农村经济主体可以借助这一平台保持与多方的联系，可以省去单独接触多元主体的很大一笔交易费用，摆脱由于信息不对称、市场风险等因素造成不必要的资源浪费。降低交易成本有利于增加收入，对于发展农村经济具有显著影响，所以用制度经济学理论为指导，在创新视角下加强对农村科技型社会组织的培育是十分必要的。

第四节　农业技术扩散理论

一、农业技术创新

技术指的是人们利用现有事物形成新的事物，或者是改变旧有事物的功能和效用的方法，将技术引入农业生产环境，农业技术指在农业生产生活中不断改造累积起来的知识、经验与技巧。狭义上的农业技术指的是用于农业生产的技术手段与生产设备，主要是指各种农业生产方式及其借助的各种工具，广义上的农业技术不仅指生产技术与工具，还包括农业生产主体的科学生产观念，将农业生产主体的主观能动性也纳入农业技术范畴之内。熊彼特在 1939 年提出的技术创新理论强调了技术发展推动创新活动，认为将发明与技术进步运用到实际活动中即创新，主张通过生产要素的重新组合，实现产品性能、生产方式、市场、原料来源以及组织结构的创新。

借助熊彼特的技术创新理论来理解农业技术，可以将农业技术创新看作农业生产要素与生产环境不断适应协调以获得超额利润的过程，这个过程不单单指技术手段的研发，还包括技术创新的实际运用。在现实生活中，农业技术创新主体与农业技术创新实施主体往往并不一致，从事农业技术创新活动的一般是专业化的研发机构与科研院校，而进行实际农业生产活动的通常是分散的农户，这导致了农业技术创新与应用的断裂结构。因此我们将农业技术创新活动分为两个阶段。在农业技术创新的前期阶段，科研院所发挥自身的专业优势，对农业生产方式与方法开展创新，对技术进行变革与改良，并检验技术创新的可行性，进行试点推广效验与改进。在农业技术创新的后期阶段，农业技术要实地推广到具体的农业生产环境中，要结合不同的生产条件进行调整适应，将抽象的专业性研究具体化为实操性的生产技能。

二、农业技术扩散

扩散作为管理名词，指的是创新通过一定时间，经由特定的渠道在一定社会群体中传播。扩散是一个特殊类型的传播，其传播内容是一种新的观念，这也导致了传播过程具有一定风险性。传播也是社会变革的先驱，通过各种自发或自觉传播的影响，社会系统与结构也会产生变化。

技术扩散指的是一项发明创造从首次运用到实践生产，到不断进行推广为市场普遍采用，再到为社会所淘汰的消亡阶段。技术扩散包含了技术创新、技术扩散、技术吸收与技术改进行为（刘辉等，2006）。这里所指的技术推广活动是发生在技术研发创新之后，强调的是后期的推广运用普及，相对于强调新发明成果的第一次商业化转化，技术扩散的内涵更为广泛，它所主张的不仅是单一的技术应用，还注重技术接受者自身技术能力的构建。技术扩散之所以能产生，首先是因为在不同的时空下存在着技术差异，创新活动是一个高风险活动，新生事物的产生与运用总是有着极强的不确定性，对后期结果造成的影响也是不可预估的，一旦创新不为社会所接受，投资者遭受的损失将十分惨重。不同的经济主体具有不一样的风险偏好，热衷于冒险富有创新精神的投资者才能成为技术创新的先驱，通过投入大量成本接受创新技术，往往能够得到先进的生产技术，较之于其他生产主体，早期创新接受者更具有生产优势，这就造成了不同地区生产技术水平的不均衡，为生产技术流动提供了落差空间。其次，技术推广能够实现还受益于技术扩散的溢出效应，当早期创新接受者通过大量投入以及承担不确定性风险获得了先进生产技术时，投资者往往选择对新技术新方法保密，以保持自己的竞争优势，以期获得垄断利润。但是受到技术外部溢出的影响，一种技术在运用生产时，总是不可避免地被其他技术落后的生产者所效仿，通过各种渠道的人员流动，甚至不需要人员实体流动，仅是简单的信息流动就会导致技术方法传播，对于一些简易商品而言，更有厂家甚至仅凭商品的外观性能就能把握创新技术的要领，这种低成本的技术创新获取途径极大地削弱了早期创新接受者的竞争优势，为了保证自身收益，早期创新接受者不得不对技术创新进行转移，这就推动了技术创新的地域流动，产生了技术扩散。最后，技术落后地区的迫切技术需求也是推动技术扩散的重要因素，技术落后地区要想改变自身生产方式老旧、效率低下的状况，就要主动学习效仿发达地区的技术手段，汲取先进的生产技术，进行技术变革以促进产业结构优化升级。因此，技术扩散是早期创新接受者风险投资、技术外溢与落后地区技术需求共同作用的结果。

技术创新与技术扩散在现实生活中并不是互不关联的两个独立概念，两者相互渗透相互影响（国亮，2011）。技术创新为技术扩散提供基础，是技术扩散的根源，在技术扩散中，要适应具体的现实情况，这又客观上推动了技术创新的发展，而技术创新的发展不断增强创新技术的适用性与推广性，这又扩大了技术推广的空间范围，两者在技术传播中共同作用。一项技术创新，只有被运用才能发挥其效能，技术扩散就是将创新技术转化为现实成果的有效途径，没有扩散过程，技术创新就没有任何经济意义。技术扩散激发了创新技术对于促进生产进步、提高生产效率、刺激经济发展的潜能。

三、技术扩散理论

美国学者罗杰斯在其提出的创新扩散理论中强调传播系统对于技术扩散的作用，认为信息流通是技术扩散的关键，他将技术扩散理解为一定的方式随着时间在社会群体之间进行传播的过程（罗杰斯，2002）。技术的扩散是基于一定的社会网络，借助信息技术推广与人际传播方式将创新扩散至社会各个层面，信息技术作为大众传播的主要途径，能够利用各种信息媒介如报纸杂志、电视广播、互联网将科学知识技术信息进行有效传导，具有分布面广、受众群体大的优势；人际传播则在人际交流方面更具优势，通过直接的人际关系网络推广，更容易说服对象接受技术创新，同时借助人际交流开展的技术传播的信息较大众传播媒介更全面且更专业。

罗杰斯将技术扩散中创新技术接受主体分为革新者、早期追随者、早期大众、晚期大众与落后者。革新者指的是参与技术创新活动的人员，他们对技术进行调整变革，是创新技术的主体，是技术扩散的源动力；早期追随者是指愿意承担创新风险，具有强烈的创新热情，热衷于引进使用创新技术的市场经济主体，他们是技术扩散的领头羊，对社会模仿接受技术创新具有极强的示范意义；早期大众较之早期追随者相对保守，他们在技术创新扩散初期会有所顾忌，但很快就能意识到技术创新的优越性，并在技术扩散过程中采取创新技术，这部分人是创新技术扩散的最主要构成部分；晚期大众过于深思熟虑，他们往往过分担忧创新技术的风险性，不愿意承担引入创新带来的可能性损失，也不愿意在早期进行投资引进，他们最终对于创新技术的引进是迫于社会竞争压力，是在创新技术已经经过了市场的检验并为大众所普遍接受的情况下，为保障自身生存而采取的自救措施；落后者对市场动态缺乏了解或者自身过于盲目，他们固守陈规拒绝创新，最终成为市场经济的淘汰者。

根据技术创新扩散的发展程度不同，我们可以把技术扩散分成五个阶段，即认知、说服、决定、实施和确认。在认知阶段，人们开始接触到创新技术，但对创新技术知之甚少，大众还处于一个观望阶段，可能产生了一定兴趣，但需要对创新技术进行进一步的了解；在说服阶段，技术创新扩散要借助各种渠道对创新技术进行宣传，明确技术创新优势，鼓励社会接受技术创新成果；在决定阶段，经济主体会充分考量自身情况，结合实际处境，具体分析技术创新效用，从内在需求出发考虑是否接受技术创新；在实施阶段，技术创新接受者先会选择性地开展创新技术试用，检验技术创新的效果，并据此决定是否大规模地运用技术创新成果；在确认阶段，技术创新接受者认可了技术创新的作用并最终选择将其推广至大范围的生产中去，技术扩散至此达到了预期效果。

关于技术创新扩散速度的差异，可以从创新活动自身要素进行理解。创新活动应包含便利性、兼容性、复杂性、可靠性和可感知性（戴国海，2004）。便利性指的是相对于传统技术方法而言，创新应该要能够实现生产的便捷化，方便被接受者的操作与运用，简单却又有效果的技术创新在扩散过程中更易被接受。兼容性指的是技术创新要与社会环境相适宜，要符合客观实际条件，同时密切结合服务对象的需求，做到内在与外在的协调一致，最终推动创新技术扩散进程，适应社会背景的技术创新总是很快地能够融入社会并被普遍认同，与社会实际脱节的技术创新只能被动地等待社会变革，最终还有可能永远被束之高阁；复杂性指的是创新技术被理解的难易程度，一项技术创新越是复杂，越需要接受者花费更多的时间去学习与了解，同时对接受者的素质还有较高要求，这无形中抬高了技术扩散的门槛，缩小了创新技术接受者的范围，操作简易、易于理解的创新技术在扩散过程中更容易被采用，扩散速度也更快；可靠性指的是创新技术运用成果的实效性，如果创新技术操作顺利且总是能取得良好效果，那么它对于技术创新的潜在引用者的吸引更强，反之则会影响创新技术扩散的速度与效果；可感知性指的是创新技术效果的显露程度，创新技术的成效越容易显现出来，接受者与潜在接受者对该技术的了解程度也就越多，这有利于该技术的推广扩散。

技术扩散过程可以用 S 形来描述，在技术创新前期阶段，技术创新接受者有限，扩散进展缓慢，但早期就接受技术创新的那部分人具有很强的创新热情，他们能够包容前期技术创新的不足，并对创新技术进行宣传推广，游说他人接受并采用创新技术，这为后期创新技术扩散发生飞跃奠定了基础。在创新技术日益为群体所接受时，创新技术接受者数额会剧增，当接受者为 10%～20%时，创新技术扩散进程发生飞跃，实现持续上涨的趋势；在达到增长高潮时，创新技术扩散增长回落，呈现出减缓的趋势，并最终走向饱和（卫明凤，2005）。任何一项技术创新都不可能为全体成员所接受，当被采用率达到一定限值时就会停滞增长。

四、农业技术扩散的构成要素

将农业技术扩散作为一个系统化模式来分析（图 2-3），我们可以将其构成要素分为农业技术创新、扩散媒介、创新技术接受者和社会背景，它们互相作用，共同构建了农业技术扩散的动态体系。

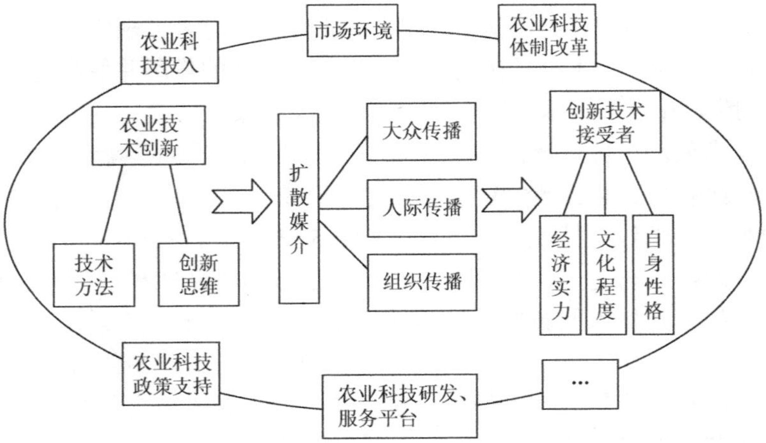

图 2-3　农业技术扩散系统图

农业技术创新作为农业技术扩散的客体对象，是农业技术扩散的基础。通过对农业生产要素的重新组合，适应不断变化的生产条件，开发出新的农业生产方法，提高农业生产的技术科学性，开发新的农业市场，在农业生产组织机构上进行创新，不断增强农业生产力，促进农业科技发展。农业技术创新还强调以人为本的发展创新，这包括对农民主体开展科技宣传与知识教育，从根本上提高农业创新意识，增强农民的科技创新能力，让科技走进农村更深入农心。

扩散媒介搭建了农业生产主体与农业创新技术的桥梁，填补了技术创新与实际运用的鸿沟。农业扩散媒介主要包括报纸杂志、电视广播、互联网等大众传播工具，和直接的人际关系网络传播，还有农业科技社会组织等机构传播。农业科技社会组织，作为服务农业的专门科技机构，旨在发挥农业创新科技传播作用，提供科技创新信息，推动创新技术扩散，将创新科技引入农业生产，培养农民使用创新技术技能，便利农民生产，提高农业生产效率。农业科技社会组织的存在，将社会力量引入农业科技公共服务提供领域，促进农村科技服务的多元化。

创新技术接受者作为创新技术扩散的传导对象，其主观能动性对农业技术扩散也产生着重要影响。创新技术接受者的个人经济实力、文化素质、性格因素都各不相同，这也就导致了对农业创新技术的接受程度的差异。经济实力较强的农业生产主体在前期引入技术创新时有足够的财力支撑技术创新投资，亏损担忧对其采取引进创新技术的阻力较小，但对于收入较低的农户而言，其必然考虑前期大量投资的受益，这往往导致创新技术引用时的犹豫不决。文化程度更高的农户具有更高的科学素养，对创新技术的了解越多越容易促进农业科技的扩散。再者，农民的自身性格因素也会影响其对于引进创新技术的决策，富有创新意识热爱冒险的农户更易于引进新技术方法，保守固执的农户在创新技术面前总是犹豫不决的，农户自身价值观念的差异也会对是否采取技术创新决策产生影响，追求经济利益最大化的农户往往在前期不易接纳技术创新，追求高满意度的农民有较强的意愿尝试创新技术。

社会背景是农业技术扩散的大环境，通过多种途径影响农业技术扩散。农业技术扩散是一个动态过程，受到经济文化等多方面影响。当社会为技术扩散提供便利条件，如政策优惠、高效便捷的流通服务、开放健全的信息共享平台等，当技术扩散与社会市场环境达到协调一致时，技术扩散阻力最小，扩散效果最好。在我国，政府一直致力于打造优质农业环境，出台的各种方针政策都向农村科技发展倾斜，各种政策如不断提高国家科技投入用于农业科研的比重，较大幅度增加农业科研投资的规模，深化农业科研体制改革，抓紧建立国家农业科技创新体系；加强国家基地的创新能力建设，搞好农业基础研究和关键技术的研究开发等都为农村科技发展提供了政策支持。惠农利民的科技政策鼓励和支持农业创新技术的发展，为农业技术扩散营造了良好环境。

农业创新技术提供了技术扩散的内容，扩散媒介提供了技术创新的传播途径，技术创新接受者主观影响技术创新扩散进程，社会背景营造并影响着技术扩散。通过对这几大要素的梳理，有利于我们了解农业创新技术扩散的整个动态过程，并试图从各个方面把握促进农业技术扩散的要点。

五、农业技术扩散的模型

根据农业技术扩散推动主体，我们将农业技术扩散模型分为计划指导型农业技术扩散与多元主体推动型农业技术扩散。

计划指导型农业技术扩散是由政府主导的，政府通过颁布一系列科技政策规定，规范指导农业科技工作的开展。在政府指导下，成立相关农业科技组织用以推广农业技术。在这种模式下，政府主导整个农村技术扩散过程，农业技术扩散所需的资金、政策、组织均由政府推动投入建设，是国家和政府单方面行为选择（常向阳和姚华峰，2005），农民在此过程中是被动接受主体，只是单纯地接受由政府自上而下推动的科技政策与创新技术，甚至有出于惧怕政府权威而被迫采用创新技术的情况，在这种单线条型的扩散机制中，缺乏创新技术接受主体的反馈机制，推行起来不能很好地结合用户实际情况，具有一定的盲目性。同时，受政府性质中不可避免的官僚属性的影响，政府推行的技术创新扩散很容易缺乏监督，科技组织工作人员官本位思想严重，机构臃肿人浮于事，办事效率低下，很难做到切实服务农户，扩散工作开展起来易流于形式，这会造成科技资源浪费，农业技术扩散的效果也会大打折扣。

多元主体推动型农业技术扩散强调在技术扩散过程中推动主体的多元性，除了认可政府职能在农业技术扩散中的作用，还倡导在此过程中引入社会与市场的参与。多元主体的参与势必增强农业技术扩散过程中的利益代表性，推动农业技术扩散不单是政府行为，也是农户的自发性需求，它结合了国家的宏观指导，同时发挥了市场组织的积极性，调动了农户的参与欲望。市场组织与民间组织参与到技术创新扩散活动中，增强了科技服务提供行业的竞争性，有利于提供更优质更全面的农业科技服务，提高农业科技服务的效率，更好地用科技造福农户，推动农业技术扩散。在多元主体推动型农业技术扩散模型中，农户作为农业技术扩散的接受主体，其意见与建议都有了合理的表达渠道，农民不再是被动的接受者和使用者，对于自身需求可以充分表达并且能够在市场环境中得以满足，对于各种农业创新技术，农户有进行选择的权利与空间，在生产中甚至可以成为技术创新与研发的主体。这种将政府推动与社会参与组合的模式优化了科技公共服务提供体系，有利于激发组织活力，提高科技服务能力，促进资源优化配置。对于农业技术扩散具有很强的推动意义。

六、农业技术扩散对农村科技型社会组织培育的启示

农业对于国家兴亡至关重要，在国家经济发展中发挥的作用越来越重要，我国是农业大国，拥有数亿农民，农业在我国历来被认为是安天下、稳民心的战略产业。发展农业有助于保障民生，稳固国家经济基础。要实现农业的可持续发展，关键在于进行农业创新，发展现代化农业。农业现代化产业化发展，就是要用现代物质条件装备农业，用现代科学技术改造农业，用现代发展理念引领农业，培养新型农民发展农业，这些都对农业科学技术发展提出了新要求。我国农业目前仍存在生产成本过高、产品质量不足等问题，这些都削弱了我国农业发展的竞争力，影响着我国农业的健康可持续发展。当前，我国每年新登记的农业技术成果有 3500 余项，而真正实现创新成果转化不到 40%，真正能大规模使用的创新成果还不到 30%，较之美国高达 80%的农业技术贡献率（庞洪伟，2010），我国农业技术服务农业生产还有很大的进步空间。针对这些问题，农业发展必须不断增强技术创新能力，加强创新技术推广扩散力度，以提高农业生产效率，在保障产品质量的同时降低生产成本。为推动农村科技的发展，建立健全农业科技社会组织势在必行。

长期以来，我国奉行的都是政府计划指导下的创新技术扩散，这种政府主导的单线条扩散模式，缺乏个人与社会的参与，由于知识的局限性以及信息获取的相对滞后性，政府很难准确地把握农村技术需求并及时作出反馈，加之官僚机构的诟病，缺乏竞争与监督往往导致农业技术扩散的无效，创新科学技术供给不足迫切需要建立农村科技型社会组织来弥补政府计划主导的农村科技扩散的缺陷。农村科技型社会组织具有专业性灵活性优势，能够适应农村具体生产条件机动性地采取应对措施，有针对性地推广适宜的创新技术服务农业生产，同时农村科技

型社会组织能够合理有效地促进资源流动，最大限度地推动农业技术扩散，加强农村科技型社会组织培育，是促进农村创新技术扩散的必然要求。

农民作为创新技术的接受者，由于自身文化水平的限制，很多农户的创新意识薄弱，很难对生产技术进行创新研究，而各种科研院所机构只注重技术的研究与开发，对后期的推广运用缺乏关注，这无形中拉开了开发者与实操者之间的距离，加剧了两者之间沟通的困难性，农业创新技术的供给与需求难以对接造成了生产与运用割裂的局面。农村科技型社会组织的出现，搭建起了技术采用者与生产创新主体之间的桥梁。通过提供创新技术信息，宣传创新技术，将科研院所的最新成果介绍给农户引入农业生产，化解了一项优秀创新技术难以被市场接受运用的困境。同时农村科技型社会组织会对农户运用创新技术的效果进行收集反馈，并将结果反映给科研机构以便对技术成果进行调整改进，优化技术创新成果。同时，农村科技型社会组织通过各种活动，可以不断深化技术使用者与开发者之间的交流，密切两者的联系，从而可以省去分散的农户与科研机构单独交易的成本，潜在地扩大农户的利润。最后建立健全农业科技型社会组织对于加强农民科技文化教育、提升农户科学文化素质、培育新型农民具有重要作用。因此，用农业技术扩散理论解释创新视域下农村科技型社会组织培育具有极强的现实意义。

第三章　农村科技型社会组织的演变及现状分析

自改革开放以来，我国的农村科技型社会组织和农村科技服务体系经历了不断发展完善的漫长过程。中华人民共和国成立以后，我国农村科技型社会组织的发展大致经历了四个阶段，虽然已有较大发展，然而与一些发达国家相比，我国的农村科技型社会组织和服务体系与经济社会发展的需要之间呈现不平衡不充分性。因此，从农村科技型社会组织的演变过程、现实状况、新发展阶段下的培育要求三个方面了解我国农村科技型社会组织的发展，为推动创新要素驱动农村科技型社会组织，从而为“三农”事业发展提供一个历史与现代相结合的研究、实践前提。

第一节　农村科技型社会组织历史轨迹

农村科技服务体系包含了为农民、农村、农业提供科技服务的服务组织、相关基础设施和政策环境三部分在内的完整体系，农村科技型社会组织是这个服务体系的重要组成部分，可以在政府政策支持下，发挥促进基础设施完善、供给科技公共产品的功能。该体系的健全和完善有利于贯彻落实国家战略，繁荣市场经济，提升农村的发展水平，为实现全面小康和现代化提供有力支持。

一、农村科技型社会组织的发展轨迹

从历史上看，我国是传统的农业大国，农业技术服务在原始农业末期就已经存在。近些年来，随着我国社会和经济“双重”转型，大量社会组织逐渐兴起，以科技型社会组织为代表的新兴组织展现出了良好的发展趋势（王甲云，2014）。这些组织在推动我国农业发展转型，促进农村经济结构调整和产业融合方面发挥了重要作用。1949 年以来，我国农村科技型社会组织的发展轨迹概括如下。

1. 政府公益性农技推广体系：1949～1978 年

1）初创期：1949～1957 年

中华人民共和国成立初期，农业生产成了重中之重，国家经济亟待恢复，继而建立了专业机构提供农业技术服务，并配备专业农业技术服务人员。国家颁布

《中共中央关于农业生产互助合作的决议（草案）》，为整体发展定下了基调，农村科技型社会组织的发展具备了基本的雏形。这一时期，农村科技型社会组织以农场和农民为服务的对象，积极向其无偿地推广优良品种，并在此基础上提供基本的技术指导。但这类组织的技术负责人一般是兼职担任，该类组织并未从传统体制中真正独立出来。而后，农业部于1953年颁布的《农业技术推广方案》（草案）和1952年颁布的《关于充实农业机构，加强农业技术指导的意见》对“双重领导”管理方式影响深远。紧接着又于1954年在全国贯彻实施《农业技术推广站工作条例》和《关于农业技术推广站工作的指示》，详细规定了组织机构和工作方式，在全国兴起了建设农技机构的热潮。

在此期间，技术人员不仅做好本职工作，还会积极下乡任职，在广大农民中间积极开展专业培训，以示范带农村，这些措施积极促进了农业发展。但此阶段也还有很多不够完善之处，缺乏上级领导部门的专业对口管理，农技推广部门缺乏专业指导；技术人员技能水平不够高，服务方式单一且拘泥于传统形式，基础设施、人员配备等方面的不成熟，这些都限制了农村科技型社会组织发挥更大作用，同时社会进步、经济发展和科技发展对农业发展提出了新的要求，这些不足也成为政府和社会投入更多资源与精力，深化改革和支持的重点。

2）完善时期：1958～1965年

我国农业发展在“大跃进”和三年困难时期遭受了巨大打击之后，在该时期逐渐恢复。在该时期农技服务逐渐恢复，农技服务体系也进行了调整，农技机构通过整合和裁并得以精简，地市级和县级政府逐步建立起相应的农技服务机构。1962年，经济复苏使得政府可以有更多的时间和精力投入农业建设中，农业科技的发展又重新回到社会治理的日程表上。为此，农业部颁布了《关于充实农业技术推广站加强农业技术推广工作的指示》，提出了新的要求和发展方向。这个时期，一些较为领先的农业生产技术大量推广到农村地区，同时随着农业技术培训的次数增加和专业性提高，农技推广人员的专业水平也有了较大提升。而且各级政府机构积极整合农业技术推广机构，因地制宜，农业技术体系自此逐渐建立和成型，专业化不断加强。

这种自上而下的农业技术推广方式取得了一定的成就，但也存在着一定的局限性，突出表现为与经济发展的不适应性。而且，政府部门对农技服务的“一刀切”对待，农民不具备主动性和选择性，导致并未因地制宜地发挥资源优势，农业增产和增效并不明显，无法满足当时的物质文化需求。

3）重建服务网络时期：1966～1978年

这个时期，我国农业技术推广服务体系受政治运动的影响，农村科技服务一度停滞不前。直到1972年，农业技术推广服务体系又逐步恢复重建、运转。20世纪70年代初，湖南华容县建立的“四级农业科学实验网”在全国范围内掀起了新高潮。这种“四级农业科学实验网”促进长期工作在基层的技术人员和社会组织以及“上山下乡”的技术干部积极参与农业生产。此体系在全国推广后，大量新品种和新技术应用到广袤的农村，试验点和示范田遍及祖国大江南北。1974 年，农林部和中国科学院组织与开展了“四级农业科学实验网”经验交流会。1978 年底，全国基本建立起省、地市、县、公社四级农技推广服务体系。由此，农村科技型社会组织的发展进入一个新阶段。

2. 社会化初显时期：1978～1990 年

自我国实施改革开放政策后，政治经济复苏的同时带来了农业发展的新机遇。家庭联产承包责任制在全国推广并成为农村的主要农业经营体制，这明显调动了农民的劳作积极性，一定程度上刺激了农业技术需求。这一时期，政府主导的公益性服务体系得以恢复和完善，全国范围内渐渐成立以县为单位的农业技术推广服务体系，逐步取代之前普遍开展的“四级农业科学实验网”。1979 年，中央政府和县级政府联合设立的农业技术推广服务中心开始在全国众多城市中试点建立，到了 20 世纪 80 年代初期后成为独立的事业单位。1982 年中央一号文件明确指出要从根本上改善农业技术推广服务体系单一依靠政府部门推动和构建的状况。1983 年，《农业技术推广工作条例（试行）》做出更详细规定，提出了更为明确的要求：乡镇农业技术服务站由在公社设立的农科站转变而来，真正实现农业科技组织“自我积累、自我发展”。1987 年颁布的《关于建设农业技术推广中心的若干决定》从制度上保证了农业科技型服务组织的发展，为其发展铺平了道路。

伴随改革开放的不断深入，市场的力量也逐步渗透到农业和农村经济中，深入了解市场把握市场规律成为广大农民增产增收的必备条件，这直接增强了农民对农业服务的全方位需求。在此阶段，农村科技型社会组织得到迅速发展，同时涉农企业和技术服务机构也逐渐壮大起来，科技型组织在农村、农业、农民的需求中扮演着更加重要的角色。1989 年中央一号文件充分肯定了各种科技型服务组织和农业技术服务对农业发展做出的卓越贡献。

同期，各类专业组织机构和企业在科技服务供给领域占据了重要的位置。农业技术服务从原材料的采购到运输、储存等实现了“一条龙”服务；农产品质量大幅提高，信息提供也在开创更加新颖的方式，与企业合作共赢的模式得到了广大农民群众的青睐（刘少君，2006）。

3. 深化改革时期：1990～2000 年

这一时期，计划经济的理念和体制惯性仍然对我国经济社会发展产生着较为深远的影响，而市场经济体制还未完全建立。在两种经济体制同时影响经济发展的复杂时期，许多问题逐渐暴露和显现，如管理体制不顺、管理机制固化、服务方式陈旧单一等政府管理问题，城乡收入差距大、农民增收困难、农业增效不明显等社会问题。在这种情况下，当时的农村科技型社会组织的发展无法满足农业和农村经济发展的要求。因此，深化改革成了我国积极发展的必由之路。这期间最显著的改革就是采取单位转制改革以及开始重视社会化服务体系的发展。

首先，将原有乡镇的单位划入事业单位管辖范围，服务有偿化。1991年底颁布的《国务院关于加强农业社会化服务体系建设的通知》对乡镇农技机构的事业单位地位进行了肯定，将其划入乡镇所在省市的管辖范围，并明确编制和经费。随后1993年和1999年也通过法律的形式，明确了农技站的法律定位，并给予充分的政策支持和倾向，鼓励其运用资源优势提供有偿服务。《中华人民共和国农业技术推广法》是我国农业技术推广事业的一个里程碑，具有极高的历史地位。

其次，政府部门高度重视社会化服务体系的发展，1991年《国务院关于加强农业社会化服务体系建设的通知》明确农业社会化服务体系建设的原则和方向。1991年党的十三届八中全会审议通过的《中共中央关于进一步加强农业和农村工作的决定》中指出“各级党委和政府要做好发展和健全农业社会化服务体系的组织工作，引导各种服务组织发挥各自的特长，相互配合，通力协作，并区别情况，在财政、信贷、税收等方面给以适当优惠”。1994 年颁布的《中共中央、国务院关于1994年农业和农村工作的意见》中明确提出要扶持民办专业技术协会的健康发展。加强调查研究，总结交流经验，抓紧制定《农民专业协会示范章程》，引导农民专业协会真正成为“民办、民管、民受益”的新型经济组织。1998年，中共中央十五届三中全会审议通过的《中共中央关于农业和农村工作若干重大问题的决定》指出，要“加强县乡村农业技术推广体系建设，扶持农村专业技术协会等民办专业服务组织”。2000年颁布的《中共中央、国务院关于做好2000年农业和农村工作的意见》指出国务院有关部门要在全国选择一批有基础、有优势、有特色、有前景的龙头企业作为国家支持的重点，在基地建设、原料采购、设备引进和产品出口等方面给予具体的帮助和扶持。我国政府通过出台系列推动农村科技服务社会化的政策，推动社会化服务体系的逐步建立和完善。

上述可知，公益性推广体系在各个发展阶段都扮演了重要角色，对农技推广机构事业单位的改革使其在获得一定有偿报酬的情况下，开展农技服务，能够充分调动其服务的积极性，提高服务效率。而后国家积极吸纳社会和市场的力量加入到农业服务的行列，既壮大了农业科技服务组织的力量，也与传统的农技推广机构展开竞争，去满足农村科技服务需求，提升农村科技公共品的供给质量。

4. 多元化服务网络时期：2001年至今

进入21世纪以后，我国社会主义市场经济体制逐步建立和完善起来，过去具有显著计划经济特征的农业技术推广服务体系也已无法适应社会经济和农村发展的需要。为此，政府又开始了新一轮的改革：通过积极引入市场机制，开展农业技术服务和生产经营相结合的经营模式，进一步明确其“非营利”性质。

2001 年，国务院颁布《农业科技发展纲要（2001—2010 年）》，要求构建“国家扶持和市场引导”以及“有偿服务与无偿服务”相结合的新型农村科技型社会组织，多元化趋势明显，逐步建立广泛参与、多样化和社会化的服务体系（盛国辉，2005）。2003 年颁布的《关于开展基层农技推广体系改革试点工作的意见》中指出，通过政策扶持，培育多种形式的农业技术推广服务组织，营造服务环境，为农民合作组织、大专院校、科研院所、涉农龙头企业等组织开展农技服务做好铺垫，引导、鼓励更多的企业和中介机构参与农业技术推广服务。2006 年通过的《中华人民共和国农民专业合作社法》（2017 年第十二届全国人民代表大会常务委员会第三十一次会议重新修订）明确了农民专业合作社的法律地位，保障了专业合作组织的合法权益；同时，国务院出台《国务院关于深化改革加强基层农业技术推广体系建设的意见》，提出要“逐步构建起以国家农业技术推广机构为主导，农村合作经济组织为基础，农业科研、教育等单位和涉农企业广泛参与，分工协作、服务到位、充满活力的多元化基层农业技术推广体系”。2008 年的中央一号文件提出“国家可采取委托、招标等形式，调动各方面力量参与农业技术推广，形成多元化农技推广网络”。2012 年的中央一号文件一半篇幅涉及农业科技，提出“提升农业技术推广能力，大力发展农业社会化服务”。《“十三五”农业科技发展规划》提出大力扶持社会化服务组织，壮大农技推广队伍，鼓励社会力量参与农业科技创新，形成万众创新的局面。

在此阶段，鼓励和支持科技型社会组织、科技服务的市场主体参与农村科技服务和经济社会建设已经成为政府主要的政策导向，这为农村科技型社会组织提供了优越的政策环境和资源支持。这也从侧面说明了农村科技型社会组织是将科技创新的力量链接到农村、农业发展中的重要力量，同时也是政府推动科技管理体制和制度创新以及农村科技服务职能转变，优化科技产品供给服务的承接者。

二、农村科技服务体系的制度变迁

根据舒尔茨 1968 年所给出的定义，制度就是一种行为规则，这些规则涉及社会、政治及经济行为。制度变迁是一种新事物代替旧事物的过程，其中组织是制度变迁的发起人。因此，我们将从农村科技服务组织的所有权形式来研究和分析其制度变迁的过程。

一是政府单一所有。通过对农村科技型社会组织的发展轨迹的研究分析得出：1978 年以前，由于深受计划经济体制的影响，农业技术推广体系以政府为主导，国家资金支持，收益归国家所有，公益性地提供无偿服务；另外，行政机构上隶属农业部门，但实际上业务却受上级部门的指导。

二是部分农民集体所有。20 世纪 80 年代，适应市场经济发展要求，农户以独立经营者主体的身份，采取自愿原则，参加到专业合作组织中来。在合作组织中，组织成员以合同协议形式确立权利义务责任相平等的关系，平等相待，没有阶级之分。专业合作组织不以营利为目的，根据市场要求，在合作范围内，通过自我管理、自我服务、自我发展，调整改善农户资源配置状况，增强市场竞争力，以实现成员经济收入的增加。

三是政府单一所有与农民集体所有共同发展。20 世纪 90 年代初，为不断推动向前发展，我国农业科技管理部门要求各级农业技术推广部门实施有偿服务，同时允许他们经营农资，从一定程度上可以减少财政负担，改革原来低效的管理体制。与此同时，越来越多的农民自愿地加入专业合作社或专业技术协会等合作组织，使合作组织真正成为农民创办、农民管理、农民受益的农民集体所有的专业合作组织。

四是多种所有制形式共存。2000 年以来，农村科技中介组织得到广泛发展，出现了多种所有制形式的中介机构。政府单一所有的农业技术推广贯穿于整个农村科技服务体系的发展过程中，也是我国一种最主要制度形式；农村各种专业合作社是非营利组织，这种合作制是农村科技服务组织的基本制度形式；其他各种市场主体创办的股份合作制服务组织是新起的新兴力量，它们以企业的形式存在，以农民的需求为导向，以营利为目的，股份合作制是农村科技服务组织的必不可少的制度形式，是市场经济发展的必然产物（胡文波，2012）。

第二节　农村科技型社会组织发展现状

党的十九大报告提出要构建现代农业产业体系、生产体系、经营体系，培育新型农业经营主体，健全农业社会化服务体系，实现小农户和现代农业发展有机衔接[①]。这为农村科技型社会组织的发展既提供了最强大的政策指引，也提出了挑战。我国农村科技型社会组织具备一定的特性，展现出积极和消极的双重功能，培育模式呈现多样性。较之于发达国家完善的科技服务体系，我国农村科技型社会组织在国家的创新驱动发展战略和乡村振兴战略压力下，自身科技服务供给能力不足，“使得农村科技型社会组织的存续和发展也面临较为严峻的社会形势”（巫琼，2012），这些困境对政府和社会培育农村科技型社会组织提出了更高的要求，也对农村科技型社会组织的发展树立了更高的目标。

① 习近平：决胜全面建成小康社会夺取新时代中国特色社会主义伟大胜利——在中国共产党第十九次全国代表大会上的报告. http://www.gov.cn/zhuanti/2017-10/27/content_5234876.htm，2017-10-27

一、我国农村科技型社会组织的发展现状

1. 农村科技型社会组织的特点

经历了几十年的改进和完善，目前我国的农村科技型社会组织拥有多种多样的表现形式，具有其发展特点。

（1）以科技推广和服务为手段。首先，专业性极强，有着其他组织所不具备的优越性。这类组织相较于其他组织具有极强的专业性并具备将其转化为生产力的能力，大多以产业为大类，将行业内的许多企业组织起来，具备极强专业性的同时也是行业内的权威。其次，农村科技型社会组织服务性突出。农村科技型社会组织以服务农民为宗旨，问需于民，联系实际，有针对性地提供专业服务，引领农业生产发展方向。

（2）以科技兴农及促进增收为目的。通过科技促进农业发展最后还是要落脚到农民增收、生活幸福上，不能仅仅将目光放在技术推广上，还应注重后期的生产力转化。所以要将科技兴农作为农村民间科技服务组织的主要目标。市场经济的发展使得广大农民的经济意识不断强化，农村科技型社会组织的工作范围逐步扩大，从基本的技术推广和专业指导渗透到科技推广与服务合二为一的综合指导。农村科技型社会组织是广大农民群体在经济体制改革和市场经济发展的经济环境下，依据“民办、民管、民受益”的原则，为实现科技兴农及农民增收的目标而建立的组织（范用兵，2014）。

（3）以民主自愿为管理原则。农民专业协会不涉及农民的土地所有权，在家庭联产承包责任制的体制基础上开展工作。农村科技型社会组织就其领导人来看，主要由专业人士和技术人员为轴心，以自主参与的广大农户为坚实的基础，充分地结合农户的需求，在尊重农户自主权的基础上，全过程实现农民自由选择、自主决定（佘珍艳，2014）。

（4）以建立现代化制度为组织目标。随着农村政治经济发展走向成熟，农村科技型社会组织更加渴望建立一个更为完善的体制和机制，通过规章制度的完善来促进组织的发展和进步，其中以建立“农协章程”和理事会制度等较为典型。组织的会员本是组成农村科技型社会组织最基本的要素，会员需要足够认可和尊重组织的规章制度与其他成员；组织内实行民主选举，组织成员具有选举权和被选举权，并组织和参与组织的具体事宜；监事会由非理事（董事）会员担任，起到外部监督的作用。

2. 农村科技型社会组织的功能

农村社会的飞速发展离不开政府的支持和市场经济的推动，另外农村科技型社

会组织的独特贡献也有着不可磨灭的影响。当然，作为处于螺旋式上升过程中的新兴事物，农村科技型社会组织并不是完美无缺的，其缺点也会对农村的发展带来负面影响。对农村科技型社会组织正负功能的认知和把握有利于农村政治经济发展过程中充分扬长避短，对症下药，找到农村科技型社会组织发展的正确道路。

1）整合、服务以及集聚的积极功能

首先，整合功能。农村科技型社会组织相较于其他组织，具备较强的整合功能，将分散的无组织的农户组织起来，发挥整体优势。中国传统农村主要以家庭为基本的生产单位，实行分散经营、分散管理，自给自足，对农村的发展有着深远的影响。这种自给自足的生产方式在中华人民共和国成立初期起到了良好的效果，实现了经济的复苏，解决了人民的温饱问题，但随着经济的发展已无法满足农民的需求，对资源的利用不够充分，收益欠佳，农村科技型社会组织的发展壮大改变了这种局面。这是因为农村科技型社会组织以农村实际为背景，以服务“三农”为宗旨，农村科技型社会组织从某些程度上说就是农户的组织，它们由单独的农户结合而成，在这个大范围内实现有限资源的整合利用，发挥农户的主观能动性。

其次，服务功能。自改革开放以来，我国经济体制改革表现出明确的发展方向，培育多元市场主体，完善市场体系，充分发挥市场的作用。为了实现上述目标，政府职能逐步转变，政府通常在把握经济发展大方向的基础上充分发挥市场的决定性作用，实现农户从单纯听取行政指令到自主经营自负盈亏的转变。在政府和市场的双重作用下，农村发展焕然一新，走向发展新阶段。“看得见的手”和“看不见的手”都不是万能的，也存在着失败或失效的现象。特别是在占地广泛的农村，政府和市场的作用发挥“缺位”“错位”：政府作为公共服务的供给主体，也存在一定的服务灰色区域，出现公共物品供给不足、公共服务提供匮乏等问题；另外，市场是以营利为目的的，对营利空间有限的公共物品或公共服务避而远之，出现公共供给多样性缺乏、基本供给无法保证等问题（门献敏，2012）。这时，农村科技型社会组织发挥作用的空间得以产生，扎根于基层的农村科技型社会组织凭借自身具备的绝对优势弥补政府和市场的不足：首先，农村科技型社会组织生于农村长于农村，对农村真正的需求有着相对敏锐的洞察力，可以提供具有针对性的产品和服务；其次，农村科技型社会组织具有鲜明的非营利性特征，它不以营利为目的，在提供公共服务的过程中保持足够的公平、公正和公开。由此，政府、市场和农村科技型社会组织三者犹如“三驾马车”共同拉动农村社会向前发展。

最后，集聚功能。将广大农户都团结起来，统一于某一组织下，能更好地开展民主制度建设。首先，农村科技型社会组织的运行过程深刻体现了民主的原则，能够唤醒农民的民主意识，引导他们积极参与民主管理。市场经济的发展在农村社会的影响也在不断深入，潜移默化中改变着农民的思想意识，使他们眼界不断开放，观察和学习先进的思想和观念，民主意识、参与意识不断增强。政治体制改革的不断深入为村民自治的发展提供了充分的发挥空间，居民的自治热情得到了充分的激发，参政议政水平的不断提高，促进了农村民主制度的不断完善。这与党的十九大报告提出要健全自治、法治、德治相结合的乡村治理体系不谋而合，这些元素正好与民主政治制度建设相匹配，有利于推动我国民主政治向前发展。其次，代表民意，表达农民诉求。农民这个群体相当具有典型代表性，对国民经济的发展做出重要贡献，国家虽对其社会地位和社会待遇进行了一定提升，但长期的城乡二元体制使得城乡差距不断扩大，农民始终处于社会底层，受重视程度不高。农民素质不高导致其无法通过正确的方式和渠道维护自身权利，而在农村科技型社会组织中，农民是组织的主人，具有极强的自主性，农村科技型社会组织能切实保障农民权益。农村科技型社会组织作为一个社会组织，相对个人拥有更强的影响力，对于群体的需求有更强的表达力和满足的可能性，能更好地维护农民的群体利益（门献敏，2012）。农村科技型社会组织的发起人具有较强的经济能力、参政能力和专业素质，在与其他企业组织或政府机构部门进行对话时也能表现出一定的诉求。这样，农村科技型社会组织一方面能有效地维护农民的权利不受损害，另一方面能为农民诉求的表达提供一个合情合理的平台和渠道，有利于缓解政府与农民之间的激烈矛盾，稳定社会秩序。

2）异化风险的消极功能

硬币分正反两面。同理，农村科技型社会组织同样是一把“双刃剑”，在其带来正能量的同时也需要看到特定条件下农村社会组织可能对农村社会带来的负面影响。

第一，影响农村正式组织的权威。《中华人民共和国村民委员会组织法》颁布施行之后，“乡政村治”成了当时最为盛行的治理模式，并以法律的形式肯定了乡村两委的正式组织地位（周小花，2012）。农村的各种利益群体积极探索参与农村公共治理的途径和方式，并取得了一定的成果。当农村科技型社会组织与乡村两委利益一致、共同合作时，两者对农村社会的发展起着正作用，但一旦两者的利益相矛盾时，农村科技型社会组织则通过各种方式影响乡村两委的正常工作以追求自身利益的最大化。

第二，引发农民的心理压力。农村科技型社会组织作为专业团体，反映了自身利益群体的利益诉求，并将其进行整理向上级有关部门反馈，希望以此来实现本利益群体的诉求。但在这个过程中，不可避免地要与其他组织进行一定的竞争和博弈，同时受可利用资源情况的影响与制约，组织的诉求只能部分或不完全地得到满足。这种不完全满足会给农民的心里带来一定的冲击，当积累到一定的程度后，便有可能会引发一些负面事件。

第三，影响公共政策制定的效率及公平。在农村公共政策制定的过程中，需要向农村的主体也就是农民广泛征求意见，了解和调整各方利益诉求，通过多方博弈和整合，得出一个符合大多数利益群体需求的制度规范，为社会治理提供制度依据，更好地约束社会成员的行为。但是，由于农民在素质水平、受教育程度、价值观等方面均存在着较大的差异性，对同一个问题往往会争论不休而无法达成一个统一的结果。当前我国的农村社会组织发展还不充分、不成熟，组织自身在组织结构、管理方式、人员配备等仍然存在多方面问题，无法在短时间内有效地整合农民的意愿。而且，社会组织众多，各自都有不同的态度，需要政府作为中间者对各方利益进行有效协调，然而花费大量时间去调整反而降低了公共政策制定的效率。另外，农村科技型社会组织由于成立的时间、社会影响力、资源多寡等方面存在差异，极大制约了其在公共诉求表达时的有效程度。更有甚者通过对政府施压，通过权力寻租而谋取不当利益，这将明显损害农民的权益，影响社会公平。

第四，公益性缺失。非营利性是农村科技型社会组织的基本特性，主要是指农村科技型社会组织不以营利为目的、不能进行剩余利润的分配，不得将组织的资产以任何形式转变为私人财产，必须用于实现组织的宗旨或使命。农村科技型社会组织的资金来源比较有限，主要来源于政府支持、社会捐赠和通过提供有偿服务收取一定的费用。但是，农村科技型社会组织的发展环境还有待优化，缺乏法律规范的约束，缺乏严格有效的监管机制，缺乏具备绝对权威的组织机构。

第五，农村科技型社会组织的黑恶化。农村科技型社会组织具有鲜明的非政府性、非营利性和公益性，但有的农村科技型社会组织却存在着黑恶化的问题，主要表现在两个方面：一方面，黑恶势力成员渗入农村科技型社会组织。有的黑恶势力成员打着先进科学技术的幌子积极参与科技活动，但却捞取政治资本，便于其向政治领域、经济领域“参与”，极大地降低了组织的公信力；还有的黑恶势力通过控制一些农村科技型社会组织，以农村科技型社会组织负责人的头衔来达到其他目的；另一方面，农村科技型社会组织与黑恶势力相互勾结。有的农村科技型社会组织为了谋取利益，与农村黑恶势力勾结，相互利用，对农村的发展造成了不利的影响，不利于农村社会的和谐与稳定（周小花，2012）。

3. 农村科技型社会组织的发展模式

现代农业新技术推广是加快农业科技进步、增强农产品市场竞争能力、提高农业生产效益、有效增加农民收入的重要措施。因此，通过多元、特色的农业科技推广制度和服务体系培育农村科技型社会组织，有助于推动农业科技化、现代化和农村科技服务社会化。我国对农村科技型社会组织的系统规划相较西方发达国家起步较晚，但经历数十年的探索和实践，我国在农业科技推广中逐步探索出许多符合各地实际需求的特色发展模式。

（1）刘春芳等（2009）农业科技推广的主要模式。通过对我国实际情况的总体把握和对农业特点的大概梳理，刘春芳（2009）将我国农业推广的主要模式分为推广机构主导型、政府科技项目带动型、市场引导型和第三方主导型四大类型与具体的九种模式（表 3-1）。韩孟华（2011）根据刘春芳等（2009）的观点研究了北京市农业技术推广，在科技项目带动类型中涌现出了一些具有北京市特色的典型与做法，尤其是科技项目带动型是对以政府推广机构主导的补充创新，是结合政府与市场的一种纽带。

表 3-1　四类主要的农业科技推广模式

<table>
<tr><th>推广机构主导型</th><th>政府科技项目带动型</th><th>市场引导型</th><th>第三方主导型</th></tr>
<tr><td rowspan="9">农业技术推广站模式</td><td>科技 110 模式</td><td rowspan="4">企业产业化（公司＋农户）模式</td><td rowspan="4">黑龙江省农业科学院院县农业科技合作共建模式</td></tr>
<tr><td>科技示范园模式</td></tr>
<tr><td>专家大院模式</td></tr>
<tr><td>科技特派员模式</td></tr>
<tr><td>科技入户模式</td><td rowspan="5">技术协会或专业合作组织模式</td><td rowspan="5">河北农业大学“太行山道路”模式</td></tr>
<tr><td>科技下乡模式</td></tr>
<tr><td>三电合一模式</td></tr>
<tr><td>田间学校模式</td></tr>
<tr><td>科技协调员模式</td></tr>
</table>

（2）需求导向型模式。焦源（2014）提出了需求导向型模式。需求导向型，顾名思义，其体现的是一种多元化、异质性的追求，起源于当前的农民分化，进而不同人群产生了不同的技术需求，力求实现技术顺利传达到农民手中，进而转化为生产力，提升生产和生活的能力水平。研发系统、推广系统和农户系统是需求导向型农技推广机制系统构成的三大要素。同时运行机制包括方案准备、目标地区的问题分析与确认、推广实施、技术成果扩散与信息反馈四个环节。

（3）多主体培育模式。政府、高校科研机构、企业及农民等多元主体主办的农村科技型社会组织培育模式已逐步形成。潘文华（2009）针对国内农村科技型社会组织多元化的特征，对各培育主体的优势及局限性进行了评析。他认为政府作为培育主体的优势为组织上已形成完整的体系网络、相对稳定的经费保证、享有政府信用的优势、具有执行公益性职能的优势，劣势有组织机构失调、职能互相冲突、服务内容形式及人财物存在局限。教育科研机构具有服务社会、科技和人才优势、教育培训优势，靠近技术创新源优势；缺点有经费投入有限、激励政策不足、与农民有距离等。农民主体的优点为与农民零距离、服务更具有针对性、专业化和规模化，局限性有带动能力有限、运作不规范、农民文化程度偏低等，企业主体优势为科技服务动力足、服务效率高，缺点有私利性、违约风险性。

4. 农村科技型社会组织的困境

当前，我国农村科技型社会组织发展已具雏形，但还存在一系列问题，与当前经济发展不相适应。主要表现在以下几方面。

（1）农业科技服务供给与需求错位。目前，以高校、科研机构为代表的研发部门仍然对政府财政拨款有较强的依赖性，研究的学术化和方向定位更多的是着眼于专业本身，对其操作性和成果转化关注较少。农村科技型社会组织的服务供给主要根据科研院校的课题研究结果来围绕展开，而非针对农民的切实需求。农民和企业缺乏技术，而科研机构的技术未真正实现转化，没有进行实际应用，供需错位严重，不能将科研成果转化成生产力，资源浪费严重。

（2）农业科技服务运转失灵。我国原有的农业技术服务体系较为陈旧，还停留在政府牵头、下设农技站和农技员的阶段，整个体系带有明显的自上而下的单向属性。随着改革开放的深入发展和国家政治经济体制改革的不断深入，农业发展呈现出明显的多元化趋势，但技术水平落后、小规模经营始终从根本上得不到解决，造成政府科技服务体系运转失灵。农业科技服务人员缺乏责任感和服务意识，这增加了农村科技型社会组织发展的难度。

（3）农业科技服务力量薄弱。人作为重要的资源，对于农业科技服务的成效起着至关重要的作用。我国自然资源丰富，各地区差异较大，“种橘为枳”的故事在农业科技运用中时有发生。任何行业的发展和进步都离不开行业内人员的创新实践，因此我们需要通过不断探索找到一条农业发展的正确道路。基层农技工作条件艰苦、收入不高，越来越多的专业人员不愿意到基层参与服务工作，人才资源短缺，原有的工作人员缺少专业培训和知识引导，表现出工作人员总体水平不高的现状，无法满足现代农业发展的需要（洪绍青，2011）。

（4）农民科技兴农意识淡薄。作为农村科技型社会组织的主要受众对象，农民对于科技文化的接受能力很大程度上影响着科技转化为生产力的收益，从根本上决定着农村现代化的实现效果。但是，我国的农民整体素质不高，对于先进技术水平的接受和应用能力还相当有限，难以充分地发挥科技对农业的促进效用。再加之，传统农业的收效甚微，无法带来较高的社会地位和经济收入，导致农村大量优质人才外流，大量“留守村”和“空心村”涌现并成了一种潮流，真正务农的主要是科技文化程度偏低的留守老人和妇女。这部分务农人员文化素质不高，现代科技运用的能力有限，无法将科技转化为动力，使得农业发展进步的速度减缓，构建新型农村科技服务体系势在必行。

二、发达国家农村科技型社会组织的发展现状

西方各国的农村科技型社会组织发展呈现了多元化的趋势，并且发展水平高于我国，主要有以下三种发展模式：一是由政府部门推动为主导、跨部门联合设置的农业科技服务机构；二是市场导向型的科技服务型企业和机构；三是各类农业科技服务协会、专业合作社等社会组织，这类社会组织以市场需求为基础，以互助合作、自我服务、自我治理和自我发展为特征。

1. 农业科技服务机构

美国和以色列的农业科技服务体系是政府主导农业科技推广与服务的典型代表。美国实行从联邦到地方，自上至下的农业科技推广和服务体系。早在 20 世纪初，美国政府就出台了有关法律，规定在联邦负责农业管理的最高机构设立农业推广局，并授权各州政府与所辖大学联合设置农业科技推广和服务机构，这些机构以州立高等院校为领导，在下一级地方建立农业技术推广站，并配备专业的技术推广人员。这种政府强力引导和支持农业发展的模式对提高农业发展的科技含量，推动美国农业规模化生产和现代化转型起到至关重要的作用。这种模式的最大优点就是在政府主导并给予强有力的财力、物力、人力、政策、法律等资源的支持下，充分发挥跨部门协同作业的优势，以及激励高校等科研机构的主导力量参与到农业科技推广和服务中，有助于实现科技服务资源的整合和农业科技产学研的深度融合，这也是美国农业现代化程度如此之高的重要原因之一。

以色列的农业科技推广体系也具有自身的特色，其现代化的农业管理体系和科技在农业发展中的高度重视使得以色列这样一个自然条件不够优越的国家在世界农业史上留下了壮丽的篇章。该国也有着一套先进的农业科技推广体系，以色列从中央最高政府管理机构层面到地方基层政府部门都设置了专门的农业推广服务机构和专门的委员会组织，并以区域为中心，在全国范围内共设立了多个独具特色的农业科技推广中心，这些区域性的科技推广中心为农业科学研究机构，这些中心承担着常规的农业科技推广工作，并通过与专业的农业科学研究机构、高科技公司、农民保持良性互动关系，促进农业科技研发与成果推广工作有效衔接，加大农业科技成果转化为实际农业生产力的概率。

2. 农业科技服务企业和机构

拥有属性相异、组织形式多元化完善的农业科技型社会组织体系是美国与荷兰农业科技化和现代化发展进程较快、程度较高的重要原因所在。美国地广人稀、土地肥沃、气候条件适宜，是发展农业的好地方。美国高度发达的市场经济与完

善的政策为农业科技服务公司的生存和发展提供了广阔的空间。在美国，众多的农业科技服务从业人员以公司为依托，为农民提供农业科技产品和服务。众所周知，企业不仅是科技研发的重要主体，更是运作科技成果转化农业生产力、联系科技与市场的关键环节，这些公司在提高美国农业科技成果转化程度方面发挥着不可忽视的作用。

在荷兰，农业科技服务公司的作用也是不可小觑，尤以花卉的种植、销售一体化过程显著。花卉是荷兰闻名于世的种植业作物，从花卉生产到销售的整个过程都有着极高的专业要求，然而荷兰的企业和机构具备极强的能力以至于能独自承担整个花卉业生产、运营过程。在花卉的种植和生产过程中，明确职责，合作分工，花卉的种植生产—日常管理—包装整理—产品运输成为高度的自动化、机械化流程，这有助于提高花卉种植的生产水平和推动花卉种植的规模化、产业化作业，极大地提高了花卉业生产的效率、效益。

3. 社会化服务组织

丹麦和日本完善的农业服务社会化模式可以为各国农业科技服务体系提供有益经验借鉴。不同于美国和以色列的农业科技服务机构的政府主导特性，丹麦的农业科技服务机构是由两大类非政府组织联合建立和管理的，分别是农民联合会和家庭农民协会。各个层次的组织各司其职责，相互协作，丹麦全国上下都覆盖着面向每个农户的农业咨询服务体系（牛铭晨等，2010）。丹麦能在世界之林立足很大程度上得益于丹麦农业的快速发展，而这种农业服务社会化的导向的服务体系对于提高农业公共服务效率和质量，发动多元主体共同推动农业现代化建设的作用的重要性不言而喻。

日本以社会组织为主导的科技服务系统对日本农业现代化也是功不可没。日本政府早在20世纪40年代末就颁布了《农业协同合作法》。该法律出台之后，日本全国从上至下，建立了服务农业发展的农协组织，并规定了该类组织生产指导、组织流通、信用服务和开展互助共济的四项服务职能。发展至今，这些社会化的农业科技型社会组织已经成为政府和农民都信赖的农业服务型组织。

随着农村科技型社会组织的发展，世界上许多国家都形成了混合型的农业科技服务体系，体系的建立和完善体现了各国不同的实际情况，逐步构建了依靠政府和市场相协调的综合农村科技服务体系。政府主导的农业科技服务体系与各类社会组织协同运作服务于农业发展和农民生产需求，推动国家农业的现代化发展。

第三节　农村科技型社会组织培育的要求和目标

党的十九大再次强调坚定不移贯彻创新、协调、绿色、开放、共享的发展理念，该发展理念对我国“十三五”期间乃至更长时期内的发展思路、方向和着力点提出了明确要求。明确提出创新是引领发展的第一动力，是建设现代化经济体系的战略支撑。目前我国经济发展进入新常态，要真正走上创新驱动的发展道路，就要充分地发挥科技创新和理念创新。制度创新是培育农村科技型社会组织的重要推动力和保障，也是增加农业科技发展对农村经济发展贡献度的抓手，因此，需要发挥好创新驱动战略的特性和发展路径优势。

一、创新驱动战略

从根本动力和驱动要素视角，国家的发展分为生产要素驱动、投资驱动、创新驱动和财富驱动四个发展阶段。生产要素驱动、投资驱动拉动经济发展是我国经济增长的典型特征，党的十八大明确提出实施创新驱动发展战略，2016 年 5 月，中共中央、国务院印发了《国家创新驱动发展战略纲要》，党的十九大明确提出加快建设创新型国家，这就意味着当前我国经济发展和核心竞争优势必须改变原来的过度依赖要素驱动和投资驱动的发展模式，向创新驱动发展模式转变，实现从重“量”的粗放、分散、低端、外延式扩张转向重“质”、集约、高端、内涵式发展。

1. 创新驱动发展战略的特性

首先，创新驱动发展是新的“以人为本”的发展。一是这种发展战略依靠人去实施和发展。创新驱动重在“创新”，科技创新是驱动发展的重要支撑，除此之外，创新还包括理念创新、制度创新、文化创新等。科技创新成为驱动发展的齿轮离不开其他方面创新的保障和支持。在创新驱动发展阶段，人作为第一生产要素，对生产力的发挥程度有着重要的影响，加之知识、信息等无形资产的投入，更是为生产力的发展注入了新鲜活力。同时，由于这一生产要素具备不同于其他要素的特殊性，其对生产率的影响远大于传统的生产要素，这归根于“人”对经济发展、社会进步的贡献的边际收益是呈现递增趋势的。二是创新驱动发展是为了人的发展。经济发展所带来的不仅仅是经济总量的增加和经济水平的提高，同时包括经济发展方式的转变和人民生活水平的提高。我国经济的发展不能也不会以牺牲长远利益而追求眼前利益，那种发展只会是舍本逐末，最终将会影响我国的长远发展。因此，真正为了人的发展要真正“问需于民”，改革传统“政府本位”“GDP 为主导的经济增长本位”的理念，将创新驱动发展的理念融于政治、经济、社会、文化、生态建设的各个领域，以人民幸福感为首要衡量指标衡量社会进步程度、国家综合发展能力和政府治理水平。

其次，创新驱动发展是打造“后发优势”的发展。“后发优势”的发展经济学理论通过实例得到多次验证。我国还处于经济上升期，一直以追赶者的姿态与西方发达国家展开竞争与合作，同样运用“后发优势”的战略，通过引进、吸收、学习、消化和创新发达国家的先进技术，减少自身开发新技术、新方法所带来的巨大投入和遇阻的可能性，加快国家工业化和现代化进程。但是，由于具有递减性的“后发优势”始终无法成为核心竞争力，后发落后于发达国家。当国家间的差距逐步缩小时，“后发优势”所能带来的边际收益呈现递减规律，虽在一定程度上缩小了两者之间的差距，但始终无法超过甚至是赶上，始终存在“最后最小差距”。后发国家要缩小甚至消灭这些差距，必须实现跨越式发展，就必须打造“后发优势”。而要充分发挥“后发优势”，后发国家需要具备一定的现实保障条件，也就是最基本的环境和制度基础：良好的体制机制安排、完善的市场经济发展的制度、成熟的法治社会环境等。而这些“短”处正是后发国家实施创新驱动发展战略所缺失的，对我国来说，最根本的就是靠体制机制和制度创新，始终坚持与推进科技创新和体制机制创新的双轮驱动战略，正如《国家创新驱动发展战略纲要》提出建设国家创新体系，促进发展方式、发展要素、产业分工、创新能力、资源配置、创新群体的多元格局转变，来构建新的发展动力系统。

最后，创新驱动发展是由企业家驱动的发展。创新驱动对经济要素的投入也有着较为明确的倾向性选择，基本的土地、自然资源、资本的投入固然必不可少，但并不是作为首要要素进行投入比的划分，这些成分选择、比例分配都是由企业家来决定的。德鲁克曾说过“对某一商品而言，顾客是愿意接受，还是漠不关心，还是会表现出强烈的抵制，任何人都无法预知”。也就是理论上的经济运行过程和实际的过程未必完全一致，现实的生活与原来的假定存在一定的偏差，信息的不对称性更使得企业家在经济活动中斗智斗勇，通过对市场本质的不断摸索和把握规律，来找到其自身的竞争优势。这也是企业在科技创新驱动经济发展的“战场”上占有重要地位的核心原因所在。企业是科技创新的重要主体，更是科技研发成果投入市场，变为消费者手中“商品”的关键环节，是新的生产资料、生产方式、消费方式、组织结构、商业形态的开拓者，是经济增长和发展的直接推手，社会上数以千计的企业就如同一艘艘巨轮，而企业家就是这些巨轮的船长，他们的职责就是不断地开拓新的发展领域、开发新技术并使之转化为生产力，实现产业结构的优化。创新驱动发展战略正需要通过这些“船长”的探索和发现，助力创新型国家的建成。

2. 创新驱动战略的发展路径

科技创新水平和其对经济发展的贡献率、创新要素的高度集聚是衡量一个国家是创新型国家的重要指标。就我国目前发展状况而言，相比较西方发达国家，科技创新对经济发展的贡献率和创新要素的集聚程度都还有一定的差距，我国创新型国家建设任重而道远。党在十九大报告中提出要在2035年，跻身创新型国家前列，这为创新驱动发展战略提出了明确的目标，这就要求更加重视创新投入、体制机制建设、创新环境优化。

首先是加大创新投入。创新驱动主要是指依靠物质资源投入转向创新驱动，创新驱动可以替代和节省紧缺的物质资源，但不能替代资金投入对经济发展带来的刺激作用，创新驱动并不是不需要投资带动。相反，资金投入是创新驱动发展不可或缺的资源。国家和社会资金对科技创新的投入有助于引导资源向创新领域流动与集聚，进而产生科技创新的产业集群效应，而且创新投入也能通过优化投资结构以更好地促进经济发展。此外，创新驱动还需要加大人力资本投资和高科技企业的孵化、研发环节，这些方面的投资比例远远大于其他物质资源投资。主要包括高素质人才，尤其是集聚高端创新创业人才。一直以来占据主导地位的低成本战略——通过降低劳动力成本来提高收益，虽然有一定的优势，但是始终无法成为核心竞争力。创新的基本要素是人才，只有高素质人才汇集在高科技产业，并掌握核心的新技术，企业才能够始终保持较高核心竞争力。

其次是制度创新。经济体制改革的核心问题是处理好政府和市场的关系，创新制度就是需要协调处理好政府和市场之间的关系，既要尊重市场规律，又要更好地发挥政府作用。为此，制度创新可以分为市场经济制度创新和政府治理制度创新两个部分，其中市场经济制度创新主要是指完善科技创新发展的市场环境建设，如科技金融制度、产权保护制度、科技成果转化制度等，从而推动科技投入、科技研发过程、科技研发成果保护和转化的深度融合来促进社会资源的整合与市场经济制度的逐步完善。政府创新主要是指政府提供创新的各种制度保证和系统性政策支持。科技创新成果是高风险性的活动，需要政府稳健的政策、资金支持，同时一些关乎国家综合实力和发展的重大的科技创新还具有一定的外溢性与公共性，需要政府从宏观计划上加以调控和引导。此外，科技与教育密不可分，教育是培养和储备科技创新人才的基础工程，同时教育也是政府为人民提供的最基本的公共服务。因此，政府应该通过一定的制度安排实现科技创新体系与教育体系的有机结合，形成政产学研的各个环节之间集合、协调和衔接的协同创新格局。

最后是创新环境建设。发达国家的创新之路以及我国创新发展做得比较好的地区的实践证明了创新驱动发展战略需要良好的氛围和环境。创新驱动发展战略的目标之一是经济竞争力提升，落脚点在“经济”上，那么这就需要打造创新型经济发展模式。要实现经济发展模式的彻底转变，就需要在人力、财力、物力、组织机构、制度支撑、产业发展、教育结构、人文环境优化等方面出发，构建一个全面的、良性的创新生态系统，以此实现创新发展的关键资源的集聚、科技成果的获得和向生产力转化能力的提升。

综上所述，创新驱动战略是一个系统工程，并非一朝一夕就可有所收效，该战略涉及知识创新、技术创新，还涉及经济发展方式的转变和科技管理的体制机制、教育、文化领域等各方面的深化改革，这就需要各个系统形成合力，把全社会的智慧和力量凝聚到创新发展中去。

二、农村科技型社会组织培育的要求

1. 完善相关法律法规和政策措施

首先，政府要在已有关于社会组织法律法规基础上，进一步完善社会组织管理的法律法规，给予新型农村科技型社会组织明确的法律地位和职责确认。例如，现有的科协系统的农村科技协会组织，法律上并没有对其进行明确的规定，管理方式也是松散、任意化的，其职能作为缺乏相应的法律依据和法治保障，这是这部分协会组织治理能力薄弱、服务能力差的重要症结所在。

其次，需要理顺政府部门与市场组织、农村科技型社会组织、相关事业单位的管理体制和利益均衡问题，应该从战略层面明晰这些科技型社会组织是承接政府农村公共服务职能的重要合作主体，要从资金、人力、物力等方面大力支持，培育其发展壮大。

最后，政府要推动农村科技型社会组织与市场、产业深度融合。政府要通过为农村科技型社会组织参与服务提供一定的政策、资金支持，激励这些组织根据农业、农民、农村发展定位自己的服务领域，发挥自身的专长，并能够发挥连接农民与企业及科研机构、农村与市场、科技与农业、政府与社会的桥梁，进而推动政产学研的有机结合。

2. 创新农村科技型社会组织的管理机制和管理方式

首先，强化农村科技型社会组织的社会功能，创新管理方式，适时为这类组织发展“松绑”。一方面，可以开展农村科技型社会组织联盟创新以实现互相合作、资源共享，实现服务水平的提升。另一方面，为科技型社会组织松绑，简化组织申请流程和降低门槛，支持市场导向型的新型农村科技型社会组织，如科技产业园、龙头企业及多方合作形成的组织发展，从侧面进一步减轻农村科技型社会组的负担，激发农村科技型社会组织的活力和提升能力。

其次，在引导其发展的同时，要未雨绸缪，坚持引导、鼓励与监督、管理同步进行，建立完善的职能转移后的长效运营机制和监管机制，积极稳妥推进农村科技型社会组织有序承接政府转移职能。

最后，通过政府购买科技型组织的公共服务，政策奖励，开展培训，搭建科研机构与高校、农民交流的平台机制、措施，培育农村科技型社会组织。同时，要引导农村科技型社会组织加强自律机制建设，也可以尝试以行政区域为中心，建立科技型社会组织的行业协会，建立农业科技服务中心，加强对农村科技型社会组织的他律，以他律和自律“双管齐下”助力其健康有序成长。

3. 推动农村科技型社会组织的现代化管理建设

首先，积极组织和支持农村科技型社会组织的发展建设。打铁还需自身硬，农村科技型社会组织的自身素质水平影响其对政府转移职能的接收程度和承担创新驱动战略的能力。我国社会组织独立性、自主性欠缺和对政府的高度“依附性”使得其难以脱离政府的庇护独自发展壮大，社会组织自身的“革命”尚不可能，那就只能要求政府部门在不对科技型社会组织“控制”的前提下，在充分发挥组织自主权的原则上，推动农村科技型社会组织的自我治理能力的提升，从而为提升其服务于“三农”事业打下坚实的基础，进而使其成为提供农业科技推广、科技服务、科技信息咨询等农业公共产品的社会主体。

其次，推动农村科技型社会组织建立科学的管理制度。发达国家社会组织能够发挥其作用，并与政府达成合作伙伴关系，组织能够坚持科学的管理制度是重要原因之一。因此，我国的社会组织完全可以将独立性锻炼和现代化管理同步起来，以健全现代法人治理结构和运行机制为组织的长远发展打下基础。农村科技型社会组织除了具备社会组织的一般特征，同时其成员和服务对象具有特殊性，村民自治是我国农村基层治理的重要原则，农村科技型社会组织就成为村民自治的一个平台，组织的领导者和成员都由农民或服务于农村、农民、农业的企业或其他机构组成，强而有力、科学配置的领导班子及管理制度直接关系到社会组织能够真正服务于“三农”的需求。因此，要优化农村科技型社会组织领导结构、严格执行组织的管理制度及运营制度，通过科学完善的管理制度推动组织的可持续发展。

三、农村科技型社会组织的培育目标

农村科技型社会组织能较好地实现科技和经济的有效结合，实现科技成果向经济发展的转化，提高农民的经济收入，夯实农业的基础性地位，实现农业的长足发展。农村科技型社会组织的发展要适应农业未来发展的现实需要，为农民提供专业和有效的对口服务，并随着市场经济的发展而不断完善。为此，需要达到以下四个培育目标。

首先是组织系统网络化。农村科技型社会组织体系是一个多模式并存、多力量参与其中的多元化推广服务体系。农村科技型社会组织体系的发展要在夯实以政府组织为基础的同时，不断发展各类农村科技服务组织，联合农业高校和研究机构，切实打破原有的条块分割，加强横向联系和协作配合，早日达成网络化经营，实现资源整合，以便更好地推广新科技。

其次是服务功能综合化。农村科技型社会组织体系努力实现农村科技服务的更新换代，实现全方位、多层次、各阶段的“一条龙”服务，提供农业生产前、中、后全方位的技术服务，促进农业生产。也就是既要解决产业结构、增长方式、综合生产能力等生产的全过程问题，也要能为农业产业的深入发展和新兴产品的研发提供专业服务。同时还要在提供生产经营专业服务的基础上，积极推广和传递能改善农民生活的科技信息。

再次是服务机制市场化。农村科技型社会组织体系是一个社会化的体系，其发展和壮大离不开社会各界的支持与帮助，不能仅仅依靠政府的投资，需要在政府引导下积极拓宽发展渠道，实现服务机制市场化，引导和鼓励多主体参与其中，各司其职，通过不同的方式进行技术服务和参与收益分配。从而使得农村科技型社会组织体系能够满足农业现代化的需求，从更为实际的方面满足农户的需求，促进农业的持续健康发展，实现产业结构优化调整。

最后是农科教一体化。真正实现农科教一体化是促使科学成果转化成生产力的重要途径之一。要想实现我国农村科技型社会组织体系的进一步发展，必须打破各自为政的旧有体制，要积极加强农业行政机构部门与科技部门、教育部门、高等院校之间的团结协作，促进三者间的良性发展。农村科技型社会组织既可以作为中介平台将农、科、教三者充分整合，充当三者的沟通桥梁，也可以作为一个“聚容器”，为促进农科教一体化提供平台和保障。

创新驱动发展的国家战略的实施既为农村科技型社会组织的培育和发展创造了良好的大环境，也为这类组织的发展明确了方向。同时，对政府的制度和政策供给、治理方式创新提出了许多的要求，更为这类组织的发展提出了更高的要求和目标。总之，根据我国农村科技型社会组织的发展历程、现状和西方发达国家农村科技型社会组织的发展模式，我们更需要结合我国实际情况，借鉴优良经验，从而构建我国特色的培育模式。

第四章　我国农村科技型社会组织的培育模式

随着国家行政体制改革的不断深化，简政放权、还权于市场、还权于社会的步伐仍在不断加快。农村社会组织在农村治理中发挥的作用日趋明显，将逐渐成为乡村治理的一支重要力量。农村科技型社会组织培育主体也已经由政府单一主导向培育主体多元化转变。政府、企业、社会组织、公民都应该成为农村科技型社会组织的培育主体。从多元培育主体的维度出发，当前我国农村科技型社会组织的培育主要分为三类：政府主导型培育模式、市场导向型[①]培育模式、社会力量引导型培育模式。因为每一种培育模式都不是某个主体能够单独作为的，所以在这三种培育模式中存在主体交叉现象，多个主体之间也会相互作用、相互影响。

第一节　政府主导型培育模式

我国农村科技服务体系经历了政府公益性农技推广体系建设时期、社会化农技服务趋势初步显现时期、农技服务体系深化改革时期、倡导建立多元化农技服务网络时期四个阶段。随着我国农村科技服务体系和制度的发展变迁，农村科技型服务组织的主体逐渐由以政府及其附属机构为主导转变为政府机构、市场服务组织、非营利组织（包含高校、社团、协会、合作社等组织）多元主体协调发展的格局。尽管如此，非政府的农村科技型社会组织功能的真正实现离不开政府的培育和支持。因而，以政府为主导的农村科技型社会组织培育模式在推进我国农业现代化进程中起到中流砥柱的作用。

一、传统农业科技推广组织体系

农业科技服务多数属于纯公共物品，具有非营利性的政府可以承担此类技术服务的提供。在我国，政府的农业技术推广是由政府主办的，以提供公共服务、实现公共利益为目的的农业科技型社会组织是其主要形式。目前，我国传统的农

---

① 在我国特殊的政府社会关系背景下，科技服务的市场组织或者社会组织一般在政府支持下开展农村科技服务活动，通常以市场方式运作或以市场需求为导向，实质上可以说以官民合作为主。本章为突出其市场取向，故在总结其培育模式时，概括为市场导向型

业科技推广组织是自上而下的，在国家、省、市、县、乡（镇）五级分别设置了农业科技推广的职能部门，其在组织架构上呈现直线分布式（图 4-1）。各个不同层次上的主体承担与之权责相适应的农业推广任务。这种农业科技推广组织的运作和发展主要是政府主导型的培育模式，是以政府为培育主体，以农业科技推广机构为培育对象，以将农业技术推广到农户为目的。在实际应用中的主要形式为组织或亲自设立科技服务组织、统一推广农业技术成果并组织相关学习培训、提供农业技术及信息服务、生产资料等。这种推广模式能够实现从国家宏观层面到农村基层农业科技推广和服务的五级联动，实施效果覆盖面大、有力而迅速，是提高我国农业科技水平、实现农业生产方式根本改变的重要推动力。此外，在我国当前的农村科技服务组织体系中，除政府外的其他农业科技型社会组织、高校及科研机构参与到农业科技推广和服务中，一般要通过当地政府机构向农民提供农业科技服务。我国政府农业推广机构具备完整的网络体系，在联结高校和科研机构、农民以及联系农业与科技方面发挥着重要纽带作用。

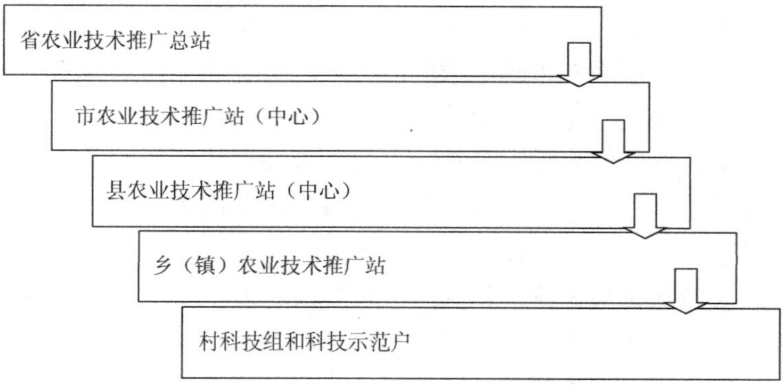

图 4-1　传统农业科技服务推广组织结构

二、科技特派员制度

近年来，我国政府结合农村和市场需求，实施了众多创新性的、带动型的农村科技组织培育项目。科技项目带动模式是对传统政府机构主导农村科技服务模式的补充和创新，是结合政府与市场的一种纽带。本书主要选取了现在被广泛推广的科技特派员制度模式，彰显出政府主导的科技项目制度的实施对培育农村科技型社会组织的重要作用。

1. 科技特派员制度的特性

科技特派员制度是政府为激发下派科技人员的创业热情的一种农业技术推广

模式。科技特派员制度在实现农业现代化过程中促进了农村生产力发展的新型生产关系的产生，是促进农村产业融合和资源优化配置的重要制度安排。为了深入推行科技特派员制度，2016 年，中共中央再次出台指导意见，提出要壮大科技特派员队伍，完善科技特派员制度。《国务院办公厅关于深入推行科技特派员制度的若干意见》（国办发〔2016〕32 号）明确提出要培育新型农业经营和服务主体，健全农业社会化科技服务体系，推动现代农业全产业链增值和品牌化发展。科技特派员制度能够实现农业科技人员优化配置和整合，充分发挥科技人员的积极性，服务农民、农村、农业的发展，具有区别于传统农业科技推广制度的特性。

第一，实行双向选择机制。在科技特派员选拔过程中，一是政府部门立足于“供”“需”双方，充分地考虑技术供给方即农业科技人员的技术所长和技术需求方——“农村和农民”的发展的实际需求。二是确定农村、农业发展的项目，需求方根据项目需求选择科技人员，或者科技人员选择项目，这称为双向选择机制。通过这种双向选择机制，促进科学技术与农业发展的密切结合。

第二，运作过程的市场化和绩效导向。一方面引入市场机制，将工作成绩与报酬挂钩，把对基层的行政领导转为直接参与农村生产实践，充分地调动科技人员的积极性。另一方面面向市场需求的服务，实行企业化的运作。通过签订合同或承包等形式，与农民、龙头企业结成风险共担、利益均享的共同体。

第三，服务内容的综合性。科技特派员制度突破了传统的推广农业技术的模式，而是实行技术推广、信息服务、技术支持、销售服务等于一体的综合性服务模式，是连接农民、企业、市场的创新机制安排。

第四，科技特派员技术推广模式主要依托农村科技大户和农村行业协会、龙头企业等在农业发展中具有带头作用的个体或组织，更加注重农产品品质管理和品牌建设，有助于整合多方资源，降低农业生产和经营的成本，实现农业生产的优标高质。

2. 科技特派员制度的实践模式

张雨等（2008）将科技特派员制度划分为信誉共同体模式（科技服务）、科技特派员企业模式与农业科技园区模式（科技创业）、科技特派员工作站模式（科技服务）、科技特派员协作创新团队模式（科技服务 + 科技创业）。魏德功等（2011）依据梧州市实施科技特派员制度的现状，提出“党支部 + 科技特派员”为主体的发展模式，主要包含“党支部 + 科技特派员 + 涉农企业 + 农户”形式、“党支部 + 科技特派员 + 项目 + 农户”形式、“党支部 + 科技特派员 + 协会 + 农户”形式、“党支部 + 科技特派员 + 乡土能人 + 农户”形式。尽管科技特派员制度在各地实施模式有差异，但有以下共性特征：一是政府在科技特派员制度中起到显性或隐性的引领性作用。二是科技特派员是该制度执行的中心主体，需要充分地发挥科技特派员技术专长。三是以科技服务为中心，以科技创业为重要途径，推动农业现代化发展和农民增收。综合各种模式的共性，本书认为我国农业科技特派员模式在组织架构上主要体现为“科技特派员 + 农村科技中介组织（实体） + 农户”的结构形式。微观上，科技特派员制度一方面可以和农民形成利益共同体，创建或经营农业企业、经营农业科技产业园或公益性中介组织等形式，在基层实践中延伸“一条龙”、全方位的服务，贯穿农产品生产、加工、销售、售后、品种改良的所有环节，从源头让农民以市场需求为出发点指导科学种植问题，解决农民生产源头的规模扩大资金困难和管理落后问题，加工环节解决农产品附加值低的问题，销售环节解决农产品难卖问题、农产品收益率低、农民收入增长缓慢问题，使各方利益与责任紧密捆绑、互动互进。另外，科技特派员组织成立农村科技中介组织培训基层科技服务人员和乡土人才，实现农民知识化，成为现代农业、农村、农民的孵化器（李保丽，2012）。

三、政府购买农业公益性服务机制

近年来，我国政府不断转变职能，改进政府提供服务方式，扩大政府向社会力量购买服务力度，拓宽政府购买服务的公共领域。在农业科技服务领域，各地政府逐步开展购买农业公益性服务的机制探索工作。购买农业公益性服务是政府向社会力量购买服务在农业领域的一个新尝试。推广普及政府购买公益性服务，实现农业服务社会化，必须抓住政府购买农业公益性服务机制创新的核心要素。

1.“买什么服务”：明确可购买的农业公益性服务内容

《农业部办公厅关于做好 2016 年政府购买农业公益性服务机制创新试点工作的通知》提出要围绕当地主导产业、主要品种的主要生产环节和关键技术，指导各类经营性服务组织按照以下标准创新政府购买服务内容：一是以农民特别是规模经营主体的需求为导向，满足农业生产需要；二是在农业部门职责范围内选择可量化、易监管的服务，集中力量突破；三是实践中已有探索，且取得了一定经验。可购买的公益性服务主要集中在供种和收获指导、病虫害统防统治、信息服务、经济公共服务、农产品生产和质量安全等方面。这就为各级政府在确定向经营性服务组织购买公益性服务边界时，要从当地需求、可购买服务的属性、是否已经取得一定的实践经验三个标准出发。我国不同地方在购买服务的内容上体现出差异性、多样性。例如，安徽省凤台县选择在粮食烘干、农作物穗轩综合利用等薄弱环节和领域开展购买服务试点。湖南省桂阳县在水稻种植上开展全程化购买社会化服务试点。这都是结合了当地农业生产实际情况，满足农民、农业生产需求的创新举措。

2.“向谁买服务”：多元化的服务提供主体

促进农业服务社会化是推进农业现代化进程的一个重要举措。2015 年 11 月中共中央办公厅、国务院办公厅印发的《深化农村改革综合性实施方案》明确提出要充分发挥农业公益性服务机构作用，大力培育多种形式的农业经营性服务组织，健全覆盖全程、综合配套、便捷高效的社会化服务体系。2016 年，我国推行政府购买农业公益性服务机制创新试点工作，要求清晰界定具备农业公益性服务的承接主体的资质和条件，并结合购买服务内容的具体需求来确定。

在我国，承接政府购买服务的主体包括社会组织、企事业单位等社会力量，因此应该按照分类指导、主体多元、形式多样、竞争充分的原则，确定承担农业公益性服务的承接主体。因此，政府购买农业公益性服务的社会力量主要包括符合资格条件的两类组织：非营利的农业社团组织；农民合作社、专业服务公司、龙头企业等农业经营性服务组织。政府通过购买农业公益性服务，可以培育农业经营性服务组织，为农业生产经营提供低成本、便利化、全方位的服务。

3.“如何买服务和买的值”：政府购买农业公益性服务的模式

如何买服务实质上就是政府购买农业公益性服务模式的问题。合法、合理、有效的购买模式是实现政府购买服务的政策期望、培育农业经营性服务组织、提供良好服务的重要机制举措。因此，这就需要实施政府购买农业公益性服务的机制，购买过程中要在明确政府可购买服务的目录和内容的前提下，从购买遵循的原则、购买资金的来源、实施的方式和程序、监管和绩效评价机制等方面探讨如何推进政府购买农业公益性服务。

首先，要根据购买农业公益性服务内容的供求特点、市场发育程度等因素，在整体上按照方式灵活、程序简便、公开透明、竞争有序、效果评价的原则组织实施购买服务。在承接主体选择上，按照公开公平、竞争择优方式的原则，促进优胜劣汰，通过多样化的措施选择出最适合的农业经营性服务组织。

其次，在购买方式和程序上，主要通过政府服务外包、定向委托、以奖代补、贷款担保、凭单制、公开招标、邀请招标、竞争性谈判、单一来源采购等方式实施服务项目的购买。

再次，在购买资金的来源上，结合世界农业社会化程度较高的国家的经验和我国政府购买服务的实践特征，政府作为购买主体，财政支出仍然应该成为该项目的主要资金来源。财政直接补贴、财税政策优惠、奖励和政府支付合同资金等都是政府购买农业公益性服务的可选菜单。

最后，明确各类公益性服务的具体实施标准，通过制定完善的监管机制，建立服务质量评价体系，来指导经营性服务组织开展农业生产和经营服务，不断地提高服务标准化水平，这也是政府购买农业公益性服务实践取得成功所必须考虑的要素。

在该模式中，政府是农业服务的提供者而非生产者，但这也并不意味着政府可以“置身事外”。相反，实施购买服务的政府部门必须担当好引导者、组织者、规则制定者、监督者和评估者的角色，充分地发挥政府在可购买服务的规划、标准设定、监管等方面的引导作用，通过公平的市场竞争机制，鼓励农业服务生产的各类主体积极提供农业服务，从而充分地发挥市场资源配置的决定性作用，并实现政府与市场的优势互补、良性互动。

第二节　市场导向型培育模式

农业现代化和产业化必须以市场需求、市场发展为导向。因此，市场导向型的农村科技型社会组织培育模式能够充分地发挥市场在资源配置中的决定作用。在农村，市场导向型的组织主要包括农业产业化龙头企业、专业合作社、农业技术协会和农业科技园区等。这些组织以市场需求为导向，主观上以追求利润为目的，客观上从事农业科技服务活动。而这些组织通过与政府部门、组织、农民之间合作互动形成了各具特色的培育模式。

一、农业产业化龙头企业带动的培育模式

农业产业化经营是促进农村经济结构调整、农业产业化和现代化、产业融合的主要途径。龙头企业是产业化经营的重要主体，它们是吸纳先进生产要素、提高农民组织化程度、优化农产品结构和产业结构的中坚力量。在我国农业产业化深入推进的背景下，农业产业化龙头企业发展呈现出不同的模式。

1. 产业龙头企业发展的模式

龙头企业带动型模式指以龙头企业为组织实体或领头单位，以农产品为中心，形成“公司 + 农户”“公司 + 基地（批发市场）+ 农户”等产、加、销一体的经营模式。

（1）“公司 + 农户”模式。“公司 + 农户”模式是我国 20 世纪 90 年代以来，实行农业产业化经营的基础和主导模式。这种模式在一定程度上缓解了“小农户”与“大市场”之间的矛盾，打破了农业生产小规模化、分散化的传统格局，是小农户通向大市场的桥梁。它将传统基本生产组织单元的农户与农业龙头企业

加工、销售、贴近市场的优势相连接，连接农户进入了市场，实现了农户和企业需求的双赢。该模式的实现形式主要是通过企业和农民之间签订合同建立互惠互利的供销关系或者农民与农业企业龙头通过契约机制结成利益共同体。这种模式在农业科技推广、农民规避市场风险和实现规模经营增收等方面发挥了积极作用，但存在天然的缺陷：商品契约极为不稳定，任何一方的违约都会给对方造成损失；农户始终处于市场谈判和竞争中的弱势地位，农户在生产经营过程中缺乏相应的话语权、自主权，公司在利益分配和资源支配上占有绝对主导权，两者“双赢”的预期效果未必能达到。

（2）“公司＋基地（批发市场）＋农户”模式。这两种模式是在传统“公司＋农户”模式的基础上以及政府支持下“升级”而成的，其典型特征是以龙头企业为主导力量，以农户为基础、以农产品生产或加工、销售为主要业务，通过建立集约化的农产品生产基地或农产品批发市场实现供产销一条龙、农工贸技一体化。在这种模式下，公司通过农业生产基地或批发市场作为“代理人”，一方面能够实现农户资源共享，农业生产更加市场化和专业化；另一方面降低了农户、公司和基地的交易费用与经营风险。再者，使得“公司”有较好的农产品供应，批发市场成为农产品更好的分销渠道和平台，这有助于形成农业优势产业的集聚和增加农业生产的附加值，并辐射带动了区域内农村产业结构调整。

2. 典型案例：新型农业综合性企业发展模式

湖南华绿生物科技有限公司是新型农业综合性企业①。在 2006 年成立至今十余年的探索中，该公司在湖南农业大学科研团队的支持下，从当地农业生产和农业发展实际情况出发，以政府“三农”导向为契机，以项目为依托，创新农业科技服务模式，形成了集粮食生产套餐服务、农业科技信息服务、高档优质稻品牌建设与推广三大主打领域，覆盖产业全程社会化服务即生产、加工、销售于一体的“华绿模式”服务体系（图 4-2）。

二、专业合作经济组织带动模式

专业合作社、农业技术协会是互助性质的合作经济组织，是我国农村主要的合作经济组织，同时也是我国农村科技型社会组织的重要组成部分。它们是连接市场与农村的桥梁，是促进我国农业服务社会化、农业产业化和现代化发展不可

① 刘胜轩. 湖南华绿生物科技有限公司——创新成就绿色梦[EB/OL]. [2017-04-11]. http://www.hnagri.gov.cn/web/hnagrizw/9681/9684/9710/content_263092.html

或缺的一环。这两类组织的培育模式主要体现为“企业/专业合作社＋农户”模式、“农村专业技术协会＋合作社/公司/专业大户”模式。

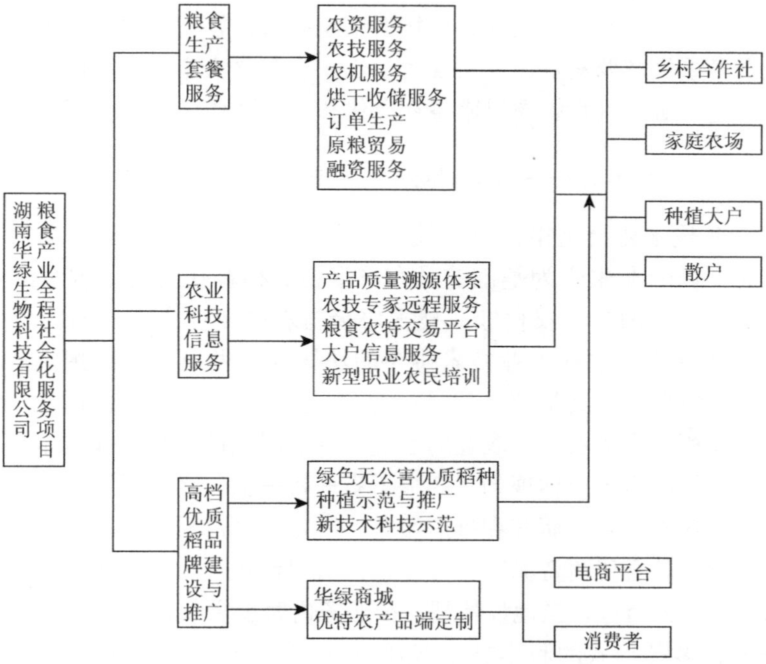

图 4-2 “华绿模式”服务体系图

1.“企业/专业合作社＋农户”模式

《中华人民共和国农民专业合作社法》指出农民专业合作社是自愿联合、民主管理的互助性经济组织。在实践中，“（公司）专业合作社＋农户”模式主要体现为“合作社＋农户”形式和“企业＋合作社＋农户”形式。

首先，“合作社＋农户”培育模式。合作社在政府的支持下，以市场需求为出发点，组织和引导农民生产或从事副业，由合作社负责统一提供原材料与生产技术、统一收购和销售。这种模式中，合作社是联系农民和市场的中间环节，充分地发挥了服务的功能，这不仅为农民增收提供了重要的信息、技术和平台，也提高了合作社的能力和影响力。湖北省黄冈市华家河镇通过红安将军红土布织锦农民专业合作社组织和引领农村妇女加入织锦行业，通过统一提供面纱、布料，统一收购和包装销售，这个专业合作社成了在分散的农户和广阔的市场之间的一座产销对口的桥梁。

其次，“企业＋合作社＋农户”模式。在这个模式中，一方面合作社通过与企业或基地合作，推动流转土地，形成规模化生产，同时开展农业标准化服务实现上连企业和市场、下连农户的现代化农业发展。另一方面可以为农户提供信息、技术、市场需求分析服务，依托市场生产和销售农产品，依靠利益联结机制带动农户增收（万伦来等，2010）。

合作社成为连接农户与企业、市场的中坚力量，以规模化经营为生产方式，有效地整合多重生产要素资源，实现“小农户”与“大市场”的联通以及农产品的市场化渠道，对促进我国农村服务社会化和农业现代化建设具有重大意义。

2.“农村专业技术协会＋合作社/公司/专业大户”模式

农村专业技术协会是指在科学技术协会指导下成立的，以市场为导向、以技术为纽带、以专业生产为基础的具有群众性、科普功能的技术经济合作组织（万江红和管珊，2013）。农村专业技术协会与农民专业合作社的明显差异是当前我国的法律尚未对农村专业技术协会的法律地位做出明确的规定，这也使得农村专业技术协会，尤其是部分基层农村专业技术协会游离于合法性组织之外，无法充分地发挥其服务农村、农业的职能。目前我国的农村专业技术协会在组织结构形式上，纵向组织上体现为“中央—省—市—县—乡—村”一体的协会。其功能主要体现在农业科技研究和推广服务、制定农产品质量标准和制度、交流农业技术和经验、整合优质资源四个方面，具有自组织性原则与民主式管理、实践性与市场导向、公益性、当地性特征。在服务内容上主要包含全程托管服务、全程科技服务、多种形式的科学技术普及服务、“协会＋文化”服务。

当前，我国农村的专业技术协会主要有“产业协会＋合作社（专业大户）”模式、“公司＋技术服务协会”模式、“技术研究与推广协会”模式、“村级技术交流协会”模式四种组织模式。

首先，“产业协会＋合作社（专业大户）”模式和“公司＋技术服务协会”模式。这种模式横向上包括与合作社、专业大户合作，纵向包括与产业协会分会的协同。其在发展过程中立足于当地农业产业生产和发展需求，在整体上呈现以农村专业技术协会为中心，农业生产服务项目、服务提供主体向四周延伸、辐射的实践形态（图 4-3）。第一种模式的产业协会通过整合农业生产的上下游产业链的资源，为大户农民、合作社提供市场信息、生产技术服务，充当合作社、专业大户与政府之间的桥梁纽带角色。第二种模式的技术服务协会通过和公司签订契约合同的形式为公司提供技术指导与培训服务，以此获得服务资金，维持协会生存、发展。总之，这两种模式都与企业和市场保持密切联系，在一定程度上具有市场性和公益性的双重属性。

其次，“技术研究与推广协会”模式与“村级技术交流协会”模式。在我国，依据发起者的不同，技术协会又分为官办技术协会和民办技术协会。无论何种性质的技术协会，其在功能履行上都主要是农业技术的研究和推广、农业生产

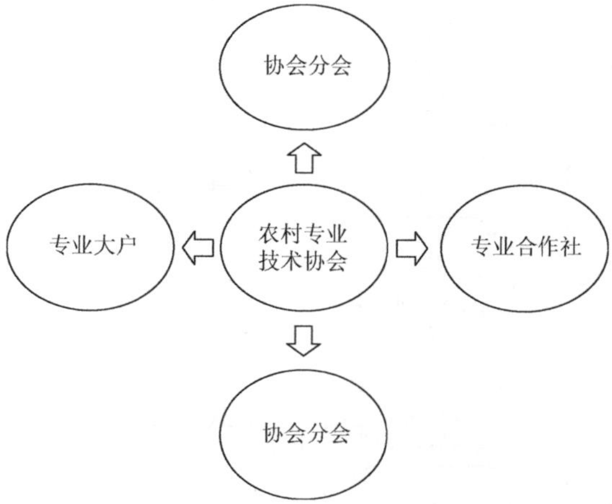

图 4-3 中心扩散式

经验的交流。这对于提高农业科技推广效率，降低农业生产和政府的信息成本，具有一定的积极意义。总之，这两种模式的协会主要从事农业实用技术的研究和推广与交流，其在一定程度上发挥了公益性服务的作用，弥补了政府在该领域公共服务供给不足的缺憾。

通过推动农村专业技术协会与合作社、企业、农户的协同合作，实现多方主体联动，为农业生产提供全方位服务，有助于实现规模效益。农业科技协会组织在促进农村科技成果转化中具有明显的成效，是未来农业科技推广的组织基础之一。

3. 典型案例：湖南省锦绣千村农业合作社[①]

湖南省锦绣千村农业合作社（以下简称县总合作社）是由常德市锦绣千村植保有限公司发起组建的。现有成员 3517 户，服务农户 5 万多户，服务面积 30 多万亩（1 亩≈666.7 平方米），成为深受广大农户欢迎的农业专业服务商，在经营方式、运行模式、服务内容等方面具有突出的特点。主要包括建立“三级服务网络”、打造“四大服务平台”、提供个性化的“五项服务菜单”，实现农民、企业、合作社的多方共赢。

（1）“三级服务网络”（图 4-4）。各级服务网络按照社团章程规定，互相配合，各自履行自身职能，服务当地农村、农民、农业。

（2）“四大服务平台”。该合作社通过延伸拓展农业服务内容，建立起了覆盖农业生产全过程的四大服务平台（图 4-5），通过这四大服务平台，实现农资采购、销售和使用统一化，农业生产服务标准化和全程化，农产品购销一体化，解决农户在资金上的融资难、融资贵问题，真正使合作社成为综合性农业服务组织。

① 本案例来源于湖南三农网，http://www.hnagri.gov.cn/web/hnagrizw/9681/9684/9710/content_263094. html

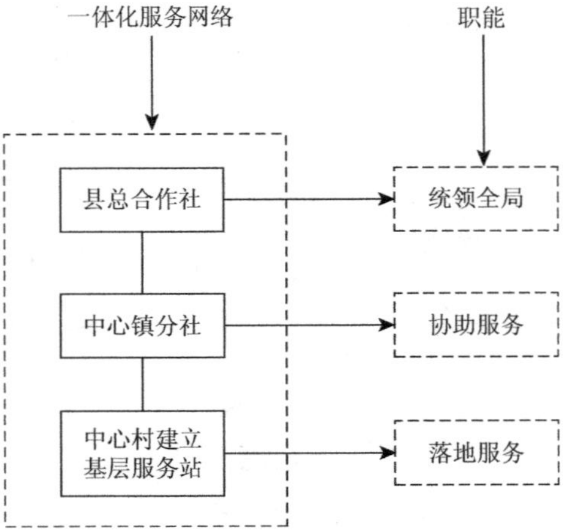

图 4-4　三级服务网络

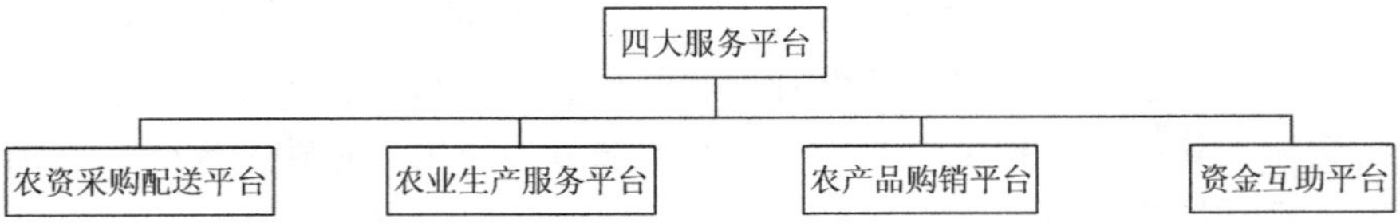

图 4-5　四大服务平台

（3）“五项服务菜单”。合作社从农产品生产源头、生产过程为成员提供全程化的农业生产服务，主要体现在生产源头的土地资源整合利用到生产过程的技术、信息、资金服务（图 4-6）。主要分为五种类型：保姆式服务、托管服务、全程包干服务、信息技术服务、资金服务。保姆式服务是指农户付费，合作社负责提供

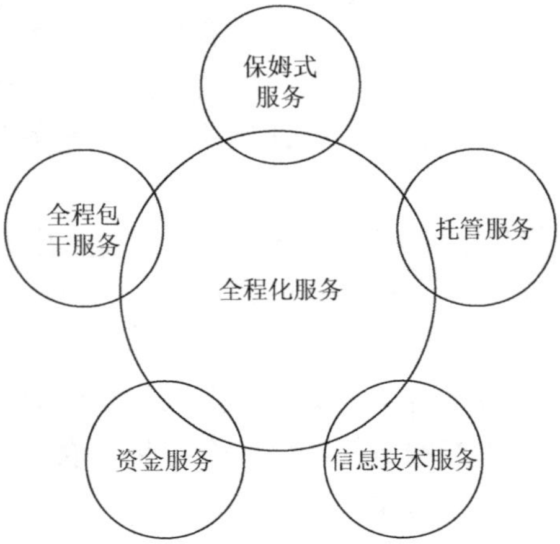

图 4-6　全程化服务

农业生产服务。托管服务是指不愿流转土地的农民与合作社以契约合作的形式将土地采取半托或全托的方式交由合作社进行管理。全程包干服务是指为防止土地撂荒，合作社上门为农户提供耕、种、收、销一条龙的全程服务。信息技术服务主要包含对农业生产综合信息管理服务，以及根据农户的种植和生产等实际需求提供有针对性的农技培训服务。资金服务一方面通过创新农户资金投资形式，整合闲散资源，实现资金利用效率和互助效益最大化。另一方面合作社通过为农户作资金借贷的担保等形式，推动金融机构资源向“三农”投放渠道的拓宽和投放力度的强化。

县总合作社的发展模式以社会化服务为落脚点，丰富服务项目，变革服务形式，构建起了农业生产经营服务新业态，对当地的农业发展生态、农民增收和合作社自身建设发挥重要作用。一是促进了当地的农业生产方式的更新和科技推广效率、效益的提高。二是在实现农业的规模化经营、生产成本降低和农产品质量提高的同时，又提高了土地经营效益，保护了农业生态环境。三是通过联系农户与市场，实现农民的增收，促进当地农产品结构、产业结构的调整。四是合作社通过提供高效优质服务，自身获得了持续发展的资源。

随着国家对农业现代化发展的政策支持，农业合作组织包括专业合作社和农业技术协会等科技型社会组织在节约培训科技服务成本，推广科技知识，连接政府推广部门、大学科研机构以及公司、农民，推进农业现代化和农业服务社会化、农村市场化进程，促进农民增收等方面发挥了日益重要的作用。

三、农业科技园区培育模式①

农业科技园区通过现代企业的经营管理方式，集中、综合利用现代农业发展的关键要素，成为连接市场与农户的纽带和平台，对培养新型农业职业、创新农业生产组织形式、提高农民增收致富能力、推动农业产业升级、促进现代农业和农村经济发展起到重要作用。在我国，农业科技园建设具备一定的政府导向型特征，但因为园区一般以龙头企业或专业合作社为运营主体，运作和发展需紧密依托市场。所以本书将农业科技园培育模式定位在市场导向型模式中。

1. 农业科技园的运作模式

发展现代农业科技园是推动农业服务社会化运行机制、体制改革和创新农业

① 国内对“农业科技园”称谓因各地实际情况或园区的主要运行业务的差异呈现不一致性，例如，农业科技示范园、现代农业产业园、农业科技示范基地等名称定义不一。本书以农业科技园为主要分析对象，不代表其他园区模式具有统一性

体系、促进农业产业化经营的重要举措。园区建设和发展的参与主体主要包括政府、企业、合作组织、科研机构、科技特派员、农户。其中政府是园区建设的组织者和监管者；企业是园区的运营主体；合作组织与科研机构是园区建设和运营的重要参与者；农户是园区运营的生产者、直接受益者。值得一提的是，我国当前深入推进科技特派员制度，政府大力支持科技特派员参与或负责农业科技园的建设、运作；众多的高校、科研院所等科技事业单位组织或成员也积极加入到园区的建设中，园区成为众多科研工作者的创业平台。

自 20 世纪 90 年代国家农业科技园区在我国崭露头角以来，由于各地农业生产条件、社会经济资源条件、政府政策导向等方面的差异，农业科技园的发展模式呈现四种运行模式，主要包括“设施农业＋企业化”模式、“农业技术推广创新”模式、“特色农业＋龙头企业＋专业协会＋农户”模式、“农业科技企业孵化”模式（蒋和平和宋莉莉，2006）。这四种模式在运行过程中呈现出异同性。

首先，不同模式运作的相同性。一是四种模式都是以一个或多个龙头企业为经营主体，实行市场化运作。二是四种模式都以科技发展为依托或以科技推广为突破口。三是均存在多元主体共同参与园区建设、发展。政府起到引导作用，农民是园区对接的对象，企业是园区建设的重要主体。四是都致力于加快新技术、新品种的转化、推广与应用，能够促进地区经济发展，增加农民收入，推动农业生产结构的调整。

其次，不同模式的差异性。“设施农业＋企业化”运行模式以发展设施农业为突破口，采用“企业＋基地＋农户”的产业化运作机制；“农业技术推广创新”运行模式，采用“投资主体＋公司”的产业化运作方式，更加注重科技推广的机制创新和信息化体系、农产品质量标准和检测检验体系建设；“农业科技企业孵化”运行模式旨在建立集“创业—孵化—转化”于一体的农业科技服务平台和科技成果转化基地。“特色农业＋龙头企业＋专业协会＋农户”运行模式的突出特点就是以当地特色农业为根本依托。多元主体参与到园区发展中。其中，政府负责政策引导、科研院所提供技术支撑，专业协会是连接农民与市场的纽带，农民是农业生产的主体，也是农业发展的最直接受惠者。

农业科技园是培育农业龙头企业和合作经济组织的重要平台。通过依托龙头企业、专业合作社或科技特派员创业团队为运作主体，聚集土地、人才、科技、资本等要素资源，能够充分地实现集技术、产业、创业等于一体的多元功能作用，推动了农业全环节升级、全链条增值，最终建设成为集“科技＋生产＋加工＋营销”于一体的现代农业科技园。

2. 典型案例：山东寿光国家农业科技园区

2010 年，山东寿光国家农业科技园区成为第一批国家农业科技园的试点单位。该园区位于寿光市洛城镇，它是一个以蔬菜产业为主，由多个农业分公司和生产合作经营组织联合组成的现代化农业“孵化器”与农业科技成果转化“推进器”。该园区由三家企业作为投资主体联合建立，并以当地农业龙头企业为运营主体。经过数年探索发展，已经逐渐形成“公司＋基地＋农户＋市场”的独特发展模式。首先，该园区设立了完整的组织机构。该园区根据蔬菜的苗种配备、规模化生产、深入加工、销售渠道扩展设立了不同领域的专业公司。其次，园区从研发和投资上着手，建立了由国内科研单位、高等院校投入实施的蔬菜高新技术创新园、农业博士创业园和外商独资经营的外商投资园；从农产品生产着手，建立了蔬菜标准化试验示范区、蔬菜新品种试验示范区、蔬菜现代化设施试验示范区；从科技信息传播和科技发展、推广着手，建立了智能化信息管理中心、蔬菜高新技术培训中心、蔬菜高新技术展示交流中心、现代化生物工程种苗中心、蔬菜保鲜加工销售中心。该园区已经基本形成集组织培养、工厂化育苗、试验示范、产品加工销售、科技培训等综合功能的蔬菜高新技术示范园。

总结该模式成功运作的经验，最关键的是在政府的政策引导和支持下，以龙头企业为经营主体，实行“企业＋基地＋农户”的产业化运作机制和现代企业的运营管理方式，提高了科技园的运营效率、效益。此外，在具体的运营管理方面的措施也是该园区成功的必备要素，主要包括：一是以基地为核心和突破口，构建若干个蔬菜生产和示范基地。二是注重先进技术研发、示范、推广。三是注重引入人才和先进的管理技术，加大与外部科研机构的合作与交流。四是采用订单式生产，降低了园区、企业、农户的市场风险。五是重视整个产业链安全生产体系建设，注重技术集成示范和推广应用研究。综上，在多重要素的综合作用下，山东寿光国家农业科技园区逐步站在了我国农业科技园区发展的前列，该类农村科技中介组织在我国农村服务社会化、农业现代化进程中发挥着越来越重要的作用。

第三节　社会力量引导型培育模式

在科技创新引领国家发展的战略背景下，我国政府尤其重视科研结果的转化和应用，注重产学研的深度融合。高校和科研机构以及农业部门拥有独特的人才资源，尤其是农业大学和相关的科研院所拥有规模性的科技研发中心、教学科研基地，具有丰富的技术转化和农业科技项目推广的经验。因此，推动高校或科研院所等农业科研机构与农业企业、合作社、农民的互动合作，促进高校与科研机构主导型培育模式的发展就显得至关重要。现已普遍推广的农业科技专家大院模式、高校主导的培育模式（太行山模式）、科研院所主导的培育模式（院县合作模式），都是依托高校、科研院所的优势培育科技型社会组织的典型模式。

一、农业科技专家大院模式

农业科技专家大院模式是以大学科研院所为依托，以科技专家为主体，以农民为直接对象，扎根农村一线广泛开展技术指导、技术示范、技术推广、人才培训技术、咨询等服务的新机制（刘志民和欧阳晓光，2005）。农业科技大院能够在政府支持下，通过实现科技成果的高效转化，进而实现良好的经济社会效益。西北农林科技大学与宝鸡市政府联合创建的农业科技专家大院模式是社会力量引导型的农村科技型社会组织培育模式的典型。

1. 农业科技专家大院的运行形式

农村科技专家大院是我国创新科技服务、促进农村产业和经济结构调整、推动农业现代化的重要创新之举，是科技与农民之间的沟通纽带，用科技带发展，在为我国农业产业化发展走出了一条新路的同时，还培育了一大批农业专业人员（余珍艳，2014）。同时，这也是在政府引导下，充分地发挥高校、科研院所等社会科研重要组织力量的积极性和主动性，加速产学研融合的重要举措。

基于各地自然资源、主导产业、经济和社会状况、政府政策支持内容和力度、依托的主体和主攻业务的差异，其运行模式也不尽相同。郭强和刘冬梅（2013）将国内农业科技专家大院的运行模式分为“园区＋专家大院”“流动型专家大院”“科研院所＋专家大院”“企业＋专家大院”（表 4-1）。

表 4-1　农业科技专家大院的主要运行形式

类型	园区＋专家大院	流动型专家大院	科研院所＋专家大院	企业＋专家大院
主体	高校、科研院所	科研院所、政府机构	科研院所	高校、科研院所
对象	农业科技园区	农户、合作组织	企业、农户、政府	企业、农户
管理机制	市场化管理	政府管理	科研院所与政府协同合作、共管	市场化管理
运作形式	固定型（园区内设置）	流动型	院县共建、院地共建	企业是运作平台
激励机制	市场化运作＋经济激励	政府推动＋行政奖惩＋公益服务	经济激励＋公益服务	项目责任制＋技术承包制
服务内容	为园区科技项目提供科技服务	农技推广、科技培训、信息咨询等	农业科技研发、转化、推广、经营	服务企业的农业项目
覆盖面	点状覆盖	覆盖面广	典型覆盖	点状覆盖

2. 典型案例：宝鸡市农业科技专家大院

农业科技专家大院是由宝鸡市政府与西北农林科技大学合作推行的。宝鸡市政府通过在田间地头、龙头企业、产业带上建立农业科技专家大院，经过多年探索实践，一方面辐射当地农村经济发展，改善当地传统农业的结构，带动了该市100多个乡镇、1400多个村的发展，实现了50多万农户增产增收。另一方面农业科技专家大院的建设打造了科技成果转化的平台，促进了产学研的有机结合。

宝鸡市农业科技专家大院具体包括以下四种模式：一是“专家＋龙头企业＋农户”为模式的产业龙头型专家大院。二是“专家＋技术推广单位＋农户”为模式的科研开发型专家大院。三是“专家＋中介服务组织＋农户”为模式的技术推广型专家大院。四是“专家＋科技示范园”模式，以规模化家畜养殖为代表。

总结宝鸡市农业科技大院模式的成功运行离不开政府、高校、企业、科技型社会组织的良性协同合作。首先是政府政策引导、资金支持。宝鸡市政府组建专门的指导机构、服务机构，实施了“五个一”方针，每年投入专门资金和活动经费、提供必要的科研推广设备。其次是高校提供专业的人才和技术支持。西北农林科技大学为大院提供了充足的科研力量、资源的支持，把农业高新科技带到了田间地头，使得它们成为农民致富路上的良师益友，充分地推动了科学技术在农业中的推广、应用。再次是立足当地特色产业的不同，实行不同的农家大院平台建设模式。最后是提供多元化的科技服务，满足企业、农民、农业生产各环节的需求。

宝鸡市农业科技专家大院是我国初步建立该模式的尝试。经过发展获得了一定的成功。但在大院的管理体制、投资机制、内部运行机制上仍需要加以创新，正确处理各参与主体之间的关系，建立多元主体间分工与协作的农技推广服务体系。

此外，农村区域科技成果转化中心也是依托大专院校科研院所、集合专家力量，以促进区域经济发展带动农民增收致富为目标的市场化的农村科技服务中介机构的典型模式（刘志民和欧阳晓光，2005）。目前，运作比较成功的如黑龙江省科技成果转化中心、湖南省农村科技成果转化中心、宁夏农村科技成果转化中心等，它们在提高农村的科技服务水平、培育并扶持各类集聚产业科技服务组织、促进农村经济发展方面发挥了重要引导作用。

二、高校主导的培育模式

农村科技型组织培育的关键在于如何把先进科学技术送到农村基层，进而有效地激活第一产业和农村经济的发展。而我国高校与科研院所拥有较强的科技创造能力，同时借助高校学者和专家的力量，也能及时地把先进的农业生产技术推广到农村。为此，在农村科技型组织的培育中要高度重视高校和科研院所的作用，推广和完善高校农业科技推广模式。实践证明：通过高校或科研院所的主导，能够在很大程度上帮助农村科技型组织的迅速成长，同时也可以直接促进农业及周边产业的发展。

1.“太行山道路”模式

高等农业院校农业科技推广模式是以农业院校为主体，以农业科技推广理论为指导，通过多种途径将农业适用技术向农业生产者和农业生产资料进行转化的农业技术推广新体系（肖建英，2010）。实践证明，这种模式能够充分地满足高等院校服务“三农”发展的需求。河北农业大学的“太行山道路”科技推广模式正是如今运行较为成功的高等农业院校农业科技推广模式的典范。

1979 年 3 月，河北农业大学通过对太行山区进行综合开发治理，开发出集教学科研、农业生产及技术推广于一体，由高校主导的农业技术推广模式。“太行山道路”模式发展经过了五个阶段（肖建英，2010）：开创阶段（1978～1985 年）、拓展阶段（1986～1990 年）、深化阶段（1991～1995 年）、完善阶段（1996～2000 年）、全面发展阶段（2001 年至今）。在每个发展阶段，河北农业大学在政府的支持和自身的努力下，立足于当地发展的实际情况，在人才培养、技术研发、治理模式、运行机制等方面不断创新发展模式，实施众多创新机制和措施，找到了一条适合当地综合发展的道路。

近年来，河北农业大学一方面通过多种形式加强与企事业单位的横向合作，创办农业技术专业化市场，建立了农业高新技术示范园区。另一方面不断探索科技治山新模式。此外，与国内外多个科研机构建立合作伙伴关系。再者，建设科技研究推广平台，集中展示和推广学校有自主知识产权的高新技术与成果。科技人才培养是贯穿于“太行山道路”发展始终的重要措施，通过不断创新人才培养的举措，培养出了大量的农村乡村型科技人才，也培养了高校的毕业生，使他们能够尽快成为我国农业科技推广的人才和中坚力量。

2.“太行山道路”模式的实施效果

经过数十年的努力，“太行山道路”模式推动了当地农业经济增长方式的转变，有力地推动了农业产业化进程，同时也取得了显著的办学效益、经济效益和社会效益。

高校发展上，一方面河北农业大学先后组织上千名师生从事太行山开发研究。对太行山的研究为学校带来了众多科技攻关项目，研究取得了近百项科技成果、科技奖励，极大地提高了学校的科研能力和科研水平。另一方面“太行山道路”模式的平台，加大了学校同外界科研机构的交流与合作，提高了学校的影响力。

人才培养上，一方面，河北农业大学为山区培养了数百名大中专农业技术人才。另一方面，建立了河北省农村教育系统科教兴农中心，组织各地中等技术学校，以网络形式组织科技培训和成果推广工作，使数百万人受益。

在专业组织和基地建设上，河北农业大学师生成立了各种农民专业技术协会，培育了当地的农业科技型社会组织。同时，建起了全国首家农业专业科技市场，使之成为传播农业技术、促进农业科技成果转化的重要基地，这不仅完善了当地的农业科技推广体系，也加速推进了农业的产业化和现代化进程。

经济效益上，为山区培植起 8 个产值超亿元的支柱产业，使得太行山区的粮食和经济作物产量大幅度提高，且累计创造经济效益 15 亿元以上。人民生活水平显著改善，大大加快了山区脱贫的步伐，真正为实现精准扶贫提供了一条优选道路。

“太行山道路”模式促进了我国农业科技推广体系和机制的创新，同时也创造了促进山区综合治理，助力山地农村脱贫的新典范，对促进我国其他山村地区综合发展、脱贫致富提供了良好的经验借鉴。

三、科研院所主导的培育模式

农业科研院所是我国科研和科技推广体系的重要支撑力量。我国关于农业的科研院所等机构一般以科研事业单位为主，但因其在一定程度上承担了科技研发、科技推广服务的责任，本书不讨论科研院所的性质，仅从其从事的事业出发将其定义为科技型社会组织。也正是因为其属性的特殊性，所以科研院所和地方县市政府能够在“体制内”合作共建，提供和推广科技服务，促进科技成果转化、促进农民脱贫致富。

1. 院县合作共建模式

“院县共建”是一种新型的农业科技成果转化推广模式，是指省级科研院所与地方县市合作，建立长期而稳定的交流与合作制度，形成科研院所与地方“优势互补，共同发展”的农业科技成果转化、推广、合作与运作机制（齐莹莹，2016）。在这种模式中，农业科学院主要负责新技术、新成果的研发，其研发成果最终转化为农业发展的生产力。因此，“院县共建”搭建起了科研与生产之间的直通车，也完善了县域农技推广体系。2003 年，黑龙江省农业科学院率先提出“院县合作”模式，通过建设多样化的科技研发、推广和服务平台，促进贫困县脱贫致富。目前，全国众多省市推广“院县共建”模式。湖北省农业科学院 2007 年正式推进“院县合作”，河南省农业科学院 2015 年与八个县市合作推动“院县共建”。

目前，我国的“院县共建”共有三种运行模式：①“科研院所＋省级机关单

位 + 地方县市 + 农户”的模式；②“科研院所 + 地方县市 + 农户”的模式；③“科研院所 + 地方县市 + 企业 + 农户”的模式。模式①由省级机关单位发起并提供启动资金，科研院所牵头，并注入少部分资金，以项目为抓手与地方县市签订共建的协议，推广新产品、新技术，促进县市的经济发展，实现村民增收致富。模式②是科研院所直接与地方县市合作项目的模式。科研院所和地方县市各提供部分资金，科研院所提供产品和技术，地方负责提供基础设施，协调推进项目工作。模式③相比第二种模式，企业成了重要的参与主体。科研院所提供技术、新品种，地方负责土地资源和一定的基础设施、协调农户工作等，企业负责提供生产资料、收购农产品，实现四方主体的合作共赢。

2. 典型案例：黑龙江省农业科学院院县共建模式

黑龙江省农业科学院院县共建模式是典型的第①种模式。这种模式实施至今，采取了众多措施，并取得了良好的经济、社会效果。

一是建立科技园区。将农业科技示范园区建立在了各县和众多乡村，并将传播农业科技知识和技术的“绿色课堂”送到了农民家门口，定期组织接待农民到科技园区参观学习。

二是设立专家大院。“院县合作”建立数十处农业科技专家大院，每个大院配备数十名农业专家，直接为农民提供农业服务。

三是实施众多致富项目。黑龙江省农业科学院以“院县合作”为切入点，积极推进院村共建，实施众多的农业科技项目。依托科技项目，科技人员不定期举办各类科技培训班，发放培训资料，培训农技人员和农民，无偿提供农业生产资料。该模式采用以来，累计实施农业科技致富项目数百项，促进了当地农民增收和农业产业结构的调整。

四是开展众多科技培训。对农民进行普及性培训是“院县合作”模式中比较具有典型性的农业科技推广和服务模式，这种模式非常有助于培育承担培训项目的合作组织。同时，“院县合作”模式中实行专家直接服务农民的培训方式，实现了农业技术专家直接深入乡村基层、农业技术精准培训到农户、技术指导到天边、技术要领到农民的良好效果。

从农村发展需求看，黑龙江省农业科学院的实践不仅直接促进了农业生产技术的更新升级，有效地推动了农业生产技术的快速推广，在农村初步搭建了一张覆盖范围广、作用大的农业科技推广网络，而且同时为农村培育了大批建设发展人才，为农村持续发展提供了充足的持久动力。再从县级经济发展看，农业生产技术成果的转化，为县域经济发展提供了强大的技术支撑。当然，这种模式的使用也需要得到政府的高度支持，尤其是需要给予众多的项目支持。

总的说来，社会力量引导的农村科技型社会组织培育主体主要是高校和科研机构。大学在培育人的主要功能之外，还有社会服务功能。大学取得的科学技术进步，只有与社会相结合才能转化为生产力。同时也实现技术的市场价值，服务于社会。高校和科研机构涉农部门与农村科技型社会组织合作，指导和协助农村科技型社会组织服务社会、服务农村是一个很好的载体和切入点。新型科技服务模式，促进了农业科技成果落地转化，服务于农村经济社会发展。

政府、社会、市场和农民作为农村科技型社会组织培育主体的各种模式具有自身的特点。实际上，任何一种主体导向型的农村科技型社会组织培育模式都很难脱离其他主体的协同合作。比较通行的做法是，发挥政府的主力军作用，与其他主体相互配合，共同完成对农村科技型社会组织的培育。随着社会组织去行政化、与政府主管部门逐渐脱钩，农村科技型社会组织的自主性进一步增强，其市场主体地位进一步彰显，市场、社会和农民的培育主体作用将得到增强，政府主导权将进一步向市场、社会和农民转移。但是，作为社会治理的主体，政府在农村科技型社会组织培育方面仍起主导作用。政府要完善创新培育体制和机制、制度建设，加大对市场导向型和社会力量引导型的培育模式的支持力度，充分地发挥各种培育模式的优势，构建政府、企业、社会组织、公民共同参与、协同推进的培育模式。

第五章　农村科技型社会组织培育的动力机制

无论是政府主导型、市场导向型，还是社会力量引导型的农村科技型社会组织的培育模式，因为处于同一个大环境和参与主体的重合性，所以其培育的动力机制是一样的。任何一个培育模式都存在内部、外部、耦合三种动力机制，需要从“政治-生存”“经济-功能”“社会-发展”三个结构方面搭建三种培育模式的动力结构。

第一节　动力机制的战略价值

动力机制的一般意义是指：一种推动事物发展变化的作用机理和方式手段，或是与该事物发展变动相关的结构、功能或条件表现，其作用依靠动力要素的传导和产生才能发生。我们将农村科技型社会组织置身于一个复杂而涉及面宽广的社会环境之中，将环境中的各种本体、客体要素进行动态连接，从而推导出农村科技型社会组织培育的发生过程，并对农村科技型社会组织的动力机制的构建和运行进行深入研究。

美国心理学家马斯洛提出了生理需求、安全需求、社交需求、尊重需求和自我实现需求五个需求层次。农村科技型社会组织作为一个有机体，它同人一样，对于组织自身的生存、发展、创新等也有自己的需求，而且它的需求也同样符合马斯洛的需求层次规律。在对农村科技型社会组织培育的过程中，满足这些组织需求，必须通过一定的动力机制来实现。生存机制、激励机制、竞争与合作机制、学习与创新机制等都是对农村科技型社会组织培育的必要动力机制。

2016 年，我国进入“十三五”规划时期，同时，也是我国完成“到 2020 年全面建成小康社会”这一目标的最后五年，这五年对我国来说意义非常重大，同时给农村科技型社会组织培育带来了良好机遇。《中华人民共和国国民经济和社会发展第十三个五年规划纲要》（简称十三五规划纲要）明确指出要实施创新驱动发展战略，强化科技创新引领作用，构建激励创新的体制机制，深化科技管理体制改革，建立统一的科技管理平台，健全科技报告、创新调查、资源开放共享机制。同时，“十三五”规划纲要还指出，要构建现代农业经营体系，以发展多种形式适度规模经营为引领，创新农业经营组织方式，构建以农户家庭经营为基础，合作与联合为纽带，社会化服务为支撑的现代农业经营体系，提高农业综合效益。提高农业技术装备和信息化水平，健全现代农业科技创新推广体系，加快推进农业机械化，加强农业与信息技术融合，发展智慧农业，提高农业生产力水平。

“十三五”规划纲要的提出，对我国农村科技型社会组织的培育进一步指明了方向。同时，国家重视、政策支持为我国农村科技型社会组织的培育带来了前所未有的机遇。

对于农村科技型社会组织培育而言，因为本书将其置身于复杂的社会环境中，研究农村科技型社会组织在复杂的社会环境中的产生、发展和运行，所以以农村科技型社会组织为主体，从其本体意义来划分，我们将其动力机制的范式分为内生动力机制、外生动力机制、耦合动力机制。

一、内生动力机制是基础

农村科技型社会组织培育的内生动力机制是指在我国农村特定的外部环境及政治经济文化条件下，农村科技型社会组织培育的动力构成要素之间的互动作用机理、运作方式及行动方法。

农村科技型社会组织有其自身的鲜明特点，它既属于非政府组织范畴，又属于科技组织范畴，因此其内生动力机制也具有双重性。从属地原则上来说，农村科技型社会组织主要存在于农村，服务对象主要是第一产业，参与主体大多是农民。相对城镇及其城镇所在的社会组织，农村经济相对欠发达，农民文化水平相对落后，各种人力财力资源的配备相对匮乏，因此对于农村科技型社会组织的培育，扎实其内生动力机制是基础，只有在保证内生动力机制完善的前提下，才能发挥农村科技型社会组织的作用。

在我国大多数农村，农民的耕种作息方式还相对原始，日出而作、日落而息，他们跟外界的联系不多，也不会去花太多的精力去了解外界事物，一方面网络信息的不发达导致他们了解外界事物的手段单一；另一方面，由于知识的局限性，他们只对跟自己切身利益相关的事物关注，对于其他事物并不会深究。此外，对于农民所从事的第一产业，如农业、种植业、养殖业等，在科学技术飞速发展的今天，由于农村地缘的局限性，农民仍旧靠着长辈一代传一代的经验进行耕作，科学技术对其耕作方式、耕作效率、耕作产出的促进还很局限。

作为农村科技型社会组织的参与主体，农民在农村科技型社会组织中的作用无可替代。他们是农村科技型社会组织运行的人力来源，是农村科技型社会组织所获成功的直接享用者和受益者。基于农村科技型社会组织所处的以上环境特点，我们将农村科技型社会组织的内在动力机制分为生存机制、文化号召及精神鼓励机制、竞争与合作机制、学习与创新机制进行研究。

首先，生存机制是农村科技型社会组织培育的利益取向。从马斯洛需求层次理论来看，农村科技型社会组织培育的生存机制是其最低等、最基本的动力机制。它有生存的需要，有为我国实现城乡一体化、帮助我国农民脱贫致富的作用。每一个农村科技型社会组织在其所服务的领域，都有它的利益取向，有的是为农民谋求更高的收入以改善生活；有的是为自己的服务领域争取更多的资源，谋求发展；有的是为自身谋取利益。在对农村科技型社会组织培育的过程中，必须准确地把握每一个或者每一类农村科技型社会组织的利益取向，有针对性地对其利益取向进行引导和培育。建立正确有效的生存机制才能把握好农村科技型社会组织的导向。

其次，文化号召及精神鼓励机制是激励与支柱。对于当下我国农民来说，由于地缘、血缘的演化，相同的血缘、地缘的群体往往有相同的生活习惯，认同感和归属感较强，农村祖先传承下来的文化、文明、风俗、经验对他们生活、观念的影响更加深入、根深蒂固，文化的感召力更强，经验主义高于科学主义。农村科技型社会组织的存在很难打破这种传统，也没有必要打破传统，标新立异。相反，对于农村科技型社会组织来说，正是要发挥这种传统的力量，加强农村科技型社会组织内在动力机制的建设。对于农民来说，其文化、精神的传承，是通过一代一代人传承而来的，它在农民心中的重要性和影响力之大不言而喻，不可能轻易被颠覆，更不可能就此消失。从精神层面来说，这些祖先传下来的文化传统成为他们的精神支柱。农村科技型社会组织同样存在于这种文化影响中，对于它的动力机制，也要从文化号召和精神激励入手进行建立。

再次，竞争与合作机制是利益取向外化形式。农村科技型社会组织有它的利益取向，更有利益最大化的取向，这也是其动力所在。农村科技型社会组织，作为科技型非政府组织，它是基于一定的社会需求而产生的，其存在本身就具有一定的目的性。受气候、水源、地理位置的影响，农村在演化过程中逐渐呈现出多样化趋势。多样化要求农村科技型社会组织势必要进行竞争与合作。不同的农村科技型社会组织，针对同一领域，会产生竞争；同时，因为农村科技型社会组织各自的差异性，又要求它们合作。所以同类型农村科技型社会组织互相竞争，不同类型农村科技型社会组织互相合作成为必然选择。将自身利益取向外化，最大化自身的利益取向也成为农村科技型社会组织的内在动力机制。

最后，学习与创新机制是农村科技型社会组织的发展方式与手段。当今社会，科学技术发展飞速，更新换代速度快，正值国家大力发展现代农业。“十三五”规划纲要指出，“十三五”期间要推进农业现代化，以发展多种形式适度规模经营为引领，创新农业经营组织方式，构建以农户家庭经营为基础、合作与联合为纽带、社会化服务为支撑的现代农业经营体系，提高农业综合效益。对于农村科技型社会组织来说，面对如此快速的技术更新和大量的信息流，必须加强自身的学习和创新，才能谋求发展，跟上时代步伐，顺应时代潮流。学习新的农业技术，并通过自身优势加以创新，力求农民利益最大化和组织自身利益最大化。

二、外生动力机制重促进

我国农村科技型社会组织培育的外生动力机制是指农村科技型社会组织在培育过程中，由外生动力的要素之间通过互动、运作而产生的一系列机理和方式。外生动力机制是保障农村科技型社会组织良好运行的推动力，是外因。相关农村科技型社会组织的理论、政治经济制度和文化教育影响因素等是外生动力机制的构成要素。

1. 理论基础是农村科技型社会组织构建和运行的重要支撑

不管是国内还是国外，在历史的长河中，研究社会组织的学者专家不计其数。农村科技型社会组织理论为农村科技型社会组织的运行提供了依据，主要包括治理理论、新公共服务理论。

（1）治理理论。治理二字一般相对于管理二字来说，治理理论强调治理社会的主体多元化、责任界限模糊化、治理渠道网络化。要求治理主体放弃自己的部分权利，并共同承担风险，最终建立一种公共事务的管理联合体。美国学者罗西瑙的“模式说”，即作为一种协作、互动和参与式的管理模式，且参与的主体可以不是政府，也不依赖于国家体制的强制去实现目的，这是不同于以往政府传统管理以及共同目标的一种公共管理活动。治理理论体现的是一种多元、民主、合作、灵活的公共行政，提倡资源的有效配置和高效运用。

（2）新公共服务理论。在新公共服务理论的观点中，政府的角色被定义为“服务者”，是一套以公民为中心的行政理念。新公共服务理论认为，面对政府和市场提供公共服务“失灵”的情况，社会组织作为第三力量，也成为公共服务中的主要角色。新公共服务理论强调：政府的职能是服务，而不是掌舵；为公民服务，而不是为顾客服务；公民权比企业家的精神更重要；公共利益是目标而非副产品。按照新公共服务理论模式，政府与公民共同的价值观和共同利益不由政府来主导，而是可以通过广泛的对话和公民参与来追求，公民也应作为主人为追求共同利益同政府一起采取行动，所以公民积极参与社会组织培育机制的构建也印证了新公共服务理论的要求。在我国农业科技中，农村科技型社会组织对于农村某一科技服务的供给和某种农业科技利益的实现同样具有举足轻重的作用。当农民利益诉求不能通过政府主导来实现时，农村科技型社会组织的存在就弥补了政府的职能缺失，从而保障了农民利益。

2. 农村科技型社会组织的制度则为其发展提供了基础和方向

改革开放以来，党和国家领导人高度重视我国社会组织的管理工作，十六届三中全会、四中全会、五中全会和六中全会都对我国社会组织的培育发展、管理监督和作用等问题做了明确的规定。2003 年 10 月 29 日，中华人民共和国民政部下发了《关于印发〈关于加强农村专业经济协会培育发展和登记管理工作的指导意见〉的通知》，该通知指出要及时赋予农村专业经济协会合法地位，简化登记、规范制度和大力扶持。2007 年 11 月，中华人民共和国民政部部长李学举结合十七大精神作了“用十七大精神统一思想，充分发挥社会组织在现代化建设中的重要作用”为主题的报告。该报告明确指出了社会组织建设的作用，以及其管理的基本思路。党的十八大提出要发挥基层各类组织协同作用，要建立权责明确的社会组织体系。2016 年，习近平总书记在全国科技创新大会、中国科学院第十八次院士大会和中国工程院第十三次院士大会、中国科学技术协会第九次全国代表大会上指出，只有拥有强大的科技创新能力，才能提高我国国际竞争力。科技创新作为提高社会生产力、提升国际竞争力、增强综合国力、保障国家安全的战略支撑，必须摆在国家发展全局的核心位置。党的十九大报告提出要深化科技体制改革，建立以企业为主体、市场为导向、产学研深度融合的技术创新体系。在我国实现 2020 年全面建成小康社会的最后冲刺五年，党和国家为科技创新的改革路径指明了方向。一系列政策的推动，使得我国农村科技型社会组织在数量、种类上都大幅增加。

资源与物资获取机制是农村科技型社会组织的外生动力机制的核心功能。资源的获取包括人力资源、物力资源和财力资源。现如今，国家和地方政府也高度重视基层对人才的引进。越来越多的地市级政府对优秀毕业生抛出橄榄枝，吸引他们下基层，通过自己所学的专业知识为农村的发展献计献策。如西部计划、大学生村干部、选调生等。人才的引进极大地推进了农村科技型社会组织的培育和发展，对于科技型社会组织，其本身就需要一定的理论和技术作为支撑，而非纯粹经验主义。农村科技型社会组织刚好可以借助相关人才的专业技术知识，结合所在区域、所服务领域的特点，有针对性、有目的性地进行培育和发展。此外，劳动力离开农村进城务工的趋势近几年逐渐增强，导致农村劳动力大量流失。政府通过一系列政策，增加就业岗位、提升农民收入等手段，留住劳动力。劳动力的缺失是阻碍农村科技型社会组织和农村经济发展的重要因素。物力和财力资源的获取方面，通过政府招商引资、国家扶持性资金等手段，加大对农村科技型社会组织物力、财力的投入。

三、耦合动力机制助加速

我国农村科技型社会组织培育的耦合动力机制主要是指实现各种要素资源有效整合、良性循环的互动作用机理、运作方式及行动方法。耦合动力机制主要是有效地促进农村科技型社会组织发挥其自身作用的整合和组合要素间的效率化运动，主要有相互激励机制和正当竞争机制等动力加速机制，利益协调机制、动力协调机制等动力调试机制，动力保障机制以及导向机制等动力修复机制。

激励机制是指通过一定的方式和手段，调动系统内部各子系统、各要素之间互相作用、互相联系、互相制约，以期达到组织目标。农村科技型社会组织同人一样是个有机体，也有追求组织利益最大化的目标。同时，利益和成本又是共同存在的，不论是组织还是个人，都会想尽一切办法达到利益最大和成本最小的目标。激励机制的存在，能发挥组织和组织个体的积极性、主动性。围绕组织的各项行为和活动制订一系列相关制度安排与实施方案。激励机制的具体表现有政策支持、资金投入、减免相关税收等。这些优惠政策、激励机制极大地促进了我国农村科技型社会组织的发展。然而，激励机制的不健全也使得农村科技型社会组织的发展存在缺陷。由于农村科技型社会组织并非由政府主导创立，几乎是民间自发行为，资金匮乏且来源单一，靠着会费、社会捐赠等非固定来源筹集资金。农村科技型社会组织的培育和发展必须要有固定来源的资金作为物质支撑。同时，制定相应的法律法规和政策规定，切实保障农村科技型社会组织在运行的过程中得到资金和政策的保障。

1. 正当竞争机制

正当竞争机制是指农村科技型社会组织之间的一种互动关系，竞争是指个体或者组织之间，因为利益冲突而采取一定的方式方法保障自己的利益甚至争取更多利益的一种动态过程。随着农村科技型社会组织的种类和规模逐渐多样化，农村科技型社会组织之间所涉猎的领域也会有所交叉，不会是一个或者一种农村科技型社会组织仅仅单纯服务所在的领域，也不是某一个领域单纯由一个或者几个农村科技型社会组织提供服务。农村科技型社会组织之间会出现网状的复杂的关系。同时针对某一公共服务，不同的农村科技型社会组织运行规律和专业特性不同，导致它们在完成同一项公共服务所付出的代价和产生的效果都不一样。此时，不同的农村科技型社会组织就需要根据公共服务方的期望，制订方案来达到要求，同时最小化成本。不同的农村科技型社会组织之间这种互相博弈、相互作用的过程就是竞争机制。正当的竞争机制能更好地促进农村科技型社会组织提高公共服务的效率和效果。因此，制订正当竞争机制是农村科技型社会组织培育的加速剂。合理的竞争是促进农村科技型社会组织快速发展的重要因素。

2. 利益协调机制

利益协调指政府整合各种资源，在充分理解社会中不同利益主体诉求的基础上，利用政治、经济、文化、教育、法律等手段，对社会中各种利益冲突进行协调，从而维护社会稳定，保持社会有序、促进社会良性发展的过程。关于利益协调机制的概念，学界也有很多种解释。黄家海将利益协调机制定义为人们遵循的各种行为方式的有机整体，它规范着有关人们利益取向和利益选择的制度运行，具有全局性。张菊梅认为利益协调并非是一种单一的机制，而是制度体系，在承认不同利益主体利益合法性的基础上，它通过竞争、合作、妥协、调节等方式将各利益主体的利益诉求理性地保持在一定限度，不过分偏向也不过分贬低某一利益主体的利益诉求。高秋丽认为利益协调机制是对人们之间相互作用的行为做出调整的规则的总和。陈敏昭认为利益协调机制是指在社会系统变化中协调不同利益主体之间相互关系的组织、制度和发挥其功能的作用方式。根据以上学者的观点，本书将农村科技型社会组织的利益协调机制定义如下：政府承认农村科技型社会组织各个利益主体的利益诉求合法性是基础，并且本着公平公正的原则，通过法律法规、政策制度、道德约束等手段建立农村科技型社会组织的各种利益主体利益调节的制度体系，以期来维护农村社会的稳定和发展。然而，对于各利益主体的利益诉求，政府并非承认全部利益的合法合理性，对于不正当甚至违法的利益也要坚决制止。利益整合机制强调对于不同利益之间以及不同利益主体的利益矛盾能够进行协调从而达到和谐统一、具有明确一致利益追求的整体。该种利益协调机制主要是税收手段。利益约束机制指通过约束不规范、不公正的利益追求行为，来建立对各利益主体获取利益的行为进行约束和规范的管理机制与制度体系。社会资源分配不均或者地区发展不平衡，导致一些利益主体的利益得不到保障，尤其对于农村科技型社会组织来说，处于社会欠发达地区，而且自身起步又较晚，其利益多多少少会得不到保障。政府通过一系列补偿机制，如减免税收、加大资金支持等方式，对农村科技型社会组织进行补偿，从而促进其良好稳定发展，进而维护农村社会的稳定。

3. 动力协调机制

动力协调机制是指农村科技型社会组织运行的动力源之间，通过一定的方式和方法进行有机协调，进而将各个动力源的作用最大化的机制。在讨论农村科技型社会组织的动力协调机制之前，我们有必要了解农村科技型社会组织的动力源。农村科技型社会组织的动力源不外乎三方面：自身利益驱动、政策推动以及社会认可。农村科技型社会组织的存在就是要解决单靠政府解决不了的问题，也要解决单靠农民自身也解决不了的问题，作为一种官民之间连接的桥梁或者第三部门。在这之中，农村科技型社会组织不仅能达到政府或者农民的期望，同时也能满足自己的利益诉求，如谋求发展、获得政府资金和政策支持、社会资源的分配等，这种利益的需求是农村科技型社会组织满足自身生存和发展的必要条件。利益驱动是农村科技型社会组织通过参与公共服务，实现自身利益的表达，并从中实现自己的目标。政策推动是农村科技型社会组织的外在推动力，主要体现在政府政策倡导层面。在组织化的党政体制内，政策推动是强有力的社会控制和动员方式。

每一项政策的出台，既反映政府的执政意志和对社会其他组织和个人的期望，也为农村科技型社会组织的发展提供了导向。对于社会组织来说，自觉遵循规定和规律，是希望在所涉及的领域得到认可，这个认可不仅是政府组织的认可，也包括公民及其他相关社会组织的认可。我们从利益驱动、政策推动和社会认可三种动力源来分析农村科技型社会组织的动力协调机制。实际来说，这三种动力源本身并非冲突，因此农村科技型社会组织运行的动力协调机制不是进行此消彼长的协调，而是通过这种机制，使农村科技型社会组织在提供公共服务的过程中，把这三种动力源的作用进行有利促进，发挥其最优效果。

动力保障机制和动力导向机制与动力协调机制类似，它们均可以从自身利益、政策影响和社会效应三方面进行分析，其运行机理和运作方式差别不大，具体可参照动力协调机制。

我国农村科技型社会组织的耦合动力机制主要是为农村科技型社会组织参与公共服务形成与发展的要素提供整合和组合。

第二节　动力机制的构建

社会组织在学界还有很多种说法，“民间组织”“非政府组织”等都是在说社会组织。前者称呼的中国特色比较重，多用于国内；后者在国际上使用较多。党的十七大报告中指出：“要发挥社会组织在扩大群众参与、反映群众诉求方面的积极作用，增强社会自治功能”，尤其提出了“重视社会组织建设和管理”。党的十七届三中全会上，《中共中央关于推进农村改革发展若干重大问题的决定》提出“支持人大、政协履行职能，发挥民主党派、人民团体和社会组织积极作用，共同推进农村改革发展”；“培育农村服务性、公益性、互助性社会组织，完善社会自治功能”。由此可见，社会组织的说法和使用越来越主流。

农村科技型社会组织相比较社会组织而言多了两个限定条件，即农村和科技型。因此，农村科技型社会组织是兼具农村特色和科技特征的社会组织。农村社会组织主要是由农民自发组织的，或者是农民在政府和企业的推动或者支持下组织的，为实现农民的政治、经济利益或完成某种社会保障功能组建而成的社会组织，它的主要参与主体是农民。农村社会组织是以追求农村经济活动效率和农村社会福利为目的的。与农村社会组织不同，农村科技型社会组织在具备农村社会组织的特点的基础上，更多地增添了科技色彩，更加突出了科技性。在我国农村，经济发展水平原本就相对城市较为落后，科技更显落后。因此，农村科技型社会组织是在经济、技术的推动下，农民通过自发或者政府部门推动，为了实现一定的科技需求而建立的社会组织。它存在的意义是为了帮助农民实现科技兴农，利用科技的力量带动农村的发展和农民生活水平的提高。

然而，从目前的发展状况来看，农村科技型社会组织还存在着许多问题亟待解决。农村科技型社会组织发展至今，在城镇化背景下遭遇了很多困境。农业产业问题依旧存在，农村科技型社会组织的发展也因此陷入困境，人员匮乏表现得最为突出。首先，因为外出务工农民越来越多，局部地区出现耕地抛荒现象，基本只有老人、妇女和儿童这些劳动力弱且教育经历少的人员留守农村。所以科技素养非常欠缺，在他们的耕种生活中，大多依靠经验主义。其次，短缺的农村配套基础设施也同样制约着农村科技服务组织效率。再次，农村科技型社会组织的服务范围有限、功能单一、专业性不强等问题也亟待解决。最后，农业产业结构的调整也影响农村科技服务组织的发展。在这样的背景下，农村科技型社会组织的服务内容、服务能力、服务手段、服务模式等方面都遭遇了挑战，面临着调整。

面对这些现实问题，构建健全、系统、良好的农村科技型社会组织势在必行，而首先需要构建农村科技型社会组织培育的动力机制。

一、农村科技型社会组织培育动力机制的要素构成

农村科技型社会组织培育动力机制的要素构成是中国农村科技型社会组织产生、运行、发展的衡量指数与比照分析指标。农村科技型社会组织的本体要素有农村科技型社会组织的类型、农村科技型社会组织的定位、农村科技型社会组织的服务能力；农村科技型社会组织的理论及技术、服务环境及支持背景为客体要素。需要提出，在阅读文献的过程中，很多研究都将服务受众作为客体要素之一进行研究，因为本书研究的是农村科技型社会组织，其农村特性和科技型特性已经限定了其范围，所以农村科技型社会组织的服务对象的范围比较小，本书不将其作为一个客体要素进行研究。

1. 本体要素

农村科技型社会组织的类型是多种多样的，不同的类型，动力机制的运行机理也有差别。按照农村科技型社会组织提供服务费用与否，可以划分为收费型和免费型（表 5-1）。

表 5-1　基于营利性质的农村科技型社会组织分类

标准	类型	主要内容
费用性质	收费型	有偿向农民提供科技支持和科技服务
	免费型	由政府指导或农民自发成立，有固定的经费来源维持其自身的运转，在提供科技服务和科技支持的过程中完全免费

（1）收费型。这类农村科技型社会组织是指其有偿向农民提供科技支持和科技服务。这种农村科技型社会组织由于缺少政府和相关部门的支持，同时在运行和提供服务的过程中也需要花费成本，为了维持其自身的正常运转，通过有偿提供科技服务和科技支持来获取运行成本。需要说明的是，这里所说的有偿服务并非农村科技型社会组织以此为生存手段，而是在没有经费来源的前提下，通过有偿服务而满足其日常运转的成本需要，其本质还是公益性的社会组织。

（2）免费型。这类农村科技型社会组织是指由政府指导或农民自发成立的，有固定的经费来源维持其自身的运转，在提供科技服务和科技支持的过程中完全免费的组织（表 5-1）。按照服务对象分类，可以将农村科技型社会组织分为农业科技型社会组织、牧业科技型社会组织、养殖业科技型社会组织、林业科技型社会组织工业科技型社会组织和服务行业科技型社会组织。需要提出的是农村科技型社会组织的服务对象最终是落在农民身上，但是这里为了研究方便，我们将服务对象定为按照行业类别来区分。农业科技型社会组织是指为农民日常耕种而服务的社会组织，主要是粮食作物和蔬菜等；牧业科技型社会组织是指为农民放牧（如牧牛、牧羊、牧马等）服务的社会组织；养殖业科技型社会组织是指为农民的养殖业服务的社会组织，鱼、家禽等均包含在内；林业科技型社会组织是指为农民所从事的林业服务的社会组织；工业科技型社会组织是指在农村中，尽管大部分农民从事的活动是和农业相关的，但是仍有少数较为发达的农村还有工业存在，因此工业科技型社会组织也同样在农村存在；服务行业科技型社会组织是指为农民所从事的旅游行业、餐饮行业等服务的社会组织。

在我国城镇一体化的背景下，社会组织在农村群体中也逐渐蔓延，服务功能更完善、服务群体更广泛。然而，因为我国的现实国情，中国的政治、经济以及社会领域的权力格局分配的主导方仍然是国家和政府，而且这种状态必将在今后长期保持下去，所以我国的农村科技型社会组织仍将在较长一段时间内处于无法独立自主的状态。与此同时，调查发现，群众对农村科技型社会组织的认同感还很一般，这与中国社会结构中潜在的组织位置意识和规制认识的差异有关。只有改变这种现状，才能提高中国农村科技型社会组织培育的强动力。

农村科技型社会组织的服务能力是农村科技型社会组织培育动力机制的重要内生要素，是决定内生动力循环和动力机理发生的核心要素之一。社会对社会组织服务功能的需求也日趋增强，对于农村科技型社会组织来说，其服务能力的强弱直接决定着所在区域的农民对其需求的大小，服务能力越强，人们对农村科技型社会组织的需求就越高，其发展动力自然就越强。

2. 客体要素

农村科技型社会组织培育的理论及技术的指导力量和导向作用保持着强大的

牵引力与支撑力。当代治理理论及范式研究带来的指导力和牵引力，激发并催生着中国农村科技型社会组织的存在和发展。

农村科技型社会组织培育的环境和支持背景作为其动力机制的客体要素，对其产生和发展也起着关键作用。改革开放后，农村社会自主发展的空间大大提升，出现了各种各样的农村社会组织。但由于政府对农村社会事务采取一揽而解决的方式，农村社会组织生长的空间仍然十分有限。为解决“三农”问题，实现农民对国家认同、对政权认同和政治参与，国家基层治理体制和对农政策取向发生了重大转变，村民自治逐渐开始走出行政压力体制的困境。体制转变、税费改革、权力下放等为农村社会组织的发展进一步释放了空间。农民的组织化要求和组织化能力大为提高，大量的农村科技型社会组织如雨后春笋般出现。

二、农村科技型社会组织培育动力机制的动力结构

在中国社会经济飞速发展与体制机制改革不断深入的大背景下，来自行政改革力、经济作用力和社会内需力的耦合，是形成并不断促进我国农村科技型社会组织培育的动力及机制发生与作用的源泉。我国农村科技型社会组织培育的动力机制实际上是一种潜在被动或主动的成本与收益间的理性选择。从农村科技型社会组织培育的方向而言，直观体现出其存在意义、存在方式以及延续存在的手段，农村科技型社会组织只有参与到社会活动中才能发挥自己的功用及能力，同时借助公共领域参与才能获取自身延续发展的资源。

1.“政治—生存”存在结构

我国农村科技型社会组织同一般社会组织一样，是一定历史阶段、社会空间发展的产物，是中国公共事务处理的第三选择。在中国的现实国情背景下，政治作为一种主导掌控力，使得农村科技型社会组织的存在基础必须和政治要求相一致。

农村科技型社会组织是农村社会活动的主题和社会关系的重要承载者之一，也是应农村社会的内生性需求和农民生产发展需要而生的。农村科技型社会组织培育的动力源自于社会需要和自身所处环境的复杂多变，这迫使其必须保持创新性和广泛性。政治作为上层建筑，国家政权的行使和法律制度的实施及权力结构的运作综合体现其作用力。

2.“经济—功能”效率结构

因为经济是社会关系及发展的供给动力源，所以农村科技型社会组织作为社会组织的一种，其培育的根本动力也必然是源自经济的功能效果。农村社会经济

发展到一定程度，科技深入农村到一定程度，农村科技型社会组织应运而生。对于经济的作用力，一方面通过刺激公共事务服务需求的多样化，促使农村科技型社会组织能够提供多样化的服务，另一方面通过影响农村科技型社会组织的自身发展、社会资源的组织和分配方式来实现。因为公共领域是社会经济生活的重要组成部分，所以农村科技型社会组织的培育离开经济的支持是无法完成的。长远来看，社会的公共服务关系到经济宏观乃至微观发展战略和政策方针以及其他公共政策的顶层设计。相比行政力量，市场及经济的作用力实际上更加基础，因为经济效益是农村科技型社会组织培育的基础动力，是农村科技型社会组织运行效率的关键助推力。

社会生产、供给与消费是经济发展的动力源，而农村科技型社会组织的培育对于社会经济活动的强大促进力又反作用于经济的发展。同时，市场经济所追求的公平正义、效率至上、契约作用等也能够为农村科技型社会组织的培育提供规范参考。

3.“社会—发展”再造结构

社会环境总体上决定着农村科技型社会组织培育的成本，也将在今后较长时期影响其发展。农村科技型社会组织的发展离不开政治权力、经济实力和社会参与的支撑。社会公共空间随着人类社会的不断发展，表现出不断扩张趋势。农村社会公共空间的这种自我拓展性和农村科技型社会组织的培育在多元参与层面上形成了对立统一关系，即“社会—发展”的再造关系。当社会发展到一定程度时，公共服务也越来越追求多元化和广泛性，不仅是人类社会对于社会诉求和个人自我实现的需要，对于农村科技型社会组织来说，更是其生存的条件和基础。“社会—发展”再造动力结构是农村科技型社会组织培育的动力再生的指导方向，也是根本动力之一。该动力结构说明农村社会的发展必然引发农村科技型社会组织的发展。

第三节　动力机制的运行

农村科技型社会组织培育动力机制的运行是围绕农村科技型社会组织的运行机理和提供公共服务的动力进行的。在中国现有的国情下，农村科技型社会组织的运行仍旧是政府主导的形式。但是，随着农村科技型社会组织培育动力机制中各种不同要素的相互作用，各种动力机制的运行过程也应运而生，形成了各种不同的模式，这些运作模式运作的效果也不尽相同。

改革开放以来，社会组织发展到今天，其动力机制已经有了既有的运行模式，即政府主导模式、私营部门市场模式和第三部门参与模式。农村科技型社会组织的运行是农村社会选择的结果，因此推动农村科技型社会组织培育动力机制的运行，也要了解现有的运行模式。从经济学角度来说，因为公共服务本身所具有的非竞争性和非排他性，所以其自然而然打消了理性经济人的参与动机，因为理性经济人强调个人利益最大化，与公共服务的特性背道而驰，所以公共管理活动需要政府主导模式的集体行动才能完成。这是最初政府主导模式盛行的原因。然而随着政府主导模式慢慢凸显其弊端，如资源配置的效率低下、缺乏激励机制、寻租等腐败现象存在，这种模式逐渐被大众所不接受。这个时候，追求市场经济的私营部门进入公共服务的视野并被人们所接受。然而随着社会的发展，人们的自主性增强，非营利性质的第三部门开始出现，并在提供公共服务中有了自己的一席之地。由此，政府主导、私营部门参与、第三部门参与的三种社会组织提供公共服务的模式形成。通过研究我国既有公共服务提供方式，了解中国社会组织运作机理，进而有针对性地研究农村科技型社会组织培育动力机制的运行，有助于构建农村科技型社会组织培育的框架。需要明确的是，不同的要素、不同的运作方式以及不同的评价标准，将在农村科技型社会组织的动力机制中产生不同的效果。

尽管我们已经知道了当前中国公共服务的三种主要力量来源，即政府主导、市场力量和社会组织，而且探讨我国农村科技型社会组织培育动力机制的运行也基本围绕这三种力量运作模式展开。但是，农村科技型社会组织培育动力机制的运行研究仍然需要论证分析。

对于动力机制的运行而言，其实际上是作用机理变化的方式方法，是推动事物发展的动态运动过程。在特定条件和运行框架下，动力机制通过一系列内生动力、外生动力的变化和发展，进而产生动力机制的运行效果。研究农村科技型社会组织培育的动力机制运行，我们从动力开发、动力发生、动力互助、动力反馈、动力循环五个方面入手。动力开发是指农村科技型社会组织培育动力机制的内生动力、外生动力和耦合动力的开发。首先需要明确农村科技型社会组织培育的动力来源，完成以内生动力为首的动力开发。农村科技型社会组织的内生动力与其被需要程度的大小成正比。动力开发是动力的潜在形态，通过动力机制的运作，将开发的动力转化为现实的助推力，推动农村科技型社会组织的培育，这是动力发生。而我们知道，动力的种类、形态不一，动力发生的方式和产生的效果也不一样。并且，动力发生所表现出的效果也并非全部表现为正效果，如果不能按照农村科技型社会组织的需求进行，动力发生会表现为负效果，即与动力机制最初的期望相悖。因此，我们需要通过动力互助，将各种类型多样、状态不一的动力通过一定的方式方法进行搭配，从而让每一类型动力发生在发挥自己正作用的同时，可以通过其他动力的互助作用来弥补该动力可能发生的副作用，此谓动力互助。此外，我国目前处于转型期，农村科技型社会组织会随着经济、社会的发展处于不断运动的状态中。每一种动力机制的作用并不会在农村科技型社会组织的整个生命周期都表现出正作用，也许部分动力机制在农村科技型社会组织培育之初表现为正作用，但是当农村科技型社会组织发展到一定阶段时的动力机制不再适合农村科技型社会组织的发展，还会形成制约作用，那么此时，该种动力机制就必须要进行革新甚至消除。在这种情况下，必须通过动力反馈来了解动力机制的实时运作效果，以保证农村科技型社会组织处于良性运作中，并实现动力循环。

根据培育主体和具体的运作轨迹，目前主流的社会组织培育机制有三种：政府主导培育模式、官民合作培育模式和社会组织主导培育模式。

一、政府主导培育模式动力机制的运行

政府主导培育模式指政府直接对社会组织进行培育的一种模式。政府在资源供给、组织监管等各个环节发挥全方位的主导作用。

“社会善治”的理论强调了社会组织参与对公共空间的重要性，它告诉人们，在“市场失灵”和“政府失灵”的情况下，社会组织的参与能推动公共空间良性运转。现代社会的完整性是政府、企业和第三部门即社会组织共同促成的，只有这三者各司其职、相互作用，才能实现善治。改革开放的浪潮极大地改变了我国公共空间的格局，国家政府和领导人也意识到社会组织的重要性与建立社会组织的必要性，人们对社会组织的内涵、功能有了全新的认识。

在政府主导培育模式动力机制的背景下，地方政府意识到建立农村科技型社会组织的必要性成为农村科技型社会组织培育动力机制的动力开发。农村科技型社会组织在农村公共空间的不可替代性及其所发挥的效能，凸显了现代社会中农村科技型社会组织存在的必要性，促使政府部门加强对农村科技型社会组织的重视和支持。农村科技型社会组织正好赶上了这股“东风”，其政治优势、资源优势和专业优势逐渐被强调。

首先，地方政府和农村科技型社会组织的合作关系促使地方政府在制定惠农政策和进行农村公共活动管理的过程中充分考虑民意，并动员人民参与。因为政府行为的普遍性和资源的有限性，随着社会民众对公共物品和服务的需求的增加而不断增长，依靠政府单方面提供多样、多数的公共服务已不再现实，所以必须借助社会组织这种新机制来帮助政府实现资源的有效分配和利用。

其次，随着我国城镇化建设和精准扶贫的实施及农村社会多样性的发展，对各个方面的专业性要求都逐渐增强，导致地方政府提供公共服务和进行公共管理的效率降低。农村科技型社会组织的出现恰好帮助政府解决了这一难题，政府通过“购买公共服务”将专业的事交给专业的社会组织去做，可以极大地提高政府公共管理的效率。社会组织这一概念的重新定义，对社会组织的管理

提出了新思路。党的十七大报告首次提出社会组织“建设”这一新任务，从而使社会组织从单纯被“监管”的对象，转变成了积极参与公共服务，主动寻求发展的社会建设主体。农村科技型社会组织培育动力机制的动力发生表现为对农村科技型社会组织培育的政策规定，如农村科技型社会组织的登记制度、管理制度等。前面说过，动力机制的运行对于农村科技型社会组织的培育并不全反馈为正作用。

但是，在政府主导的前提下，农村科技型社会组织培育动力机制的运作也有其局限性。内生动力和外生动力的不平衡会导致农村科技型社会组织无法正常发展，同时权力过度集中在行政部门手中会导致“寻租”等腐败现象的出现，严重影响农村科技型社会组织的发展。同时，政府主导的农村科技型社会组织培育的合法性危机将导致政治或行政系统外生促进动力的减弱，对农村科技型社会组织培育的外生阻力有所增加。在农村科技型社会组织的培育进程中，农民的认同感更加具备权威和信任，因为其更加贴近农民，更能清楚地了解农民的实际需求。由于组织的合法性来源于社会成员的认同，这就意味着地方政府在进行农村科技型社会组织培育的过程中面临着信任危机，政府的阻力产生也就成为一种潜在可能。

二、官民合作培育模式动力机制的运行

官民合作培育模式是由政府和社会组织共同对社会组织进行培育的模式，这里的“民”并非指公民，而是非政府的一种统称，既指社会组织自身，也指其他私人部门。

进入 21 世纪后，中国的市场经济飞速发展，逐步确立以市场作为社会政治经济的主要参与力量。旧有的传统社会组织培育模式和方法已经不能解决问题。传统的政府直接管理社会组织培育的模式越来越被公民所反对，导致其培育效果远不如公民所期望。这促使政府的角色需要重新定义和调整。那么在农村科技型社会组织培育的动力机制中，引入市场的力量之后，迫使政府不再是培育机制的主导者，转而成为培育机制中的合作者，这对政府参与农村科技型社会组织培育的效率和优化有着直接影响。市场的存在，可以无形中形成一种诱因机制，这种机制能够提供高效率、高质量的社会组织培育模式。官民合作的动力机制使政府部门放松管制，并将部分公共服务外包，促进了资源的充分利用和社会组织的专业性发挥。

在“官民合作”培育模式的背景下，动力的开发直接表现为政府放权，动力的发生则表现为社会组织积极参与到公共服务和公共管理活动中，利用市场化凝聚社会组织的力量对其进行培育。与“政府主导”培育模式不同，政府管理不再成为农村科技型社会组织培育的主导者，“官民合作”模式弱化了政府的主导地位，它要

求社会组织自身也要参与到自身培育中，这是市场经济发展的结果。在“官民合作”模式中，政府用外包的形式向社会组织购买服务，提高政府管理和服务社会效率，同时吸引更多的社会力量参与提供公共服务，最终实现官民合作。此模式转换了政府的角色，发挥了市场在资源配置中的决定性作用。政府的职能转变以及在社会组织培育中角色的转变和分离形成了“官民合作”培育模式动力机制发生的基础。在转型期，社会治理效率化诉求和公共服务多元化需求的双重压力，为市场提供了有效的空间介入，进而大大增加了农村科技型社会组织培育中组织自身的主观能动性。“官民合作”培育模式的动力维系则来自通过市场化培育所集结的资源和力量。在现实中，农村科技型社会组织不仅通过市场化，加大自身参与公共服务的力度，实现客观经济利益的流入，也实现了效率化的组织培育。这一动力维系在于通过“官民合作”，能够实现市场的规范化运作以及资金、资源的充足保证。而动力反馈则是通过“官民合作”这种市场化表现赢得更多市场力量的参与。

然而，同“政府主导”模式一样，一味地追求“官民合作”也并非能完全将农村科技型社会组织培育的动力机制完全力量化，即不存在副作用。尽管“官民合作”模式可以解决“政府主导”模式中出现的部分问题，但是由“官民合作”产生的新问题也不能不重视。“官民合作”模式是一种基于市场化的动力机制模式，因此如果将农村科技型社会组织培育动力机制的运转权完全交给市场部门，那么社会组织的公益性和志愿效果能否得到保障将被怀疑。因为这种“官民合作”模式只是将市场和组织自身作为动力反馈及再生的工具，而动力的核心源头则是农村科技型社会组织培育的公益性，这是农村科技型社会组织培育的初衷。所以在“官民合作”模式能够解决部分“政府主导”模式带来的问题的同时，我们不能忽视“官民合作”模式产生的新问题。

农村科技型社会组织的培育在市场化运作中给社会组织赋予了市场化特征，这种特征促使社会组织产生企业化发展的冲动，形成了获取利益或者参与利润分配的动机，这在保持社会组织公益性初衷的动力机制中是我们不愿意看到的现象。此外，在“官民合作”模式的动力机制中，市场化的大规模运用尽管在筹集资金、调配资源等方面都有强大的号召力，但是由于其资金来源过度依赖外来组织，一些社会组织为了生存和发展，在参与公共服务和公共管理活动中被外来部分所左右，导致所参与的公共服务效果大打折扣，甚至出现一些为获取资源不择手段的现象，产生变质化的培育效果。

三、社会组织主导培育模式动力机制的运行

社会组织主导培育模式中来自民间的社会组织是培育的核心主体，通过社会组织自身的培育或者各个社会组织之间的互助合作发挥作用。

社会组织主导培育模式的动力机制是以农村科技型社会组织为主体，进行自我培育的一种动力机制的模式。计划经济时代，中国社会组织的培育完全依靠政府部门的统筹规划，主动性弱。随着社会组织的发展，经过对外国社会组织培育理论进行消化和吸收，加之中国现代社会的发展，以社会组织为主导的农村科技型社会组织的培育模式越来越被需要。如何协调好同政府部门之间的角色搭配、如何增强农村科技型社会组织的服务能力、如何调配农村科技型社会组织的资源、如何搞好和其他农村科技型社会组织的合作，这些问题都通过农村科技型社会组织的自身来解决。这充分体现了社会组织自身的主观能动性。

在社会组织主导培育模式的动力机制下，农村科技型社会组织培育动力机制的动力开发是其获取外部资源的渴望和需要。由上述分析可知，在政府主导和官民合作两个模式下，农村科技型社会组织获取来源的主要途径是依靠政府部门的支持和供给，但在社会组织合作模式下，农村科技型社会组织的资源来源不再单纯地依靠政府提供，而是通过自身社会组织的运作和与其他社会组织的资源共享等方式来获取组织培育和提供服务所需要的资源，这些资源是农村科技型社会组织发展的外因，而且外部资源要通过社会组织自身才能起作用，因此农村科技型社会组织内部动力的畅通运行是至为关键的培育要素。

首先，从外部资源获取动力机制的运行来看，我国现实的国情决定了我国社会组织不可能完全独立于政府而存在，社会组织主导模式只是强调该模式中非政府提供的资源大大增加。社会组织职能作用的发挥，需要外部主体的资源支持，必须通过与各类外部主体协商交涉获得其支持。这种社会组织对外获取资源以及社会组织之间互动就是在社会组织主导模式中动力运行下发生的。

其次，对社会组织自身来说，内因和外因共同构成了社会组织的培育，内因作为根本条件，是社会组织自立自强、能动性、创造性发挥的基础。外因作为辅助条件，对社会组织培育起了辅助和支持的作用。农村科技型社会组织的培育，不仅是政府及其他外部主体的责任，更是社会组织自身内部成员的责任。如果内部动力不足，外部动力再强也不能达到社会组织培育的理想状态。组织内部结构、成员状况、制度规范等内部因素决定着农村科技型社会组织培育的效果。其内在动因体现于组织文化、组织信念、组织创新、组织活力和组织成员的自身素质。因为组织成员是社会组织的基本构成要素，所以社会组织的内在动力从根本上讲来源于组织成员的价值观和信念。同时，组织成员的数量、组织成员的专业素养和组织的结构特征也在一定程度上影响社会组织内在动力的强弱，因为组织成员的数量和结构影响社会组织服务能力大小与服务效率高低。动力维系与配合表现为农村科技型社会组织的运营能力。社会组织生存发展及其职能发挥，必须依靠资金支持。如果社会组织缺乏经营能力，不能保证组织资金支出平衡，那么该社会组织提供公共服务的能力就会下降，甚至面临关闭的危险。对于单一组织力量所不能解决的问题，社会组织之间可以形成联盟，强强联合，加强合作，提高社会组织联合体的服务功能，进而加强自身的经营能力。同时，社会组织还可以通过合并重构的方式，将同类型的竞争力不强的社会组织进行整合，从而将分散的社会资源进行积累，提高社会组织的运营能力。

社会组织主导培育模式以在社会组织培育过程中的多元参与、协同合作、平等互助为基础，以资源共享、责任共担、互信互利为目标，建立良好的协作关系。然而，同其他两种动力机制运行模式一样，社会组织主导模式动力机制的运行同样也有副作用。首先，在我国市场经济还没完全成熟的阶段，完全脱离政府的监管和支持，农村科技型社会组织很难单纯通过自己和其他社会组织进行自我培育，而且现实国情也不允许农村科技型社会组织进行纯自我培育，因此这种动力机制过于理想化，在市场化中存在潜在的风险。同时，社会组织之间除了合作，也免不了产生竞争，如果发生恶性竞争而不依靠政府的监管，对于农村科技型社会组织的培育将会非常困难。尽管社会组织会强调竞争，但是它的目标还是自身利益，这种形式和实质的不统一容易导致农村科技型社会组织的培育偏离正常轨道。所以我们也必须慎重对待这种模式下社会组织间竞争的潜在风险，避免社会资源的浪费。

综合以上分析可以看出，三种模式产生的宏观背景相似，但是差异也比较明显，基本理念体现了培育机构工作的根本出发点，独立性则说明不同培育模式中培育机构在社会中所处的位置，专业性体现了社会组织培育工作的功能所在，而获取资源的能力则体现了培育工作的主要内容、内涵，培育机构在培育过程中主要扮演的角色是对培育模式总体特征的整体描述。此外，通过比较研究我们可以发现，三种模式都具有自身的优势和劣势，但是又不能脱离实际情况来讨论三种模式的优劣。每一个阶段每一个时期都有一种农村科技型社会组织培育的动力机制适合现实中的农村社会组织培育。

第六章　农村科技型社会组织培育的效果评价体系

目前，我国的农村科技型社会组织体系主要包括以政府为代表的公共服务机构、农村合作服务组织、农业示范园（科技产业园）、龙头企业以及多元主体共同参与的其他组织形式。农村科技型社会组织为提高农村科技创新能力，推动农业现代化，促进新农村建设起到了重要的作用。农村科技型社会组织培育的效果到底如何，需要对其做出合理、科学的评价。本书在对部分研究做出的评价体系进行总结比较的基础上，初步构建出农村科技型社会组织培育效果评价体系。

第一节　培育效果评价的相关研究

我国目前的农村科技型社会组织的培育模式主要包括政府主导型、市场导向型、社会力量引导型，每种培育模式的评价体系也不相同。通过查阅关于农村科技型社会组织培育评价的有关论文和著作，发现目前学术界和实践领域关于评价指标体系的研究并不多见，且研究也比较分散，即使是相同的培育模式下，统一、科学、全面的评价指标体系也未形成。因此，从农村科技中介组织体系绩效评价体系、现代农业示范园发展评价体系、新型农业经营主体培育政策效果评价体系、农业社会化服务现代化程度的评价体系中选取典型的评价体系，在此基础上构造一个可以通用于不同培育模式的评价体系。

一、农业科技中介组织体系绩效评价体系

潘文华和胡胜德（2014）认为农业科技中介组织是连接农业科技供给方与需求方之间的纽带和桥梁，为促进农业技术创新和技术转移提供专业化、社会化服务的组织，包括农业技术推广站、科技成果转化中心等。潘文华（2009）结合黑龙江农村科技型社会组织发展现状，主要以“体系结构、组织建设、发展环境”为基础，建立起三级指标体系（表 6-1）。

表 6-1　农业科技中介组织系统综合评价指标体系框架

一级指标	二级指标	三级指标
体系结构 B1	组织健全度 C1	各类组织是否存在缺失 D1
		是否存在组织职能错位 D2
	组织结构合理度 C2	不同类型农业科技中介组织数量比例 D3
		企业法人性质机构所占比例 D4

续表

一级指标	二级指标	三级指标
组织建设 B2	硬件建设 C3	农业科技中介组织总数量 D5
		有固定服务场所的中介比重 D6
		农业科技中介经费所占国内生产总值（gross domestic product，GDP）比重 D7
		农业科技中介从业人员数量 D8
		专业技术人员所占比重 D9
		专职人员和兼职人员的比例 D10
	软件建设 C4	有组织章程的中介组织比重 D11
		公益型中介人员准入的学历要求 D12
		有培训制度的中介组织比重 D13
		建立奖惩实施细则的中介组织比重 D14
		有协作联结制度的中介组织比重 D15
发展环境 B3	经济环境 C5	地区生产总值 D16
		人均地区生产总值 D17
		区域农林牧渔业产值 D18
	科技环境 C6	科技活动经费支出总额 D19
		科技活动人员数 D20
		每百万拥有专利数 D21
		科技论文、论著 D22
	信息基础环境 C7	农业科技服务官方网站数量 D23
		农业科技专业信息公司或私人网站数量 D24
		农村人均计算机保有量 D25
		农村人均固定电话普及率 D26
		农村人均移动电话普及率 D27
		农村人均电视、收音机保有量 D28
		农业类电视广播节目播出率 D29
	制度环境 C8	财政税收优惠政策 D30
		风险投资融资政策 D31
		科技中介规范法律 D32
		知识产权保护制度 D33
		信誉评估制度 D34
	农民状况 C9	区域农村内居民人均纯收入 D35
		农村居民恩格尔系数 D36
		区域农村居民储蓄存款总额 D37
		农村高中及以上文化程度比例 D38
		农村合作经济组织覆盖率 D39

在该评价体系中提出了建立体系结构、组织建设与发展环境 3 个一级指标；组织健全度、组织结构合理度、硬件建设、软件建设、经济环境、科技环境、信息基础环境、制度环境、农民状况等 9 个二级指标，以及 39 个三级指标。其中体系结构主要考察体系是否健全、结构是否合理，主要从体系内各类组织是否存在职能缺失和错位，农业科技中介组织比例是否失调以及其市场化程度来进行进一步考察。组织建设主要指农业科技中介组织自身的建设，从组织中人、财、物等硬件建设及内部管理的软件建设上进行考察。发展环境指影响农业科技中介组织体系发展的客观环境，主要围绕与其相关的经济环境、科技环境、信息基础环境、制度环境、农民状况等五个方面进行评价。

对于相关具体指标的解释和计算方法，除了一级指标体系结构下的组织健全度指标采用定性研究，组织建设、发展环境均采用定量研究的方法，以通过量化和具体的数据直观地显示这些要素对农村科技中介组织体系的绩效的影响度和绩效结果。这个包含三层评价指标的框架体系从影响农村中介组织体系的宏观、中观和微观因素三种维度出发归纳了影响农村科技中介组织绩效的要素，所以具有广泛的适用性和参考价值，同时对提升农村科技型中介组织的培育效果具有启示意义。

二、现代农业示范园发展评价体系

农业示范园或农业科技产业园是在政府的引导和扶持下，以企业化运营方式，多元主体协同互动致力于农业现代化、农民增收、辐射带动农村发展的新型农业科技型社会组织。农业示范园在农业规模化生产、农产品质量标准化、经济效益和社会效益、生态效益方面相比传统的个体农户生产有无可比拟的优越性。因此产量、质量与效益三个方面是评价现代高效农业示范园生产效益的关键衡量指标。王佳（2016）在遵循系统性、科学性、扩展性、地域性、通用性、可操作性原则的前提下，深入浅出地阐述专业化理论，从产量、质量与效益三个方面对贵州省现代高效农业示范园发展做出评价。要想评价新型农业科技型社会组织的培育效果，首先抓住其根本目的即合理规划园区的规模与提高园区内的科技水平、所获效益。因此，需要将基础建设、科技水平、经济效益、社会效益及生态效益等作为一级指标进行评价。

1. 评价指标的内涵

基础建设评价指标。该指标主要考察现代高效农业示范园现有的基础设施水平，在其下划分劳均耕地面积、完成计划投资比例、配套建设供电能力、配套建设供水能力和园区机械化水平 5 个二级指标。

科技水平评价指标。指标反映出高新科技在农业发展中所发挥的作用程度与园区科技的潜力水平，包括农业专业技术人员比例、农作物良种覆盖率和先进适用技术推广覆盖率 3 个二级指标。

经济效益评价指标。经济效益评价指标用以考核农业生产单位投入产出过程中所产生的经济效益，包括土地产出率、劳动生产率、投资利润率和农民人均纯收入年增长率 4 个二级指标。

社会效益评价指标。社会效益评价指标用以反映农业示范园带来的社会效益，包括覆盖扶贫对象人数、年培训农民人数、农产品商品率 3 个二级指标。

生态效益评价指标。生态效益评价指标反映出农业示范园区的可持续发展程度，主要从单位耕地面积有效化肥施用量、配套建设污水处理能力及绿色产品产值比重 3 个二级指标上进行考核。

2. 指标体系构建

通过对入选数据的标准化处理，再进行综合考量确定指标层次的权重，利用现代高效农业发展评价模型得出总分值。数据参考《贵州统计年鉴》及其他途径直接和间接获取。选取贵州省贵阳市、遵义市、六盘水市、安顺市、毕节市、铜仁市、黔东南苗族侗族自治州、黔南布依族苗族自治州、黔西南布依族苗族自治州、贵安新区 10 个地区作为参照对象，对各地区示范园的综合效益作出评价分析（表 6-2）。

表 6-2　贵州省现代高效农业示范园发展评价指标体系

一级指标	二级指标	单位
基础建设评价指标 B1	劳均耕地面积 C11	亩
	完成计划投资比例 C12	%
	配套建设供电能力 C13	千伏安
	配套建设供水能力 C14	吨/人
	园区机械化水平 C15	千瓦
科技水平评价指标 B2	农业专业技术人员比例 C21	%
	农作物良种覆盖率 C22	%
	先进适用技术推广覆盖率 C23	%
经济效益评价指标 B3	土地产出率 C31	元/亩
	劳动生产率 C32	元/人
	投资利润率 C33	%
	农民人均纯收入年增长率 C34	%
社会效益评价指标 B4	覆盖扶贫对象人数 C41	人
	年培训农民人数 C42	万人
	农产品商品率 C43	%

续表

一级指标	二级指标	单位
生态效益评价指标 B5	单位耕地面积有效化肥施用量 C51	吨/亩
	配套建设污水处理能力 C52	吨/日
	绿色产品产值比重 C53	%

农业示范园（产业园）是我国典型的新型农业科技社会组织，是补齐农业发展“短板”，解决“三农”问题的重要机制安排，因此评估农业示范园的培育效果对引导农业示范园的规范、有效发展至关重要，而这一评价指标体系的构建和数据的选择具有较好的参考价值与意义，对国内的农业示范园的综合效益进行评价，既有利于了解到该园区的发展状况，也有利于从整体上把握农业科技示范园的发展效果，以及获知该园区的培育和发展需要获得何种支持及其发展趋势。

三、新型农业经营主体培育政策效果评价体系

新型农业经营主体是我国农业服务社会化的重要力量。我国近年来尤其重视培育和发展新型农业经营主体，从中央到地方政府纷纷主张发挥政策对新型农业经营主体发展的引导作用，通过建立健全支持新型农业经营主体发展政策体系和政策落实机制培育新型农业经营主体，这就需要对培育政策的实施效果进行有效评估。吴晓婷（2016）根据四川省的水果产业新型农业经营主体的培育政策，构建了四川省水果产业新型农业经营主体培育政策效果评价指标体系（表 6-3）。

表 6-3　新型农业经营主体培育政策效果评价指标体系

	一级指标	二级指标
新型农业经营主体培育政策效果评价	B1 政策认知程度	C1 对新型农业经营主体了解程度
		C2 对新型农业经营主体政策了解程度
		C3 对培育政策扶持标准了解程度
	B2 政策执行程度	C4 当地政府对政策的宣传力度
		C5 培育政策扶持力度
		C6 对新型农业经营主体的信任程度
		C7 对培育政策的满意程度
	B3 政策拥护程度	C8 当前经营模式
		C9 加入新型农业经营主体的帮助程度
		C10 对培育政策宣传方式的满意程度

续表

	一级指标	二级指标
新型农业经营主体培育政策效果评价	B3 政策拥护程度	C11 政策公开程度
		C12 政策公平程度
		C13 对新型农业经营主体发展前景看好程度
	B4 政策反应程度	C14 扶持后种植面积变化程度
		C15 扶持后收入变化程度
		C16 带动农户数

1. 指标选取

在我国，新型农业经营主体主要包括新型农民、专业大户、家庭农场、农民合作社、农业产业化龙头企业等。这些组织或个人是重点培育的对象，所以要深入地分析国家大力培育这些新型农业经营主体的政策实施效果。要评价政策的实施效果，就需要构建政策评价指标体系。吴晓婷根据四川省的水果产业新型农业经营主体的培育政策，在充分地考虑培育政策自身的特殊性以及农户政策的直观感受和评价的前提下，根据调研过程中发现的问题，构建和完善相关评价指标，得出在农户视角下的新型农业经营主体培育政策效果评价指标。

2. 指标分级

该指标体系主要从政策认知、政策执行、政策拥护、政策反应四个方面进行衡量和反映。

农户对政策的认知程度可以用来衡量农户对新型农业经营主体培育政策的了解程度，又分为对新型农业经营主体了解程度、对新型农业经营主体政策了解程度、对培育政策扶持标准了解程度等 3 个二级指标。

政策执行程度主要用来衡量农户对政策执行的感受，衡量培育政策在执行过程中的特征，在其下又有当地政府对政策的宣传力度、培育政策扶持力度、对新型农业经营主体的信任程度、对培育政策的满意程度等 4 个二级指标。

政策拥护程度主要用来衡量培育政策在实际应用中所产生的社会效应，以此体现农户对培育政策的主观看法，主要包括当前经营模式、加入新型农业经营主体的帮助程度、对培育政策宣传方式的满意程度、政策公开程度、政策公平程度、对新型农业经营主体发展前景看好程度等 6 个二级指标。

政策反应程度主要通过培育政策所取得的实际效果来观察农户对主体的发展前景是否具有信心，以及其后的发展前景如何，又有扶持后种植面积变化程度、扶持后收入变化程度、带动农户数等 3 个二级指标。

3. 指标体系构建

通过对相关数据的实地考察和收集，以及对相关指标的分析，归纳出制约经营主体成长及培育效果的四个方面的影响因素，即个体特征、生产经营特征、政策培育、政策反馈，从而为新型农业经营主体的培育提供了宝贵的参考。

无论何种农村科技型组织的培育模式，政府都在其中发挥着不可替代的作用，甚至是主导性的。因此，从培育的政策出台、多元主体的认知和政策效果等视角研究和评价新型农业经营主体的培育政策效果，能够为我国政府制定和完善促进新型农业经营主体培育的政策措施提供强有力的现实依据。

四、农业社会化服务现代化程度的评价体系

世界农业现代化程度较高国家的实践证明：农业社会化服务是实现农业现代化的前提条件之一，农业社会化服务的过程就是农业现代化的过程。农业社会化服务需要更多与农业相关的社会组织、社会力量、社会资源被整合到服务农业生产和发展全过程的网络体系中。我国政府近年来尤其重视创新农业社会化服务体系和制度建设，许多地方做出了实践探索，那么衡量其农业社会化服务程度就可以评价农业的现代化水平。齐力（2014）根据广东省的农业社会化服务情况，构建了农业社会化服务程度的评价体系，来评价广东省农业社会化服务现代化程度。

1. 评价指标设置的准备

广东省在众多服务领域一直走在实践的前端。20 世纪 80 年代开始探索实行农业社会化服务改革，并在 2014 年开始在梅州市全面推行。齐力在综合《广东省 2010 年珠江三角洲基本实现农业现代化的评价指标体系》和相关地区的实践与文献研究的基础上，依据科学性、可测性、充分性、可比性等原则，从农业生产全过程所涉及的生产资料提供、技术指导和信息咨询服务、金融支持和保险服务、农产品销售、农业生态环境保护等农业生产、加工、销售的各个环节着眼，更加突出重点和代表性强的指标，强调农业社会化服务指标体系的多元化、系统性。

2. 评价指标体系构建

齐力将评价指标体系分为 A、B、C 三个层次（表 6-4），总指标 A 是农业社会化服务现代化综合水平；分类指标 B 分为 8 个维度：科技服务、生资供应服务、机械化服务、产业化服务、基础设施服务、农业信息化服务、农村金融保险服务、

农村生态服务；具体指标 C 分为 23 个方面。在此基础上，通过邀请农业经济发展和效果评估领域的有关专家给出意见，对各个层次的指标进行严格的释义和权重设置；并根据广东省的有关规范性指导文件和发展规划设置标准值，通过指标达标率、农业社会化服务现代化综合分数的指标，并认定综合分数达到 90 分即认为已基本实现农业社会化服务现代化。

表 6-4　农业社会化服务现代化水平评价指标体系

总指标 A	分类指标 B	权重	具体指标 C	权重
农业社会化服务现代化综合水平	B1 科技服务	22	科技服务效果/%	7
			每万农民拥有农业技术推广人员数/人	10
			科技投入占农业总产值比重/%	5
	B2 生资供应服务	18	生产资料价格稳定程度/%	4
			生产资料质量/%	10
			农资供应连锁网点/个	4
	B3 机械化服务	15	每公顷农村总动力/(kW/hm^2)	5
			水稻生产机耕机收率/%	6
			乡镇农机示范区覆盖率/个	4
	B4 产业化服务	12	农副产品加工率/%	3
			农民人均纯收入/元	3
			农户参加专业合作经济组织比率/%	6
	B5 基础设施服务	12	农村道路通村率/%	2
			农村通信综合覆盖率/%	2
			有效灌溉率/%	5
			农产品农批市场率/%	3
	B6 农业信息化服务	8	农业信息化建设投入水平/%	5
			农业信息网站覆盖率/%	3
	B7 农村金融保险服务	7	农村金融服务水平/%	2
			农业保险密度/(元/人)	2
			财政支农投入比例/%	3
	B8 农村生态服务	6	耕地保有率/%	3
			森林覆盖率/%	3

农业社会化服务需要在农业服务的主体、政策导向、制度支持、机制安排等方面将“社会化服务”贯穿到农业生产的全过程。我国政府多次在重要会议和文件中提出要建立以公共服务机构为依托、合作经济组织为基础、龙头企业为骨干、其他社会力量为补充等多元主体共同参与，公益性服务和经营性服务相结合，专项服务和综合服务相协调的新型农业社会化服务体系。因此，推动农业社会化服务是培育农村科技型社会组织的重要方向。上述农业社会化服务现代化的评价体系主要用于评价农业社会化服务的现代化水平，培育农村科技型社会组织的最终方向和目的之一也就是逐步实现农业社会化服务，最终逐步实现农业现代化。因此，该评价体系对于评价农村科技型社会组织的效果可以提供较好的借鉴。

第二节　培育效果评价的指标设计

在梳理了典型的农村科技型社会组织培育评价体系之后，针对其存在的问题和不足，就要考虑如何科学有效地筛选出能够真正反映农村科技型社会组织评价效果的指标。本节将从评价指标体系的设计原则出发，明确指标筛选应该遵守的基本原则。进而通过行业专家、农村科技型社会组织的管理者和农村科技型社会组织的成员等评估主体，对农村科技型社会组织培育效果的指标进行选择。最后从农村科技型社会组织培育的投入、过程、产出这三个维度细分评价指标。

一、农村科技型社会组织培育评价主体的选择

农村科技型社会组织培育既包括政府行为，也包括民间活动，实现农村科技型社会组织的有效培育需要各方面力量的共同参与。对于农村科技型社会组织培育评价指标体系权重的评估主体应包括行业专家、农村科技型社会组织的管理者和农村科技型社会组织的成员等。

首先，行业专家应该是农村科技型社会组织培育研究方面的专家，确保专家提供的数据的专业性和可信度。

其次，农村科技型社会组织的管理者应该是农村科技型社会组织培育的参与者和实施者，他们最为了解培育的重点和难点。

再次，农村科技型社会组织的成员也必须参与到指标权重评估的过程中，所选的成员应该是积极参与农村科技型社会组织培育过程，并在其中发挥显著作用的成员。

最后，农民是农村科技型社会组织服务的直接对象，也是直接受益者，因此，农民的关注重点和对服务的满意度是衡量农村科技型社会组织培育效果的

“试金石”。可以选取一些代表性的新型农业经营主体如农业大户和乡村精英（乡贤）代表参与到评价指标设计中，同时也应该积极引导他们参与整个评估过程。

二、农村科技型社会组织培育评价指标体系设计的原则

为了对农村科技型社会组织培育情况进行科学合理的评价，指标体系的设定遵循以下原则。

第一是目的性原则。任何一项评价都具有目的性，目的性是评价指标体系设计的第一原则。只有在确定评价目标的前提下确定评价指标，才有可能保证评价的科学性和有效性。

第二是全面性与重点突出相结合原则。要综合考虑农村科技型社会组织的特点、职能、政府支持程度、其他多元主体参与程度、所获得实际效益，尤其对当地农村、农业、农民所带来的效果的可量化指标进行设置，来反映培育效果，保证评估指标涵盖农村科技型社会组织培育效果评价的各个方面。同时，要在全面性原则的指导下，突出能代表效果的重点指标和核心内容，兼顾全面和重点的关系，促进多元评价指标间的相互补充。

第三是针对性原则。针对性意味着评估指标体系要根据被评估的培育模式、机制、主体等实际情况，例如，对同一区域，农业科技产业园和农村专业合作社的评价指标设定必定存在相同之处，也存在不同之处，且即使是相同的指标，在权重设计上也会出现差异性。因此，对农村科技型社会组织培育工作的绩效指标要具备针对性。

第四是层次性原则。农村科技型社会组织培育是一个多层次的复杂系统，包括多个方面，下面又包含若干子目标。因此，评价指标体系需要逐层分解，体现出一定的层次性。

第五是可操作性原则。指标数据与资料可以通过权威的统计资料和调查方式获得，要选择能够合理量化的指标；指标的内涵要予以明确定义，要便于参与者和被考核对象清晰地理解指标含义；数量单位等统计口径要严格按照规定的标准设置，保证数据的有效性，便于计算和分析。

第六是定性与定量相结合原则。因为定性评价和定量分析都是评价农村科技型社会组织培育效果的重要方法，所以指标设计主要充分体现定性和定量互相补充、融合使用的原则。在不易量化的评价内容上可以使用定性分析的方法，而可以量化的指标尽量以量化方式处理。

三、农村科技型社会组织培育评价指标体系

在对国内的不同培育模式下的农村科技型社会组织发展的具体情况和总体状况的评价体系进行分析的基础上，结合农村科技型社会组织培育的内涵，同时在农村科技型社会组织培育效果评价指标体系建立原则的指导下，从农村科技型社会组织培育的投入、农村科技型社会组织培育的过程、农村科技型社会组织培育的产出这三个方面系统地建立农村科技型社会组织培育效果评价的指标体系，对任何培育模式下的农村科技型社会组织的发展效果都具有适用性。

1. 投入维度

投入维度主要考察的是农村科技型社会组织培育时政策、财政、人力三种资源的投入与配置。

政策资源涉及农村科技型社会组织培育领域现有或推出的政策资源的覆盖完整性、政策资源的指向明确性以及政策资源的落实有效性。财政资源配置考察的是农村科技型社会组织培育的财政支持力度，主要包括财政资源的保障能力、财政资源的到位情况。人力资源则涵盖了人力成本所占总数比例和专业人员、服务人员、志愿者的比重。投入维度共有 3 个二级指标和 7 个三级指标。

2. 过程维度

过程维度从项目计划、组织、协调、控制的角度出发，主要考察的是农村科技型社会组织培育的项目过程。

培育项目的计划又分为整体目标的明确性、立项依据的合理性、方案设计的健全性。培育项目的组织考察的是组织结构是否科学、管理制度是否完备、管理能力是否高效。培育项目的协调则关注沟通机制的顺畅性、资源配置的高效性。最后培育项目的控制就是有关监督机制、项目把控、风险控制这三个方面的有效性，过程维度共有 4 个二级指标和 11 个三级指标。

3. 产出维度

产出维度是对农村科技型社会组织培育的服务效率、服务效果和公众满意度三个方面进行考察。服务效率主要考察农村科技型社会组织的服务提供的次数、服务受众的覆盖率以及服务项目的完成度。服务效果就是目标的达成率、项目的创新性和项目的可推广性。公众满意度则从公众对服务主体、服务过程和服务结果的满意度来呈现。产出维度包括 3 个二级指标和 9 个三级指标。

根据前面的三个维度和细分的评价指标，构建起农村科技型社会组织培育效果评价指标体系（表 6-5）。

表 6-5　农村科技型社会组织培育效果评价指标体系

一级指标	二级指标	三级指标
农村科技型社会组织培育的投入	政策资源	政策资源的覆盖完整性
		政策资源的指向明确性
		政策资源的落实有效性
	财政资源	财政资源的保障能力
		财政资源的到位情况
	人力资源	人力成本所占总数比例
		专业人员、服务人员、志愿者的比重
农村科技型社会组织培育的过程	培育项目的计划	整体目标的明确性
		立项依据的合理性
		方案设计的健全性
	培育项目的组织	组织结构的科学性
		管理制度的完备性
		管理能力的高效性
	培育项目的协调	沟通机制的顺畅性
		资源配置的高效性
	培育项目的控制	监督机制的有效性
		项目把控的有效性
		风险控制的有效性
农村科技型社会组织培育的产出	服务效率	服务提供的次数
		服务受众的覆盖率
		服务项目的完成度
	服务效果	目标的达成率
		项目的创新性
		项目的可推广性
	公众满意度	公众对服务主体的满意度
		公众对服务过程的满意度
		公众对服务结果的满意度

从农村科技型社会组织培育的投入、农村科技型社会组织培育的过程、农村科技型社会组织培育的产出三个维度评价农村科技型社会组织培育效果，可以避

免由不同的培育导致的评价指标设置的不全面和重点不突出的情况，而且重视投入和产出的指标设置能够充分地展现培育的效率与效果，且对培育过程的评估以项目为着眼点更加具有可操作性，且在产出方面以公众满意度作为重要指标，能够充分地体现农村科技型社会组织服务为民，追求公共利益实现的业务宗旨。

第三节 培育效果评价的流程及其方法

农村科技型社会组织培育效果评价需要遵循一定的流程，包括评价实施前期的计划、人员组织、数据收集、方案选择和确定等一系列工作。其中，比较关键的措施还包括通过科学的方法确定出有效的测评指标后，就需要确定评价指标的权重。德尔菲法是确定不易量化的指标的重要方法。而对于易于量化的指标，可以运用成熟的层次分析法来确定各个指标的权重。层级分析法的基本原理是首先将复杂问题分成若干层次，以同一层次的各要素按照上一层要素为准则进行两两判断，比较其重要性，以此计算各层要素的权重。而后可以通过模糊综合评价法来对被评价对象进行评价。

一、农村科技型社会组织培育效果评价的流程

第一，组建效果评价的专家委员会。选取社会组织领域的专家组成专家委员会，该委员会的专家要有理论和实务上的权威性，还要在各个方面具有话语权。该委员会负责评价活动进程的各个环节。

第二，提出若干可供选择的评价方案。在组建专家委员会后，课题组成员将依据框架制定出若干可供选择的评价方案，然后将这些方案交予专家委员会进行审议。

第三，筛选确定评价方案。方案提交后，农村科技型社会组织培育效果评价的专家委员通过头脑风暴和专家评议等方法，对评价方案的科学性、实效性、可行性等多个方面进行审议，经过严谨审慎、反复酝酿，从若干备选方案中确定本次农村科技型社会组织培育效果评价采用的评价方案。

第四，评价活动所需数据的采集。依据最终确定评价方案展开数据收集和调研工作。主要信息来源包括报纸政府部门的门户网站等权威网站的统计资料、公告，已公开发表的论文刊物，面向政府、社会组织以及公众开展深入调研获得的访谈、问卷以及各个主体已留存资料等，通过多种方式充分地采集各项指标和数据。

第五，调控效果评价的整体过程。方案确定后，由专家负责调控整个评价过程的节奏，包括人员调配、资源分配、方案调整和跟进、结果反馈和报告形成。

二、德尔菲法

德尔菲法也称专家意见法。在对农村科技型社会组织的培育效果进行评价时，特别是涉及影响比较重大而又无法用定量分析的方法评价其水平时，德尔菲法是一种非常有效的评价方法。这种方法被广泛运用于农村科技型社会组织的培育效果评价工作。

首先需要聘请若干名农村科技型社会组织建设专家，以调查表等形式向专家组成员提出问题，并提供相应的农村科技型社会组织培育的相关资料。

其次专家根据调查表所列问题并参考有关资料相应地提出自己的意见，再汇总整理专家的意见，将不同意见及其理由反馈给每位专家，让他们第二次提出意见；这样反复多次操作直至意见逐步统一。

最后由操作人员根据结果汇总分析，并得出最后应纳入评价体系的指标及其各自的重要程度。

三、层次分析法决策

层次分析法（analytic hierarchy process，AHP）首先由 Saaty 于 20 世纪 70 年代提出，是系统工程中经常使用的一种评价与决策方法。它特别适用于处理那些多目标、多层次的复杂大系统问题和难以完全用定量方法来分析与决策的社会系统工程的复杂问题。它可以将人们的主观判断用数量形式来表达和处理，是一种定性和定量相结合的分析方法。在深入分析所面临的问题以后，应将问题所包含的因素划分为下列层次，如目标层、准则层、指标层、方案层、措施层等，用框图形式说明层次的递阶结构与因素的从属关系。当某个层次包含的因素较多时，可以将该层次进一步划分为若干个层次。

农村科技型社会组织培育效果的评价具有许多特征，涉及许多评价对象，受许多外界因素的影响，这就使得其评价标准的选择比较复杂。农村科技型社会组织培育的投入、农村科技型社会组织培育的过程、农村科技型社会组织培育的产出三个维度的 37 个指标中也存在无法量化的指标，那就必须进行定性分析，这就使得农村科技型社会组织培育的评价问题具备了运用层次分析法进行判断的条件。

层次分析法的基本步骤可概括为四点：面对具有层次结构的整体问题进行综合评价，采取逐层分解，变为多个单准则评价问题，在多个单准则评价的基础上进行综合。为解决定性因素的处理及可比性问题，以重要性（数学表现为权值）比较作为统一的处理格式，并将比较结果按重要程度进行量化标度。之后检验与调整比较链上的传递性，即检验一致性的可接受程度。最后对汇集全部比较信息的矩阵集，使用线性代数理论与方法加以处理，挖掘出深层次的、实质性的综合信息作为决策支持。

层次分析结构模型建立后，问题将转化为层次中各因素对于上层因素相对重要性的排序问题。在排序计算中，采取成对因素的比较判断，并根据一定的比率标度，形成判断矩阵。

目前大多数学者采用 1～9 的标度使判断定量化，因为判断矩阵阶数较多，所以易犯逻辑错误，为使决策人对各要素的重要程度做出判断，避免做出错误逻辑判断，本书采用 0、1、2 三个判断尺度建立判断矩阵。

可以通过向有关专家发放评价指标体系调查表的方式，根据各指标的重要性，进行从大到小的重要度排序。通过统计分析，形成各层次的判断矩阵，并取其平均值，形成各层次的平均判断矩阵，再换算成 1～9 判断尺度判断矩阵。层次分析法主要流程如图 6-1 所示。

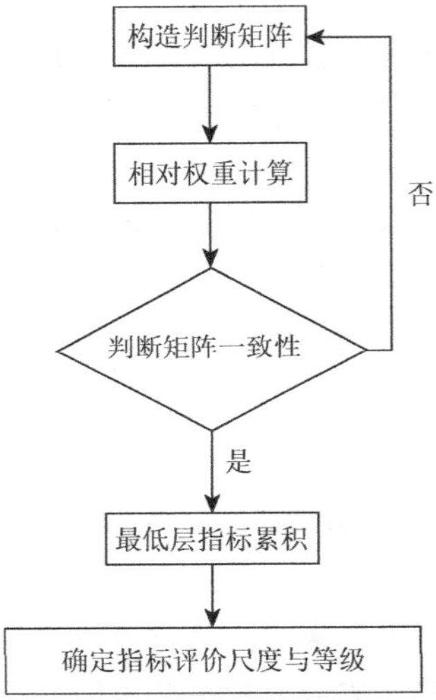

图 6-1　层次分析法主要流程图

1. 构造两两成对比较的判断矩阵

判断矩阵元素的值反映了人们对因素关于目标的相对重要性的认识。假设要比较某一层元素 $A_1, A_2, \cdots, A_n$，对于上一层因素的影响，则每次取出两个元素 A_i 与 A_j，用 a_{ij} 表示它们对上一层因素的影响之比，比较结果构成判断矩阵：

$$A=\begin{bmatrix} a_{11} & a_{12} & \cdots & a_{1n} \\ a_{21} & a_{22} & \cdots & a_{2n} \\ \vdots & \vdots & & \vdots \\ a_{n1} & a_{n2} & \cdots & a_{nn} \end{bmatrix} \tag{6-1}$$

判断矩阵中对 a_{ij} 的赋值采用 1～9 标度法，如表 6-6 所示。

表 6-6　相对重要性判断基准

A_i 和 A_j 的相对重要性	a_{ij} 的取值
A_i 和 A_j 同等重要	1
A_i 比 A_j 稍微重要	3
A_i 比 A_j 重要	5

续表

A_i和A_j的相对重要性	a_{ij}的取值
A_i比A_j重要得多	7
A_i比A_j极其重要	9
以上各值的中间值	2，4，6，8
A_j和A_i的相对重要性	各值的倒数

由于判断矩阵阶数较多易犯逻辑错误，为使决策人对各要素的重要程度做出判断，避免做出错误的逻辑判断，本书建议采用 0、1、2 三个判断尺度建立判断矩阵，其判断尺度如表 6-7 所示。

表 6-7　三个判断尺度

A_i和A_j的相对重要性	a_{ij}的取值
A_i和A_j同等重要	1
A_i比A_j重要	2
A_j比A_i重要	0

2. 间接判断矩阵换算成 1～9 判断尺度判断矩阵

由三个判断尺度建立的判断矩阵是一个间接判断矩阵，在计算各指标的相对权重时必须换算成 1～9 判断尺度判断矩阵才能进行。其换算方法如下所示。

先按式（6-2）计算各要素重要程度的排序指数 r_i：

$$r_i = \sum_{j=1}^{n} a_{ij}, \quad i = 1, 2, \cdots, j \tag{6-2}$$

式中，a_{ij}为间接判断矩阵中的元素。

关于 A 的间接判断矩阵如下所示。

A	B_1	B_2	B_3
B_1	1	0	2
B_2	2	1	2
B_3	0	0	1

设最大排序指数为$r_{\max}$，最小排序指数为$r_{\min}$，则由上述计算可知：$r_{\max}=5$，$r_{\min}=1$。

与 r_{max} 和 r_{min} 相对应的要素为 B_2 与 B_3，将其称为两个基点比较要素，将基点比较要素按 1～9 判断尺度进行比较判断，得出其相对重要性程度为 b_m，现通过比较，要素 B_2 比 B_3 重要，则 $b_m = 5$。

至于其他要素的相对重要度，可以通过线性插值法求得，即可用式（6-3）换算：

$$b_{ij} = \begin{cases} \dfrac{r_i - r_j}{r_{\max} - r_{\min}}(b_m - 1) + 1, & r_i - r_j \geqslant 0 \\ 1\Big/\left[\dfrac{r_i - r_j}{r_{\max} - r_{\min}}(b_m - 1) + 1\right], & r_i - r_j < 0 \end{cases} \tag{6-3}$$

由此，就可以将上述间接判断矩阵变换成 1～9 判断尺度判断矩阵。

3. 相对权重的计算

对于权重的计算可以采用多种方法，这里采用的是方根法，计算步骤如下所示。

（1）计算判断矩阵 A 每一行元素乘积 m_i：

$$m_i = \prod_{j=1}^{n} b_{ij}, \quad i = 1, 2, \cdots, n \tag{6-4}$$

（2）计算 m_i 的 n 方根 w_i，同时将向量 $w = (w_1, w_2, \cdots, w_n)^{\mathrm{T}}$ 归一化得 w'，即

$$w' = \frac{w_i}{\sum\limits_{i=1}^{n} w_i} \tag{6-5}$$

式中，w_i 表示每个指标的方根值；w' 是归一后的值；$\sum\limits_{i=1}^{n} w_i$ 表示方根值的总和。

（3）计算判断矩阵 A 的最大特征值 λ_{max}。

4. 判断矩阵的一致性检验

要求判断矩阵具有一致性，是为了避免出现指标 A 比指标 B 重要，指标 B 比指标 C 重要，而指标 C 又比指标 A 重要等违反常识的判断，这将导致评估失真。检验方法如下所示。

定义判断矩阵 A 的一致性比率（consistency ratio，C.R.）

$$\text{C.R.} = \frac{\text{C.I.}}{\text{R.I.}} \tag{6-6}$$

式中，C.I.（consistency index）为矩阵的相容指标，其计算公式为

$$\text{C.I.} = \frac{\lambda_{\max} - n}{n - 1} \tag{6-7}$$

R.I.（random index）为随机构造的正反矩阵的平均随机一致性指标，其取值方法如表 6-8 所示。

表 6-8　平均随机一致性指标（R.I.）

n	1	2	3	4	5	6	7	8	9
R.I.	0	0	0.52	0.89	1.12	1.24	1.32	1.41	1.45

一般认为，若 C.R.≤0.10，则可认为判断矩阵 A 具有一致性，据此计算的权重集就可以接受，否则需调整判断矩阵。

5. 累积权重的计算

计算出各指标在其所属层次及类别中的相对权重后，采用权重乘积的方式，可以确定所有评价指标对于总目标的累积权重。

假定评价指标层 D_i 所属的中间层指标为 C_j，而 C_j 所属的最高层指标为 B_k，则指标 D_i 的累积权重为

$$W_{D_i} = w_{B_k} \cdot w_{C_j} \cdot w_{D_i}$$

四、模糊综合评价法

模糊综合评价法是一种基于模糊数学的综合评标方法。该综合评价法根据模糊数学的隶属度理论把定性评价转化为定量评价，即用模糊数学对受到多种因素制约的事物或对象做出总体评价。它具有结果清晰、系统性强的特点，能较好地解决模糊的、难以量化的问题，适合各种非确定性问题的解决。农村科技型社会组织培育本身就是一个非常复杂的系统工程，涉及政府、社会组织、公民、科研院所、市场主体、相关各项政策和制度等多种要素，其中很多要素本身及结果就难以量化，也存在一定的模糊性，因此，模糊综合评价法适合解决类似非确定性问题。

1. 模糊综合评价法的术语及其定义

为了便于描述，依据模糊数学的基本概念，对模糊综合评价法中的有关术语定义如下。

（1）评价因素（F）：指以农村科技型社会组织为主体的效果评价指标体系的具体内容。

为便于权重分配和评议，可以按评价因素的属性将评价因素分成若干类，把每一类都视为单一评价因素，并称为第一级评价因素（F_1），第一级评价因素可以设置下属的第二级评价因素（F_2），第二级评价因素可以设置下属的第三级评价因素（F_3），以此类推。

（2）评价因素值（F_v）：指评价因素的具体值。

（3）评价值（E）：指评价因素的优劣程度。评价因素最优的评价值为 1（采用百分制时为 100 分）；欠优的评价因素，依据欠优的程度，其评价值大于或等于零、小于或等于 1（采用百分制时为 100 分），即 $0 \leqslant E \leqslant 1$（采用百分制时 $0 \leqslant E \leqslant 100$）。

（4）平均评价值（E_p）：指评标委员会成员对某评价因素评价的平均值。

平均评价值（E_p）＝全体评标委员会成员的评价值之和÷评委数。

（5）权重（W）：指评价因素的地位和重要程度。

第一级评价因素的权重之和为 1；每一个评价因素的下一级评价因素的权重之和为 1。

（6）加权平均评价值（E_{pw}）：指加权后的平均评价值。

加权平均评价值（E_{pw}）＝平均评价值（E_p）×权重（W）。

（7）综合评价值（E_z）：指同一级评价因素的加权平均评价值（E_{pw}）之和。综合评价值即对应的上一级评价因素值。

2. 模糊综合评价法的特点

模糊综合评价法的最显著特点如下所示。

1）相互比较

以最优的评价因素值为基准，其评价值为 1；其余欠优的评价因素依据欠优的程度得到相应的评价值。

2）可以依据各类评价因素的特征，确定评价值与评价因素值之间的函数关系（即隶属度函数）

确定这种函数关系（隶属度函数）有多种方法，例如，F 统计方法，各种类型的 F 分布等。当然，也可以请评标专家进行评价，直接给出评价值。在农村科技型社会组织培育效果的评价中，应依据被评价对象的具体情况，有重点地选择评价因素，科学确定评价值与评价因素值之间的函数关系以及合理地确定评价因素的权重。

3）模糊综合评价法的应用程序

（1）建立有关模糊集。

第一，定义准则层指标集为 $A=(A_1,A_2,\cdots,A_k)$，相应的权重集为 $W=(w_1,w_2,\cdots,w_k)$，其中，W_k 表示指标 A_k 在 A 中的比重，且归一化。

第二，定义指标层指标集为 $A_k=(A_{k1},A_{k2},\cdots,A_{kt})$，相应的权重集为 $W_k=(w_{k1},w_{k2},\cdots,w_{kt})$，其中 W_{kj}（$j=1, 2, \cdots, t$）表示指标 A_{kj} 在 A_k 中的比重，且归一化。

第三，定义评语集为 $V=$（$v_1, v_2, \cdots, v_m$），其中 v_j（$j=1, 2, \cdots, m$）表示由高到低的各级评语。

（2）确定评价矩阵。从原始数据矩阵 U_k 到 V 的模糊矩阵为

$$R_k=\begin{bmatrix} r_{k11} & r_{k12} & \cdots & r_{k1m} \\ r_{k21} & r_{k22} & \cdots & r_{k2m} \\ \vdots & \vdots & & \vdots \\ r_{kt1} & r_{kt2} & \cdots & r_{ktm} \end{bmatrix}$$

式中，r_{kij} 为第 k 个因素中的第 i 个子因素对 j 级评语的隶属度。

（3）根据层次分析法确定的权重，进行综合评价。

第一层次综合评价。先对各指标层指标 A_{kj} 的评价矩阵 R_k 做模糊运算，得到模糊综合评价矩阵

$$R=\begin{bmatrix} B_1 \\ B_2 \\ \vdots \\ B_n \end{bmatrix}=\begin{bmatrix} b_{11} & b_{12} & \cdots & b_{1m} \\ b_{21} & b_{22} & \cdots & b_{2m} \\ \vdots & \vdots & & \vdots \\ b_{n1} & b_{n2} & \cdots & b_{nm} \end{bmatrix}$$

依据模糊评价模型，得出准则层指标 A_k 对于评语集 V 的隶属向量：

$$B_k=W_k\times R_k=(b_{k1},b_{k2},\cdots,b_{km})$$

式中，根据准则层指标权重向量 $W=(w_1,w_2,\cdots,w_n)$，可得出第一层次的模糊评价结果。

第二层次综合评价。同理，按照模糊综合评价模型再对 R 进行模糊矩阵运算，即进行第二层次综合评价运算，得到目标层指标 A 对于评语集 V 的隶属向量 B：

$$B=W\times R=W\times\begin{bmatrix} B_1 \\ B_2 \\ \vdots \\ B_n \end{bmatrix}=(b_1,b_2,\cdots,b_m)$$

当 $\sum_{j=1}^{m}b_j\neq 1$时，可做归一化处理，令：

$$b_j'=\frac{b_j}{\sum_{j=1}^{m}b_j}$$

得到 $B=(b_1',\ b_2',\ \cdots,b_m')$ 。

（4）评价结果处理。根据模糊综合评价模型可得到目标层指标 A 对于评语集 V 的隶属向量 $B=(b_1,b_2,\cdots,b_m)$，其中 $b_1,\ b_2,\ \cdots,\ b_m$ 分别表示 X 对于评语 $V=(v_1,\ v_2,\ \cdots,\ v_m)$ 的隶属度。因此按照最大隶属原则，据此可做出评价。

大力培育农村科技型社会组织，促进农业服务社会化，完善农业科技服务的体系，是发展现代农业的基础保证。政府作为最重要的培育主体之一，履行了政

策引导、项目和资金支持、资源提供和保障等职能，这对加快农村科技型社会组织发展，构建农村科技服务网络和体系至关重要。除此之外，更应该重视对农村科技型社会组织培育的效果的评价。构建科学、合理、有效的指标体系是评价农村科技型社会组织培育效果的前提。因此，在评价农村科技型社会组织的效果时，既应该根据培育类型的差异，从影响农村科技型社会组织培育的内部因素、外部因素、耦合因素、发展结果等多维度、多主体、多方面来考量制定科学、可行、有效的效果评价体系，也可以从整体宏观视角评价影响农村科技型社会组织培育的相关因素。本书从投入-过程-产出的视角综合考虑多种影响农村科技型社会组织发展的重要因素，具有一般适用性。同时，本书提供了如何确定指标权重等评价体系设计的方法，可以给予相关研究者以借鉴。

第七章　农村科技型社会组织培育的国外借鉴

发达国家的农业发展实践已经证明，促进农业快速发展的根本出路在于科技进步，农业发展必须依靠农业科学技术在生产实践中的应用和转化，而科学技术的推广应用和科研成果的转化又必须依靠农村科技型社会组织的技术推广、科技教育、信息决策指导等技术服务。其中农业科技型社会组织是农村科技型社会组织的主体，农村科技型社会组织服务体系也主要借助农业科技推广和农业科技服务体系展开。因此，本章将着重介绍美国、日本、荷兰的农业科技型社会组织服务体系和培育模式，了解这些国家农业科技型社会组织[①]服务体系产生的背景、发展状况、构成和培育模式、运行机制，能够为我国在形式和技术层面借鉴这些国家的先进经验，加快我国特色的农村科技型社会组织培育和农村科技服务体系完善。

第一节　美国："高校＋三位一体"的培育模式

美国以农业院校为主，形成了依靠教育、科研、推广"三位一体"的农业科技型社会组织服务模式。这个服务模式中的重点就是通过大学基本教育、农业科学研究和农业技术推广的有机结合，利用农业院校的技术和人才的优势来带动农户在生产实践中的自我帮助，提高农业科技成果的转化率，促进当地农业的发展。这种"三位一体"的科技服务模式，对提高农业科技成果的转化率和培养优秀的农业科技服务人才具有极强的推动作用。

一、美国农业科技型社会组织的产生背景

产生于自由市场经济和领土扩张背景下的美国西进运动促进了美国东、西部地区政治经济一体化的进程，在客观上亟须美国的农业技术革命和知识革命有新的突破，所以美国政府通过立法程序出台了一系列有关美国农业教育、科研和技

---

① 值得说明的是农村科技型社会组织的服务领域就是农业科技推广、农业科技服务、农产品的产销指导等，最终都是落脚在农业发展上。从功能视角上看农村科技型社会组织主体就是农业科技型社会组织。当我们把视角放宽到整个农村层面，则将该类组织统称为农村科技型社会组织。因此，为更接近不同国家该类组织的实践领域和功能的本原，密切上下文内容的衔接性，本章论述中将主要介绍发达国家"农业科技型社会组织"服务体系和培育经验

术推广的法律法规，确立了美国农业科技服务的三大行动主体，即美国农业部、农业院校和农业企业，其中美国农业部负责农业科学技术的推广工作，农业院校负责农业科学技术的研究工作，而农业企业则负责农业技术的应用和转化工作，法律还规定联邦政府、州政府之间要相互合作，以州立农业院校为农业科技服务体系的核心，以确保全州农业科学技术研究应用的组织和服务工作的开展，在州政府之下的各基层县级政府也要配备相应的推广机构和人员。

为了从法律和制度层面巩固农业科技服务体系的确立与完善，美国国会相继通过了三个著名的法案：《赠地学院法案》、《哈奇法》和《史密斯-利弗法》。

1862 年，美国总统林肯签署了《赠地学院法案》。《赠地学院法案》规定将一部分国有土地分配给国会参、众两院的议员，每人 3 万英亩（1 英亩≈4046.856 平方米），所赠土地拍卖后获得的所有收入赠予所在的州，用以建立一个永久性的、金额不得减少的基金，并将此基金用于成立开设农业和机械课程的州立学院。1882 年，国会又通过建立各州农学院的法案。这两个法案的实施确立了美国农业科技服务体系的核心组织，在该法案通过之后，美国的州政府将 1300 万英亩的国有土地转赠给州立大学建立了 69 所农业研究院，用于美国农业的基础教育、技术推广和服务工作，各州的“赠地学院”也迅速发展壮大，数量快速增加。《赠地学院法案》是美国农业技术推广过程中最重要的政策制度，该法案一经颁布即获得明显效果，利用土地收益补充农业科学技术教育、研究与推广，在促进农业科学技术发展的同时大幅度提升了美国农业水平，并且为美国教育体系构架的完善做出了突出贡献。

1887 年，第 43 届国会通过《哈奇法》，又称为《农业试验站法案》，该法案规定：为了获取和传播农业信息，促进农业科学研究，由联邦政府和州政府拨款，在州立大学农学院领导下建立农业试验站。试验站为农业科研机构，属美国农业部、州和州立大学农学院共同领导，以农学院为主。实际上，《哈奇法》是对赠地学院一定范围的一个补充性规定，其最重要的作用在于：强调科学研究在农业发展过程中的重要性，增加了赠地学院的科学研究这部分职能。在该法案颁布之后，各州立大学的农学院都在地方建立了自己的农业科学研究所，用来对其所管辖范围内的农业发展进行地域性的实验数据记录。正是州立农学院的纽带作用，加深了农业科学研究工作与农业企业和当地农民的接触，了解到了当地农业企业与农民对农业科学技术发展的需求，于是，在 1890 年美国正式成立了推广教育协会来促进农业科学技术知识教育的普及。

1914 年，威尔逊总统签署了《史密斯-利弗法》，即《合作农业推广法案》。该法案在制度层面上正式促进了美国教育、科研、推广和行政管理机构四位一体的农业科技服务组织体系的形成。该法案规定：由农业部出资在各州立大学或州立大学的农学院建立合作性教育实体，通过发放农业专业书籍、田间示范以及其他形式，为那些从事农业相关行业的美国民众普及农业基础教育，宣传农业和家政方面的知识与信息。同时，由美国联邦政府拨款在各州成立农业研究、教育和推广服务合作社，用于推广最新的农业科学技术，并由各州立大学农学院和各县级地方政府共同合作建立州服务社的基层分支机构，即农业技术推广站，在各县级地方配备专业的农业技术推广员，促进州政府与地方政府的农业科学技术交流，提高农业生产效率。

1914 年颁布的《史密斯-利弗法》建立了一套依靠教育、科研、推广"三位一体"的农业科技服务组织模式，对美国农业科学技术的推广更是起到了决定性的作用。经过以上三个法律制度的颁布实施，美国正式确立了教育、科研、推广有机结合的"三位一体"农业科技服务模式。到目前为止，美国已建立了 130 多所农学院，59 个联邦农业试验站，57 个地区性的农业技术推广站，形成了一套科学的、合理的，以州立大学农学院为核心、农业推广站点为基层组织的农业科技型社会组织形态。

二、美国农业科技型社会组织的特点

美国的农业科技服务体系最早建立于 19 世纪中叶，被学者界定为"政府与学校合作共建"模式。经过了一个多世纪的发展和完善，该农业科技服务体系已经促使美国的农业生产力水平有了极大的提升，而且培育出州立大学农学院、农业试验站、农业技术推广站等集教育、科研、推广"三位一体"的农业科技服务体系。这些组织在美国农业现代化进程中起到了举足轻重的作用。

1. 分工明确、科学合理的组织层级管理

美国农业科技服务体系分工明确，组织构架科学合理。该服务体系采取金字塔形构造（图 7-1），形成了顶层组织为联邦农业科技服务局，中层组织为州立大

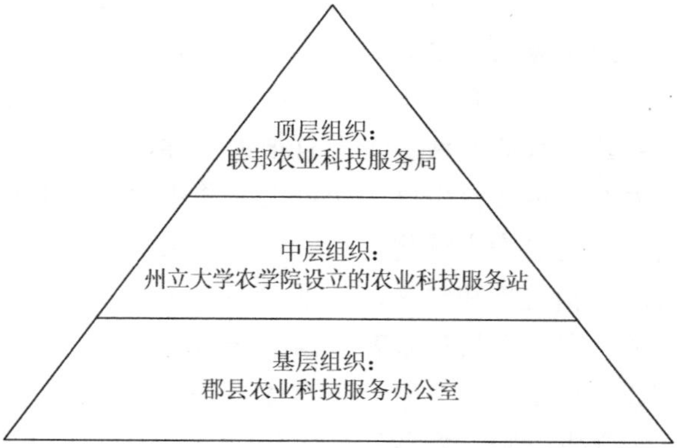

图 7-1　美国农业科技型服务社会组织体系

学农学院设立合作的农业科技服务站，基层组织为郡县农业科技服务办公室，这三个层级紧密联系，构成一个能够动态调整、高效运转的农业科技型服务组织体系，即美国的合作推广系统（cooperative extension system，CES），这种联邦、州、郡自上而下、金字塔形的农业科技服务体系能够最大限度地保障每个单位层级都拥有足够的管理运行区间，具有广泛的群众性和普遍综合性，形成了上下层级之间的有效沟通。

联邦农业部推广服务局在整个组织体系中处于最高层次，负责协调全国农业科学技术的推广和服务，包括配置全国的农业科技资源、协调联邦和各州之间的关系、从事重大农业问题的研究和相关农业政策的制定、计划和拨发农业技术服务经费等。因此，联邦农业部推广服务局根据工作内容可以分为八个部门：农业科学技术和管理处、4H（head，heart，hands，health）俱乐部和青年发展处、管理经营处、推广研究和培训处、销售和应用科学处、家政处、信息处、经济发展和公共事务处。这种根据工作内容划分相应的行政机构的方式，能够对各部门的工作职责进行有效互补，同时在横向上保持有效沟通，保证联邦农业部推广服务局能够有效地运转。联邦农业部推广服务局工作的开展也并不需要直接干预州级和县级的农业科技服务工作，而是以各州立农学院为纽带来协调各州的农业，因而，联邦农业部推广服务局的基本职责是确保全国农业科技服务体系的协调、高效运转，建立完善的农业科技服务中介体系，从事重大农业问题的研究和方针政策的实施，提供农业科学技术研究发展的相关信息，合理地改善美国农业的产业结构，提高美国农业的现代化水平，促进美国农业生产效率的提升，并使农民从中受益。

各州立大学的农学院所设立的农业科技服务站处于该体系的中间层，是联邦政府与州及郡县的联络机构，具体负责各州农业科技服务和农业政策的推广、实施工作，因此，各州立大学农学院处于整个美国农业科技服务体系的中心地位，起着承上启下的作用。农业科技服务站的另一职能是辅助农学院的农业教育和科研工作，组织农业科技服务委员会成员在实际的农业科技实践活动中进行指导，普及农业知识、开展农业基础教育工作，推广农业科学技术。事实上，由于各州在地理条件、气候条件、农业发展水平上有很大差异，农业推广局赋予各州立农业科技服务站以极大的尊重和自由度，两者之间并不存在绝对意义上的隶属与被隶属的上下级关系，而是更为市场化的平等合作关系。这样的关系不但使得双方在农业推广领域可以互相支持和约束，保证了各州农业科技服务站工作的独立性和高效性，也体现了政府行政与科研教育相结合的共赢。

各个郡县的农业科技服务办公室处于该体系的最下级，是基层农业科技服务机构，隶属于州立大学农学院。农业科技服务办公室的工作更为直接和具体，包括实施联邦和各州确定的农业政策、向农业企业和农民提供农业信息的咨询服务、解决农业科学技术推广中产生的实际问题，深入农业生产的各个环节和阶段，并且在一定程度上提供运行所需要的资金和设备，建立与农业企业和农民之间的联系，及时地提供农业科学技术服务，协助农民解决生产经营过程中所遇到的问题，最大限度地确保农业科技推广计划得以顺利地落实。

2. 以农民需求为组织服务和发展目标

美国农业科技服务体系的最终目标是提高农业科技在生产实践过程中的应用，从而提高美国农业的生产效率、提升农民素质，这也成为农村科技型社会组织的重要发展目标。

经过前期的积累，目前美国基层农业科技服务的计算机网络管理系统已全面覆盖，农户可以利用互联网技术便捷地获取有关农业方面的基础信息；卫星系统则可以帮助农民解决预测农业气象和防治病虫害等问题；农户信息资料库也建立完善，记录农民农作物信息、农户个人信息，为今后查找提供便利。

在提升农民整体素质方面，目前，美国农民的受教育水平与以前相比已经有了显著提升，他们中的很多人都拥有大学以上学历，高素质的农业人才是美国农业现代化水平较高的原因之一，也是美国农业现代化发展的重要保障。农业现代化的另一显著特征是大机械化作业，这要求美国农场主必须熟练掌握各类农业机械，如农用喷洒农药的小型飞机等，最基本的要求是农业专业院校以上学历，基于以上这些农业现代化的要求，美国农业科技服务体系建立了以农户需求为首要任务的基本组织发展目标，并配有相关的监督体系、完善的志愿者服务体系等，逐步推进农业专业知识领域的服务、社区公共服务、青年农民发展服务等。

3.“三位一体”的人才培养模式

美国农业科技服务体系以各州立大学农学院为核心机构，自上而下地将美国农业教育、科研、科技中介服务三者紧密结合在一起，形成了“三位一体”的服务运行机制。这样高效率、高科技转化率的农业服务体系，得益于整个农业科学技术服务体系中拥有大量高素质的农业技术人员，能够把教育、科研和推广三者融为一体，培养专业的农业科学技术人才，同时为提高农民整体素质做出了极大贡献。

在这样一批高素质的专业人才中，以州立大学农学院及其所辖农业科技服务站的专家学者最为重要。联邦农业科技服务局中的八个部门，都是由农业科技领域的专家学者组成的，他们都具有农业专业领域的丰富知识和工作经验，可以有效地解答全国农业科技服务工作中的各种问题。各州立农学院也拥有多名专家，其中州一级的专家必须是博士学位的教授。农学院设有农业技术推广委员会，而推广委员会的成员必须由各州立农学院的教授组成，教授可以承担教育、科研和技术等多方面的工作，实施具体的农业工作和项目。各地方郡县的农业科技服务办公室的服务人员需要经过严格的考试，他们中至少有 1/4 的人具有博士学位，硕士学位占绝大多数。对于专业的兼职人员和志愿者服务人员，也要经过长期的周期性培训才能上岗。

4. 农业科技投入主体明确，方式科学

美国联邦政府对农业科技服务活动的资金支持力度一直很大，自 1958 年以来，以 8%的年增长率逐年增加。美国农业科技服务体系受到三级财政投入的保障，这是通过国会的法律来明文规定的，法律要求联邦政府在农业科技上的投入要与国民经济同比例增长，各州政府每年也要相应地增加在农业科技服务组织方面的财政预算。2002 年《新农业法》起草，更是大幅度地增加了农业科研方面的经费预算，取消财政预算上限，提高最低财政拨款比例，以及 5 年内科研经费翻番等新措施、新精神被写入了《新农业法》，这些措施都在法律和制度上保证了美国农业科技服务组织体系的资金来源与经费支持。

美国农业科学研究的经费主要来源于三个方面：联邦政府预算拨款、州政府预算拨款和私人企业自筹。联邦政府和各州政府主要按照相关的法律条文来进行预算拨款，此外，美国国家科学基金会和其他有关农业的基金会也会向部分重大的农业项目提供资金资助，农业私人企业则主要依靠企业销售商品所获得的收入和利润来进行科学研究，尽管用于农业科研的私人投资比重在整个农业科研经费中超过 50%，但是这些投入主要针对如何将农业科研成果直接转化为现实的生产技术和新产品，因此，对于那些经济效益不高但是关系到美国农业现代化发展的科学研究仍然需要政府投资的支持。美国农业相关法令和条例规定，农业的科研经费主要来源于以下四个方面：一是美国联邦农业部和农业科研机构的直接投入，占农业科研经费的 51%；二是对各州农业科技服务机构和技术推广的财政拨款，占农业科研经费的 30%；三是对重大农业项目的拨款，主要是针对农业科技发展的基础性研究和应用性研究方面，占农业科研经费的 12%；四是针对农业科研的特别项目进行拨款，占农业科研经费的 7%。各州农业试验站的经费主要来源于美国联邦农业部、各州政府预算、与私人企业签订的合同经费、赠款及产品和技术服务销售所得以及其他联邦机构提供的研究经费。

三、美国农村科技型社会组织培育模式对我国的启示

虽然我们国家与美国在社会制度、文化传统和地理位置方面有所不同，但通

过剖析美国农村科技型社会组织培育模式，仍能对我国农村科技型社会组织的培育和发展提供可借鉴之处。

1. 积极发挥农业科技型社会组织的公益效能

农业科技服务体系从本质上来说就是要为我国农业科技的发展提供服务，这就决定了公益性是农业科技组织最重要的性质。为了促进农业科技服务组织公益效能的发挥，应该将重点放在人、财、物等促进基础农业科技发展的问题上来。加强农业技术高素质人才的培养，提高农业技术人员的技能，注重农业技术人员的知识更新，在各地方的农业局配备专业的农业技术人才，着重因地制宜地解决当地的农业技术推广和服务问题。保证中央政府和各地方政府对农业科技研发工作经费的投入比例，建立稳定的财政经费投入渠道，并且从制度上明确各级政府对农业经费投入的比例，创新经费来源渠道，引导社会公益资金进入，建立多元化投入体系。各级地方政府应该认真实施农业科技的“三新”（新品种、新技术、新模式）工程，提高农业现代化设备的应用比例，推广高科技农业技术，将我国农业的发展方向引导到依靠农业现代化的轨道上来，促进我国农业生产技术的转化和运用，提高农业生产效率。

2. 加强农业科技机构的服务职能

因为解决我国的农业问题最根本的途径还是要依靠农民个人，所以我国农业科技服务体系主要的服务对象就是农民，“授人以鱼不如授人以渔”，要利用农业科技服务机构来服务农村和农民，扩大农村科技服务需求和服务市场，定期对农民开展农业培训教育，开办讲座，去贴近“三农”，及时普及我国的各项农业优惠政策和惠农政策，为农民提供最新的农业科技信息和农业科技技术，解决农民在实际的农业生产过程中遇到的技术难题，帮助农民在农业生产实践中使用现代化的农业科学技术来提高农业生产效率，提高农业生产要素的利用率。

规模化生产是提高农业生产效率最科学的方法，也是现代化农业的发展方向和发展前景，要加强各地方的农业科技机构对当地农业的指导，利用集中化和规模化经营来发展农业，提供农业技术咨询，在保证农产品质量的情况下降低单位土地面积的农业生产成本，提高劳动效率。指导农民对土地进行合理的规划和利用，对农村的自然资源进行合理的规划和利用，发展可持续性农业，提高农业的相对效益。

3. 加强法律政策环境等政策支持

良好的农业科技发展环境是确保农业科技服务体系正常、高效运转的首要条件，政府应该制定一系列有关农业科技发展的法律法规和政策文件，从制度层面确保我国农业科技服务体系的发展方向，规范农业科技、农业生产和农业经济的健康可持续性发展。同时应该设立准入门槛，对参与农业科技服务工程的机构和组织进行科学评估、择优支持，维持农业科技发展服务环境的和谐、稳定。加强对农业科技人才的激励，建立职业资格认证体系，对符合标准的农业科技人才要有所支持，不管是在科学研究还是在学术成果的奖励方面，要能够激发起农业科技人才从事农业科技工作的动力，使农业科技人才可以有足够的空间进行自有价值的实现，真正使人的价值得到充分利用。

同时，地方政府充分结合地方上的实际情况，联合各类科研院所加强政策研究，在课题的申报上引导其侧重于农业相关的项目，同时鼓励课题的研究要“接地气”，贴近地方实际情况，让政策的执行和实际效果更具实用性，为当地的农业科技组织服务的发展提供政策空间和绿色通道。

4. 丰富农村科技服务的内容

发达国家政府在农业科技服务方面具有“内容丰富、涉及面广”的特点。在美国，政府提供的服务包括自然资源的利用及保护的指导、农业生产技术的推广及配套的服务、家政服务以及农村社区的规划和开发；在日本，科技服务人员不仅从事农业科技的常规服务，还在农村青年的教育、农村生活状况改善以及农村劳动力能力的再提升等方面都有所涉及。这些恰恰是目前发展中国家所不具备的或不够完善的。因此，在服务内容方面，我国的农村科技型社会组织可以按照分类原则，为农村和农民提供关于传统农产品与附加值高的经济作物以及植物性产品、动物性产品的生产、加工、经营管理方面多样化的服务和指导，也可以在家政服务、青少年教育培训、公共设施建设等方面为农民提供服务和指导。还可以采用互联网技术和资源来创新科技服务的形式。另外，科研机构以及农机企业应该立足农村生产实践需要，研发与推广符合地方农业生产的生产工具和各类生产资料，辅助农民提高农业生产的效率。此外，各个农业高等院校、科研院所应该担负起培养各农业领域、学科专业化农业人才的任务，去充实基层农村科技服务组织。

5. 扶持企业农业科技组织发展

农业的发展始终要与农民的需求结合，同时离不开政府和市场发挥其作用。其一是政府在宏观层面的引导，发挥其统筹调节的作用，加大与提高政府在农业科技方面投资的力度和强度，用资金的投入推动农业科技人才的涌入和农业科技技术的创新，建立农业科技的创新中心、实验基地、实验室等，用技术的创新发展来协同推动地方农业技术的更新升级，进而促进农业的发展。其二是充分认识市场的决定作用，党的十八届三中全会决定中提出“使市场在资源配置中起决定性作用”，新的历史条件下必须明确一直困扰经济体制改革的一个难题，即“政府与市场的关系”。强化市场的决定地位，因为在相当长的时期之内，我国农业科技的发展是在明确“政府与市场的关系”的基础上进行的，其发展的动力源于市场驱动和社会利益机制的驱动。在这样的情况下，会形成直接与政府、科研机构、企业、农民相关联的服务体系，这样的服务体系在一定程度上就是农业科技运营机制的体现，各方的参与显得至关重要。

第二节　日本：“政府＋农协”协同的培育模式

日本的农业科技服务体系建立的时间最早可以追溯到第二次世界大战之后，其服务体系的构建是参照美国的农业科技服务体系而来的。发展到现在，日本的农业科技服务体系与美国有明显的区别，日本实行的是“双轨式”，即由政府和农协共同作用的模式。在日本的农业科技服务体系中，政府在农业发展的制度改革和农业现代化技术的普及、推广方面是主导的力量，而农协是协同政府的工作，共同参与农业科技的推广。学习和借鉴日本在农业科技模式方面的做法，对于进一步培育和发展我国农村科技型社会组织，推动农业发展有着重要的借鉴意义。

一、日本农业科技型服务组织的产生背景

日本政府于 1948 年 7 月通过法律，制定了《农业改良促进法》，该法案突出的一点是提出了农林水产省与各级地方政府共同协作农业改良和推广的工作。法案中对经费来源、推广人员任用、管理机制进行了明确的规定，从中央到地方的各级政府在财政支出方面要在农业推广上给予一定的资金支持。这个法案也成了日本在农业技术服务方面的根本法律。十年之后，1958 年日本对该法案进行了部分修改，提出要在全国范围内建立“农业改良推广所”的推广机构，并将该机构定位于政府部门中必须设定的机构。

经过长期实践，自 1961 年通过《农业基本法》到 1994 年，农业改良推广所的推广机构的职能不断充实，改名为“地区农业改良推广中心”，在其中设有专业的技术人员为农民提供服务。之后，又有 1999 年颁布的《新农业基本法》以及 2005 年颁布的《新农业改良助长法》。与此可知，日本的相关法律是基于现实农业需求来不断完善的，这些法案的修改，为日本农业科技的社会组织的培育和发展奠定了法律基础，为其提供了长效的制度化保障，农业科技服务体系也在此基础上不断发展，从而形成独具日本特色的“双轨”科技服务体系。

二、日本农业科技型社会组织的特点

社会组织的产生和发展都是基于一定的社会环境，日本农业科技型社会组织体系的产生和发展也是伴随着日本国民经济的发展逐步调整与完善的，该体系在广义上包含以农业改良普及事业为目标的政府以及参与协作的民间农业团体组织的协同组合（简称为“农协”）。在日本推进农业现代化的过程中，农林水产省、都道府县等政府部门以及农协等基层自治组织起到了重要作用。

1. 完善的“双轨”科技服务体系+科研支撑组织

日本农业科技服务体系（图 7-2）中的主体组织包括一是国家行政治理机关体系的农林水产省农蚕园艺局设立的普及部、地方农政局、都道府县的农业改良推广中心、地域农业改良普及中心。二是自上而下的农协组织体系。三是农业科技

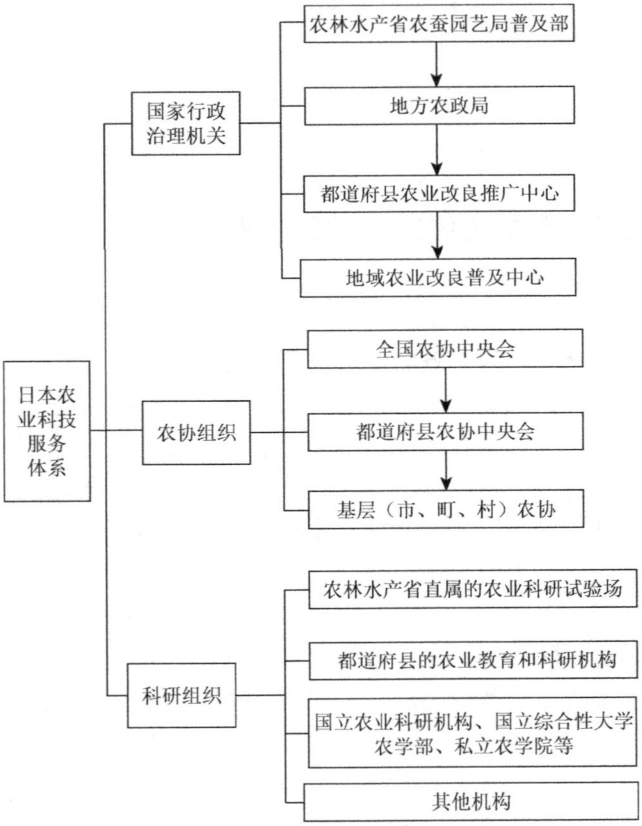

图 7-2　日本农业科技服务体系

研发组织体系。国家与都道府县的农业教育和研究机构、农业试验研究机构和农业大学等作为科研支援组织也在农业科技服务中起到重要作用。

农林水产省农蚕园艺局设立的普及部作为国家行政治理机关是日本农业科技服务体系的最高机构，负责制定全国农业技术推广五年规划，对都道府县的农业技术推广机构的运营提供相应的经费补助，进行组织协调、成果管理以及专业技术人才的选拔与培训等。根据自然区域划分，农林水产省在各区域设立的地方农政局是政府派出的机构，它的主要职责是对各都道府县的农业改良推广中心的农业科技推广工作进行监督与管理、负责其管辖区的农业技术推广相关规则的制定。

日本农业协同组织与政府垂直管理的推广体系相并行，是依据1947年《农业协同组合法》而成立的自主性农民合作组织。农协以农户—基层农协—县农协中央会—全国农协中央会为组织体系。全国农协中央会主要负责协助政府进行农业政策的研究和制定以及农协的组织与业务开展、工作人员培训工作等；县农协中央会负责基层农协的指导和监督工作；基层农协的主要任务是指导农民开展农业生产、提供基本生产资料和信息咨询等服务。日本的农协组织体系覆盖整个农村社会，日本90%以上农户参加了农协，已成为农民进行农业生产最重要的互助合作组织。

除了政府与农协的农业推广体系，日本还建立了农业科技推广的科研支援组织，包括农业科研试验场、都道府县的农业教育和研究机构、农业大学、农业情报中心等其他组织。农业科研试验场负责农业相关课题的研究，农业研究机构主要负责本区域农业应用研究，这能够促进理论研究紧密结合实践应用，以最大限度地实现产学研转换为生产力。此外，国立农业科研机构、综合性大学农学部以及一些私立的农学院，还有农业短期大学和农业职业学校共同构建成为农业科技教育体系，进而为农村、农户提供教育服务，而且培养了大量优秀农业推广人员、基层干部以及志愿推广人员。还有其他一些社会团体、农业企业也加入农业技术推广体系。总而言之，以“政府＋农协”的“双轨制”农业科技服务体系为主流，加上农业科研教育机构、其他相关社会团体和农业企业的共同参与极大地推动了日本农业的现代化。

2. 行之有效的管理制度

在长期的农业科技服务实践过程中，日本形成了政府主导、农协参与的“双轨”农业科技研发与推广的体系，采取自下而上紧密结合的方式，共同组织、管理和实施全国农业科技服务工作，将与农业生产者相关的教育、科研、推广紧密地联系在一起，其工作内容除了新技术的开发、新材料的研发以及新品种的推广，更重要的是在其工作开展过程中对农村人才进行培养，同时农业的可持续发展得到了保障，这对日本农业的发展有着极大的促进作用，使其得到快速且高质量的发展。

日本的农业科技服务体系实行以各个县为中心，以政府行政手段为主的管理制度。在这个体系中，农林水产省农蚕园艺局普及部是该体系中的最高部门，这个部门的主要工作是根据各级政府的意见、结合市场的需求和农民的诉求，从宏观上把握和制定国家农业科技战略方针，地方上的政府则根据战略方针来制定和实施具体细化了的工作准则。这样的管理制度有利于各个都道府县在把握上级的战略方针的基础上，结合当地的自然环境及社会经济条件来推动农业的发展。

3. 多样化的经费来源

日本的农业科技推广的费用占国家农业相关预算总额度的1.4%。高费用意味着需要有大量的资金来支持农业科技的推广。在日本政府通过的《新农业改良助长法》中对于农业科技推广费用的来源以及资金后续的使用，有着详细而明确的规定。推广的费用主要由农业普及事业交付金和农业改善及对策补助金两个大的部分组成，主要由国家和地方政府共同承担，国家按照相关规定依照一定的比例向地方政府拨付农业普及事业交付金，地方政府在这方面支付的比例不得低于50%。

农协的资金来源主要是农户缴纳的会费以及地方上的公共团体和上级农协的补助金、助成金、事业收入、征收税款、大型机械和公共设施等使用费、社会各界以及企业的投资与捐赠。因此，日本农业科技推广的费用呈现出“政府、农户、企业、社会”共同分担、资金来源多样化的典型特征。

4. 健全的农业推广人员任用和培训制度

日本的农业科技推广人员分为两个层次：第一个是基层农业科技的改良普及员，他们是基层工作人员，通过与农民直接接触，对农村进行农业知识教育和农业技术的指导。第二个是较高层次的专门的技术人员，主要负责开展调研活动、指导和培训基层人员，同时负责与科研机构部门的联系、交流工作。之后，为了适应日益多元化的农民需求和农业发展新形势，日本有关农业的新法取消了上述两个称谓，统一称为“普及指导员”。在日本，农业推广系统里的工作人员属于国家公务人员，日本政府推行严格的选聘、量化的考核以及就职后不定期的培训制度，以此打造出高素质、高业务水平的农业人才队伍。

首先，政府在人员选聘上有着明确的规定，首先达到一定的学历和实践工作经验年限的要求，而且需通过国家及都道府县统一组织的资格考试择优录取。其次，在培训方面，日本法律规定地方政府必须根据国家每年颁布的“协同农业普及事业运营指针”来有计划地开展对普及指导员的培训工作，（农协）中央会教育院和地方政府共同承担培训任务，培训内容包括最基本的农业管理、经营和生产流通方面的理论知识以及提升工作人员的计划、调查能力，还会根据受训对象的特殊性，做适当的调整，以实现打造更适合农业推广的人才队伍的目的。最后，在考核方面，实行以推广活动时间计算农业科技推广人员成绩的考核制度。

在严格的聘任、考核、培训制度下，打造出的人才队伍有着过硬的业务能力和高素质，也使得日本的农业推广人员有着较高的社会地位。但是，“普及指导员”的工作性质决定了其工作环境相对较差，为了稳定“普及指导员”人才队伍，政府采取了一系列的配套措施，包括提供优厚的薪酬待遇、提供良好的职业进修升职机会、建立普及人员与科研机构的人事交流制度等。此外，为了鼓励农业推广人员安心工作、扎根工作岗位、深入农业生产的一线基层，日本政府设立了专门的“普及岗位津贴”，并且在有关农业的新法中取消了旧法对津贴不高于其他工资12%的限制，各个地方的政府可以根据本地方的实际经济状况、人才结构、农业推广的效果等具体情况自主确定津贴的比例。这些政策方面的优厚待遇和保障，在一定程度上保证了日本的农业推广人才队伍的稳定，同时也为日本农业的进一步发展提供了充足的人才资源，能够有效地满足农业发展对人才的需求。

三、日本农业科技型社会组织培育模式对我国的启示

我国与日本的农业都是具有自然属性的小农经济，但是日本的农业整体发展的水平要远远高于我国。这与上述日本农业科技型社会组织的规模和高效的服务体系密切相关。因而，分析日本的先进经验，对我国农村科技型社会组织培育和发展具有重要的启示意义。

1. 健全农业科技型社会组织培育和发展的法律保障体系

日本农业科技服务体系的建立和发展有《新农业改良助长法》《农业协同组合法》等作为法律保障。与之相比，我国在这方面的法律法规比较薄弱，而现有的《中华人民共和国农业技术推广法》中的部分条款已经无法满足当前的现实情况。部分条款的实际可操作性减弱，政府对于提供农业科技服务的定位出现偏差，执法主体不明确以及政府投入与农业的科研、农业人才教育等方面未形成长效的制度衔接，导致保障制度不健全、农业科技服务职能和农业科技体系的不全面、不科学，这些限制因素直接制约了我国农业科技体系的进一步健全和完善。为进一步规范和指导我国农业推广事业的发展，必须着手建立更加符合国情的政策法规作为保障。一是结合实际建立配套规章，因地制宜地制定根据不同地区推广的实施办法，形成全面有效、科学合理的农业科技服务法律体系，以法律的手段保障农业工作的有效开展。二是执法监督制度需完善，加强《中华人民共和国农业法》《中华人民共和国农业技术推广法》以及《中华人民共和国种子管理条例》等法律法规的执行力度，加强科研、教育与推广组织的联系。推动农业科研、教育以及推广工作的密切结合，不

仅帮助日本实现了农业科技成果的较高转化率，而且为其构建了一个相对完整的农业科技服务机制，这正是促进农业科技有效地服务实际工作的重要经验。就我国现实状况看，农业科研、教育以及推广工作过度分离，不利于真正发挥农业科技服务体系的重要作用。因此，要积极构建科研、教育和推广组织的合作机制，确保各方面工作的有效衔接，而且开展农业科研工作，必须积极了解农村和农业生产真正需要什么，不能“闭门造车”，要确保把最新的农业生产科技送到农村去。

2. 加大对农业科技型社会组织培育的投入力度

日本政府及相关主体为农村生产提供了充足的物质资金投入，也为农业科技型社会组织发展创造了良好条件。当前，我国农业科技服务的资金投入情况不够乐观，并不能完全满足农业科技服务的发展需要，同时也不能为农业科技型社会组织提供充足的物质支撑，最终会影响农业科技成果的快速转化。为了解决这个难题，一方面，我们要积极学习日本的成功经验，尽快为农村科技服务资金投入建立法律支持。通过法律规定为农业科技工作分配必要的物质资源，这种强制性要求有助于给农业科技服务带来持续的资金注入。另一方面，也要在政府主导下，建立多方主体参与的投入机制。政府应该根据农村科技服务的工作需求，建立专项资金投入机制。同时，也要积极引导、鼓励社会组织积极参与农村科技服务工作，以有效地支持农村科技型社会组织的快速发展。

3. 提高农业科技服务人员的综合素质

农业科技服务人员的素质状况，对于农村科技服务工作也有着极其明显的影响。日本在长期的服务工作中，已经初步形成了一支高素质的农业科技推广人员队伍，为农村科技服务工作提供了充足的人才支持。当前，我国农业科技服务人员的综合素质较低，这是不争的事实，在很大程度上阻碍了农村科技型社会组织的有效发展。为此，必须设法提高现有推广人员的综合素质，同时也要不断充实农村科技服务人才队伍。首先，要对现有的农业科技服务人员进行全方位的培训教育，不仅要注重先进农业科学技术的教育，而且要通过现场教学等方式，提高这一群体的实践操作能力。其次，农村要和农业高等院校开展积极合作，为农村培育各种类型的科技服务人才。

4. 培育农民专业合作经济组织

日本的农村和农业发展过程充分说明，不断提高农民的组织化程度，有利于更加有效地维护农民的各种利益。农民专业合作经济组织的发展，不仅能够推进先进农业生产技术的规模化使用，也能够帮助农民抱团取暖，共同应对市场经济的激烈挑战。为此，必须高度重视农民专业合作经济组织的有效发展。一方面，政府应该加强引导，为农民专业合作经济组织的发展提供有效的政策支持，同时也要在财政上给予一定的优惠措施。另一方面，要充分发挥农民的主观能动性，鼓励农民根据农业生产的实际情况，大胆尝试各种专业合作经济组织，不断提高农业生产的先进水平。此外，通过农民专业合作经济组织，也能够有效地承接其他主体给予的各种援助。

第三节　荷兰："政府+多元主体"合作的培育模式

荷兰的自然资源相对匮乏，然而在这样不利的条件下，荷兰农业不仅能够自给自足，而且发展出了以出口为导向的现代农业，这得益于其行之有效的农业科技服务体系。荷兰的政府推广模式主要分为国家层面和地区农业技术服务中心两个层次。同时，充分发挥农协组织和市场主体的协同作用，也由此形成了集政府机构推广系统、农协组织咨询服务系统、私营企业咨询服务系统于一体的荷兰农业科技服务体系（图 7-3）。在这个体系中，各个主体都有自身明确的责任。政府和其支持的科研机构既是政策的制定者，又是农业科技创新和发展的主体。农民合作组织和企业主体在农业科技推广和服务方面发挥着重要作用。

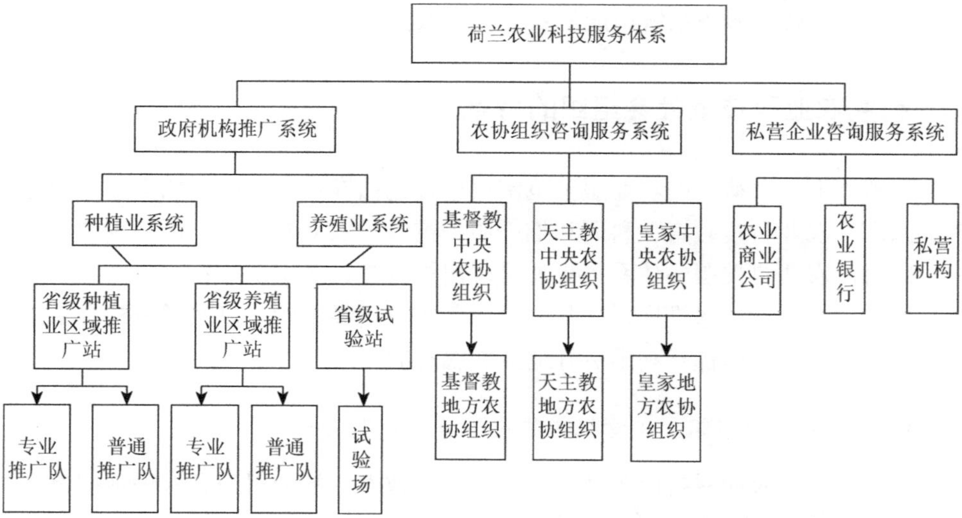

图 7-3　荷兰农业科技服务体系

一、荷兰农业科技型服务组织的产生背景

荷兰农业科技服务体系的形成可以追溯到 19 世纪，经历了发展、完善、提高

的逐步演变过程。1850 年，荷兰诞生了农业科技服务工作的雏形，由政府出资雇用“步行老师”，所谓“步行老师”实际上是农业院校的老师，他们既在学校里教学，也在田间给农民讲课，传授农业技术知识，某种意义上他们就是 19 世纪农业技术推广员。

20 世纪 50 年代开始，伴随着荷兰农业生产的快速发展，该国的农业科技服务体系也曾经历了四次重大改革。在 20 世纪 50 年代初，随着农业生产的专业化趋势越发凸显，农牧专营模式显得越来越重要，在此情况下，荷兰农业生产技术推广组织进行了第一次改革，突出表现为农业和牧业的有效分离，分裂出两个不同的农业技术推广机构和牧业推广机构；伴随着荷兰蔬菜和花卉温室生产的发展，荷兰农业科技服务体系开始了第二次改革，种植业综合推广中进行了再次调整，一是以大田作物为主要服务对象的服务站，二是着眼蔬菜、花卉种植的区域技术推广站；在第三次改革中，为了更好地满足市场发展需求，科技服务机构开始推广更全面的技术支持；在第四次改革中，则直接引入了社会组织的参与，特别是建立了国家和农民共同参与的农业技术推广体制，农协组织正式成为农业技术服务体系的主体，并逐渐增加对国家农业科技服务的投入。截至 2000 年，政府和农协各支付 1/2 的农业科技服务支出，农民真正成为农业科技服务体系的主体，参与决策、管理和监督，形成了现行的由政府机构推广系统、农协组织咨询服务系统、私营企业咨询服务系统组成的农业科技服务体系。

二、荷兰农业科技型社会组织的特点

从整体上看，荷兰的农业服务范围很广，包括农业的生产、加工、出口等内容。因而，农业科技教育、科研和推广服务被看成农业发展的不可缺少的三个支柱。同时，农业科技服务体系也更加呈现出综合性、多层次等特点，内容不断扩展，不仅包括农业技术推广，而且逐渐涵盖了农场经营管理以及经济社会生活的其他方面，这些工作都有利于更好地维护农民的利益。

1. 政府、农协组织和私营机构共同参与，分工明确

研究荷兰的农业科技服务体系可以发现：政府、社会组织和农民共同参与，如图 7-3 所示。在这个体系中政府发挥主导作用，统一协调其他方面的力量，依据其内部服务内容的不同，划分为种植业和养殖业两大系统。全国各个省份配置了种植业和养殖业的区域推广站，下设专业技术推广队、普通推广队以及试验站、试验场等组织。荷兰的农协组织是重要的农技推广组织，中央到地方设有基督教、天主教和皇家农协组织，主要负责社会和经济方面的推广与咨询服务工作，包括家庭生活、法律事务等。农业商业公司、农业银行等私人企业是重要的辅助力量。

私营机构均以营利为目的，实行有偿服务，通过聘请专业技术人才，提供更加专业的服务，同时也有效地拓展了服务范围，为农业发展注入了动力。

2. 规范的管理体系、高效的项目管理

荷兰经过长期实践，总结出了一些规范的管理经验，形成了农业教育、研究和推广互相推动的、比较规范的管理体系。荷兰政府序列的农业科技服务机构实行垂直管理，直接归属农渔部领导，并不受地方行政部门的干预。同时，也建立了比较成熟的人员招聘培训机制，在中央和地方也都拥有专职的科技服务推广教育专家，通过严格培训，能够保证推广队伍的较高素质，也可保证科学知识的及时更新。

农渔部副部长负责协调教育、科研和推广工作。同时负责这三个方面的领导也采取相互兼职的方式，这便于实现工作之间的合理优化衔接。在研究机构内设有联络办公室，专家试图立足于农民的实际需要，共同商讨教育、科研和推广计划，旨在解决农民生产过程中的实际问题。基础研究科研计划则由农业大学和科研部门根据农业生产需要提出，由国家农业委员会负责批准；应用研究课题由农协组织和推广部门直接参与制定。在荷兰，因为农户可根据市场的变化决定自己的经营策略，所以面向全国范围的推广工作较少。具体说来，地区推广站也更加关注当地农民的现实需求；科技成果推广也能按照既有的推广体系传承下去。同时，农民创造的经验和成果也可借由推广部门推广到全国，由此农民便愿意积极参与到农业科技服务事业中。

3. 健全的人才管理与培训制度

20 世纪 80 年代，荷兰对农业科技服务部门进行了教育培训改革，以期进一步挖掘组织内部潜力，改善管理效能。根据组织发展技术对不同层次人员的不同要求，在中央和地方的农业科技服务部门中实行分级管理，强调建立健全岗位考核制、工作汇报制和定期培训制度。为了更好地督促基层推广人员完成工作，同时激励这一群体不断提高自身素质，农业科技服务部门建立了定期考核机制，有奖有罚，形成了比较规范的激励机制。荷兰科技服务部门主要组织了两种培训班，通过两周培训介绍基层推广理论知识，依托一周短期培训讲授各种具体的推广技术。同时，科技服务部门在培训频次上也做出了明确的规定。

4. 充足的经费支持

荷兰的农业科技服务内容较为广泛，对于经费支持的要求较高，但由于荷兰已经吸引了多主体参与，能够保证来源较广的经费投入。对于不同类型的农业科技型社会组织，荷兰也投入了相应的经费，如由政府机构负责推进的试验示范等工作，则主要由国家给予财政拨款支持。同时，近些年来，以农协为代表的科技

服务组织在农业科技服务体系上的投入也逐年增加，有些地方已经实现了国家和农协组织平摊经费的比例；区域性的农业技术推广站的经费则由农业部门统一配发；在具体的科技推广工作中，农协等组织也承担了高达 40%的经费投入；同时企业直接承担了私营机构的技术人员与专业咨询人员所需的经费，农户直接或间接向私营机构的私人推广服务进行付费，一般来讲，这部分推广经费比较充足。

三、荷兰农业科技型社会组织培育模式对我国的启示

在建立农业科技推广系统时，必须充分考虑本国的基本国情，同时也要有助于促进农业科技成果转化和农村经济发展。对于我国来说，在实施乡村振兴战略的过程中，也要高度重视农业科技服务工作的有效开展，并要将其作为我国农业持续发展的重要选择。当前，我国正在摸索符合我国国情和发展需求的农村科技型组织建设与科技服务体系，在此过程中借鉴荷兰的成功经验，建立本土化的农业科技推广体系，有助于为我国农村经济发展注入持续活力。

1. 科学规划我国农业科技创新体系

为了促进我国农业现代化建设和农村经济的持续发展，科学规划我国农业科技创新体系已经迫在眉睫。在此过程中，既要吸取荷兰等国家的成功经验，同时也要紧密结合具体国情开展建设。在国家层面，应该成立国家级的农业科技创新组织，并且指导各个地方建立具体的科技创新中心以及农业技术推广站。换句话说，通过农业科技创新体系的顶层设计，建立一套从上到下的科技服务系统。同时，有效地聚集农业发展的相关资源，在事关农业发展的高新技术领域和基础研究领域做出更大的突破，最终充分提高各种资源的利用效率。

在健全整体设计的同时，也必须构建相应的管理体制。一方面，建立完善的农业科技人才服务队伍。通过人才引进、定期培养等方式，不断提高农业科技人才的综合素质，让这一群体不仅要学会农业科技创新，而且要善于把各项技术真正地推广下去。另一方面，也要积极完善现有的管理运行机制。梳理管理体制、明晰管理的思路，健全农业科研机构的科学布局，形成中央政府和省级政府共同管理、分工合作的管理机制。同时，也要在经费投入、使用和考核方面建立成熟的管理机制与办法。

2. 加强农业科研、教育、推广部门的协作

荷兰农业发展过程中，比较注重联合开展科研、教育和推广工作，三方面工作的共同投入为农业发展提供了持续的发展动力。在我国农业技术推广体系

建设中，科研、教育和推广工作过度分离，既表现为科研工作容易脱离需求、教育工作无法满足农民需求，同时也表现为推广工作的形式化，并不能真正发挥作用。因此，在优化农业科技服务体系时，应该在政府的主导下，推动三方面工作的有效结合，真正发挥农业科学技术的促进作用。具体说来，就是积极地推进产学研一体化建设，使科研工作密切结合实际工作需求，科技教育推广工作也能确保把最先进的科学技术送到基层去，真正有效地支持现代农业的快速发展。

3. 进一步优化体制结构，转变政府农业科技服务机构的职能

世界范围内的农业强国，不仅非常重视农村科技型社会组织的快速发展，而且大都采取了市场化的发展模式。相对说来，我国传统的依靠行政机构引导的方式不仅效率低下，而且容易引发资源浪费。在借鉴成功经验的基础上，我国应该进一步优化体制结构，有效地转变政府推进农业科技服务的相关职能。一方面，在农业科学技术发展和推广工作的设置上，政府应该有效地发挥主导作用。同时，也应该有效地吸引其他社会组织参与到农业科学技术发展中来，并且避免给农业科学技术的推广发展造成阻碍。另一方面，高度重视发挥农村科技型社会组织的作用。当前，我国农村科技型社会组织仍旧处于探索起步阶段、作用比较有限，但我们决不能忽视其对农业科学技术发展的重要作用，为此各级政府要积极扶持社会该类组织的快速发展，并通过各项优惠政策，鼓励这些社会组织积极参与农业科研、教育和推广工作。此外，荷兰的成功经验还证明在全国范围内建立成熟的农业科技服务体系也是完善农村科技服务的重要保证，因此我国也要建立国家层面、区域层面的农业科技服务组织。

4. 充分发挥市场组织的作用

在荷兰农业的快速发展中，以农协为代表的各类型市场组织发挥了重要作用，特别是大大加速了农业科技成果的快速转化。也就是说，在农业科学技术的发展推广中，必须充分发挥市场组织的作用，这也是对我国的重要启示。虽然，我国在21世纪初期也出现了农协等组织，有力地推动了农业科学技术的推广，但总的说来，这一类型的组织比较分散，经济实力比较弱化，发展机制不太健全，都从根本上限制了组织发展和重要作用的发挥。此外，我国农业龙头企业发展比较迅猛，也推动了农业科学技术的快速发展，但龙头企业的运行机制不规范、发展资金相对短缺，也不能发挥持续性促进作用。在重建我国农业科技服务体系时，这些问题必须引起政府和社会的高度关注，通过多方援助，真正有效地帮助农村市场经济组织实现快速发展，进而积极投入到农业科学技术的发展中来。

5. 加大政府与非政府部门对推广经费的投入

保证充足的农业科学技术推广经费，确保为基层推广人员提供兜底性的薪酬待遇，才能确保基层农业科学技术推广组织的正常运转。荷兰正是建立了这种有保证性的经费投入机制，才能确保在农业发展遭遇困扰时，基层科技推广组织能够继续正常运转，最终促进了农业的稳定发展。对比来看，我国的农业科学技术推广体系庞大，涉及的组织比较广，所需的经费较多，单纯依赖政府往往难以有效保证。因而，在改革农村科技服务体系时，要注意争取非政府组织对科技推广经费的有效投入。首先，中央财政和地方财政要建立农业科技推广的专项资金机制，确保做到专款专用。同时，加强监管，建立必要的审计制度，坚决杜绝资金浪费和贪污腐败问题。其次，在国家财力有限的背景下，也要鼓励农村科技推广组织积极争取自身收入，通过为农村经济组织提供有偿服务等形式，有效地充实自身的发展资金。最后，在农业科学技术推广经费的筹集中，也要积极争取、承接企业捐款以及社会组织援助，充分借助多方主体的力量，保证农业科学技术推广的充足经费。

6. 加强培训，提高农业技术人员的整体素质

为确保农业科技服务体系的高效，必须高度重视人才培养，要加强经常性的培训工作，以促进基层农业技术人员的知识更新。当前，我国农业技术人员的整体素质不高，也没有建立定期培训的工作机制，不利于充分发挥农业技术人员的重要作用。因此，加强培训工作，不断提高农业技术人员的整体素质，应该成为优化农业科技服务体系的首要工作。一方面，各级政府应该为农业技术人员提供充足的培训课程，鼓励基层技术人员加强学习，有效地提升自己的服务能力；另一方面，也要为农业技术人员提供充足的薪酬待遇，保证农业技术人员队伍的稳定性，并吸引越来越多的人才参与农业科学技术推广工作。

第八章　农村科技型社会组织的培育路径

《国务院关于深化改革加强基层农业技术推广体系建设的意见》提出要构建一个以国家农业技术推广机构为主导，农村合作经济组织为基础，农业科研、教育等单位和涉农企业等多主体参与的新型农业技术推广体系。这和社会治理领域的“多元共治”理念是一脉相承的。它要求重新整合现阶段的农业技术推广资源，丰富农业技术推广机构，改变政府单打独斗的局面，增添农民、涉农企业、涉农科研教育单位为农业技术推广主体，坚持各种主体广泛参与，实行政府统筹、多方协作、优势互补、平等竞争的良性生态。

第一节　构建政府主导下的新型农业技术推广体系

新形势下，政府依然要发挥自己“有形的手”的力量，引导各主体发挥自身优势，将科技、创新、信息等新要素加入体系内，将科技创新等新理念深入农村基层，构建新型农业经营和服务理念，健全农业科技型社会组织服务体系，促进农村各产业深度融合。

一、剥离经营性职能

由于服务主体性质和运行机制的不一致，可以将农业技术推广体系大致分为纯公益性农业技术推广体系、准公益性农业技术推广体系和商业性农业技术推广体系三类。依据公共产品理论，可以将符合农业技术需求的推广服务分为公共产品、准公共产品、私人产品三类。对于具有使用或消费上的非竞争性和受益上的非排他性的公共产品，例如，农业生产技术提供、农作物生产过程中的病虫治理和水利服务、农业基础设施建设等，市场无法有效地提供，因此应该由公益性农业技术推广系统提供。有些准公共产品性质的农业技术服务，具有有限的非竞争性或是有限的非排他性，可以由准公益性农业技术推广系统来承担这样的责任生产或提供这类公共服务。而一些农业技术推广服务，如市场供求信息等咨询服务，可由私人部门以有偿的形式提供。

政府农业技术推广部门是隶属于政府的公益性农业科技中介机构，而我国目前的政府农技推广机构存在职能定位不清晰的问题，除了重点的行政执法和公共技术推广工作，还承担着许多经营性服务，例如，种子管理与销售、农机监管、动植物检疫、土壤化验，以及农药、化肥的销售等。因此，政府农业技术推广机构目前不是一个纯公益技术推广组织。要想建立一个纯公益性的政府农业技术推广机构，就必须以现在的政府农业技术推广机构为基础进行改革，尤其是目前的推广模式，要将经营性服务与推广性服务分开，强调农业技术推广部门的公益性职能。

政府执行公益性职能的基础是使目前的农业技术推广机构体系完整化。政府的农业技术推广部门的公益性职能主要通过两个方面来表现。一是行政职能，包括防疫检疫、农业执法检查、农业生产资料管理、农村公共事业管理等；二是公益性服务的职能，包括灾害监测、品种试验或改良、新技术推广和指导、农产品质量监测和农村财务管理等。类似于土壤化验、种子、种苗、农药、化肥的销售等经营性服务，要逐渐从公益性部门中剥离出去，成立相应的服务公司，进行企业化经营管理。

二、建立区域农技服务站

目前的农业技术推广体系的另一个问题就是乡村两级推广网络断层，乡镇农技推广机构的管理体制不顺，县级推广中心又无法承担现代农业对技术的多样化需求。因此，协调农业科技服务资源，集合专业人才，建立区域农技服务站十分必要。区域农技服务站是在自然生态条件和农业产业布局相同或相近的一定区域内，按照优势主导产业，实行跨乡镇设立。区域农技服务站应根据各县的种植规模大小及基础设施条件有选择地建设区域农技服务站。例如，在耕地面积大于300万亩的县域建立5个以上“区域农技服务站”，耕地面积在100万～300万亩的县域建立3个以上“区域农技服务站”，耕地面积小于100万亩的县域建立2个左右“区域农技服务站”。建设要以点带面，取得经验后再有计划、分阶段推进。在区域农技服务站建设的初期，各级财政应该对区域站开展工作必备的房屋、设备和工作经费有所投入。区域站作为县级农技推广机构的附属机构，受县级农业行政主管部门调控，其财政支出归县级财务管理，保证按时足额供给。区域农技服务站负责原乡镇推广机构的公益性推广职能，主要是：对新技术和品种的引进与试验；对农作物虫鼠灾害预防；对农田墒情、地力、苗情等进行监测；对重大自然灾害预警；对农民进行科技教育等。建立区域农技服务站，并减少县级以上管理部门人员数量，这既符合农业发展区域化、特色化的要求，又能解决基层农业推广组织薄弱的困境，完善农业技术推广体系结构。

三、人员录用、培训、考核制度化

针对目前我国农业技术推广体系中的农业技术推广人员专业水平低，缺乏严格的人员录用、培训、考核制度等问题，政府应该实行从业人员资格准入和定期培训制度。严格把关农技推广人员的职业水准，保证推广队伍的整体水平，采用考试的方式来选取新的农业科技推广人员。面向全社会进行公开的招聘，择优录取，农技推广员应具备大专及以上学历或有相关的工作经验，考试、考核的方式要体现专业特点。农业技术推广人员要接受定期的专业培训，以便其技能不断提高，要严格要求部门负责人落实培训制度并对负责人进行考核。培训方式可以在岗的短期学习培训为主，有计划地选择部分推广人员到专业机构或院校接受更深层次的教育。

另外，要建立科学合理的考核制度。政府主管部门成立专门的考核小组，以农技推广人员的实际工作成绩为主要考核指标，同时将民众对农技推广人员的评价作为重要指标进行考核和评比，对表现优秀的人员予以一定的表彰和奖励，对落后的农技推广人员进行培训。考核体系应科学而全面，区域中心站、乡村干部、科技示范户和群众都应包括在其中。例如，可以将科技示范户的技术示范执行情况加以考虑；对群众可以采用不定期抽查的方法，随机地在每个村询问一定数量的农户，了解其接受农业技术推广人员的技术服务时的情况，把农技推广员的服务入户率及答疑情况、相关信息提供情况、服务态度等都列入考核内容，对农技推广人员进行综合而全面的考评，并把考核结果和职位晋升、参加培训、奖励、处罚和辞退等挂钩。

第二节　培育以农民为主体的合作经济组织

在培育农村科技型社会组织的过程中，“人”的作用是不能被忽视的。实现农业现代化需要有较强科技意识的农民，各相关涉农部门既要重视农业新技术的宣传推广等工作，又要特别注重培养农民的科技意识，只有这样才能顺利推进科技兴农工作。培养和提高农民的科技意识，要落实到农村工作的各个环节，要结合农村科技宣传、培训、推广和服务等工作共同进行。

一、定期科技培训，常年技术服务

科技兴农必须要以农民为主体，增强对农民的科技培训，让农民学习领悟真正的科技知识和新型实用技术，全面地提高农民的科技素质。

首先，要针对农民举办实用的专业科技培训班，让广大农民在掌握系统而实用的农业知识技能的同时，也能够树立科学的思维观念，从而提高农民的科技意识。其次，在参加科技教育培训的过程中，引导农民与老师、学员之间就实际农业生产问题进行交流，共同寻找问题的症结，探寻突破问题的途径。再次，在传授新技术、新方法时，要引导农民将新技术与传统技术、旧习惯相对比，分析其中的差异，总结新技术的先进之处和可优化之处，让农民在这种科学而理性的思考与分析中培养出一种问题思维和科技意识，让农民在掌握科学技术的同时，体会科学技术的重要性、先进性和创新性，坚定他们学习科学知识、使用科学技术的决心和信心。最后，要在乡村基层设立农业新技术服务站，全年为农民生产提供科技服务。任何新知识、新技术真正投入到实际生产中总会面临一些障碍，通过设立基层科技服务站，农民可以根据新推广的农业科学知识、新型科学技术在实际生产中的问题去咨询科技推广人员或是请技术人员到田间提供实地指导。这样一来，农民不仅在接受培训阶段吸收了先进的科技知识和技术，在农业生产过程中与技术人员进行深度交流，促使农民可将理论知识、新技术与实际经验相互结合起来，在不断探索中取得技术进步，使得他们面对问题自行探索出解决办法的能力也获得提升。

二、有效开展科技示范工作

开展科技示范也是增强农民科技意识的重要环节。在由传统农业向现代农业迈进的过程中，一些农业大户和新型承包经营主体的科技意识逐步提高，但是一些小农经营的农户的科技意识依然很薄弱，再加上抗风险能力较弱使得他们在农业生产过程中依然坚持传统的生产方式，而拒绝使用一些先进科学技术，这导致一些能够促进农业增产、农民增收的农业科学技术和科技服务无法得到全面推广实施。因此，要加快科学技术的推广进程、提高农民生产效益，最直接有效的办法就是让农民亲眼看到先进科学技术带来的实效。那么最直接的办法就是让农民看到使用新技术，接受更优质的科技服务能够使得他们获得比传统生产方式更多的回报。因此，可以通过开展科技示范工作让一部分农民获得高额回报，体会到新技术带来的好处，以此来带动更多农户在生产、加工和运输等环节中愿意应用新产品、新技术和新服务。

其实农民在生产实践中多多少少都有想尝试新技术和新方法的意愿，但他们不愿意冒险，他们也无力承担失败带来的损失，因此只有当他们确信先进科学技术不仅不会给他们带来损失，反而会大大增加他们的收益时，他们才会自觉自愿地应用新技术。而通过科技示范，农民可以实实在在地看到示范户的可观效益，切身体会到先进技术的力量，这样他们才会将新科技产品、新技术投入生产中去。

三、加强干部培训，规范组织管理

农民合作经济组织是农业科技中介组织体系中的基础力量，是其他各类农业科技中介组织对接分散农户的依托。然而目前我国农民合作经济组织的覆盖面小，且管理运作不规范，影响了其发展和带动能力，因此，大力发展并规范管理农民合作经济组织，是我国农业科技中介组织体系建设的重要内容之一。

1. 加强对负责人的组织建设培训

大力发展农民合作经济组织，应对各级涉农部门领导、农民合作经济组织负责人及其成员定期进行专业培训，大力普及专业合作知识。一个农民合作经济组织运作得如何，很大程度上取决于其带头人的素质、能力和意识。当前，农民合作经济组织的负责人素质参差不齐，且缺乏现代管理意识，这在很大程度上限制了农民合作经济组织的发展。因此，对负责人进行培训，包括技术培训和对农民合作经济组织的建设培训，是十分迫切的。另外，不仅要对农民合作经济组织的负责人进行培训，还要对农民合作经济组织的领导干部进行培训，将领导干部培训成为有合作思想、懂得指导农民的优秀成员；另外还要对组织内的农民进行培训，使广大农民更加深入地了解什么是农民合作经济组织，为什么要发展和加入农民合作经济组织。只有让更多的基层干部和农民了解农民合作经济组织的性质、职能和作用，才能让更多的农民加入农民合作经济组织，才能更好地发挥组织的效用，提高农民生产效率。

2. 组建村级农业技术推广协会

发展农民合作经济组织，比较切实可行的一个途径就是组建村级农技推广协会，即在每个村设 1 个农业技术推广协会，设会长 1 名，会长在本村科技示范户、种田大户中选举产生，经推广部门考核后审定，并由有关单位发放聘任证书。协会会长享有“五优先”，即政策扶持优先，农药、化肥等物资发放优先，应用新品种、新技术、新成果优先，培训学习优先，入户指导优先，并享有一定的科技示范补贴资金。协会会长协助村委会成员组织本村农民参加科技培训，负责区、乡两级试验示范工作，指导科技示范户搞好科技示范工作，每年推广部门总结报告一次本村的农业技术推广工作，并对来年推广工作提出指导意见。村级农业技术推广协会实现了公益性事业单位参与指导与农民自我服务相结合，有利于扩大农民合作经济组织的数量和覆盖面，进而能够促进全省（自治区、直辖市）农业科技中介组织的发展。

3. 规范农民合作经济组织的管理

因为我国农民合作经济组织普遍存在管理不健全、运作不规范的问题，所以各级政府和有关部门应依法对农民合作经济组织的发展进行引导，加强农民合作经济组织的规范管理，帮助其建立与完善组织内部管理制度和组织运行机制。包括健全组织章程、组织机构、成员代表大会制度、理事会、监事会等民主管理控制制度，并制定科学合理的利益分配机制，做到风险共担，利益共享，解决农民的利益损失和一系列的权益保护问题，以此来增强组织的整体凝聚力。同时，因为基础建设和风险管控是任何一个组织都必须考虑到的问题，所以农村合作经济组织有必要为组织的服务设施建设和风险控制预备充足的资金，以扩大组织整体实力，承担市场变化带来的风险。现阶段农民合作经济组织多数还处于松散的组织形态，随着市场竞争的加强，农民合作经济组织要想取得更好的发展，也必须做出适时的改变，由松散、短期的联合走向紧密型、长期的合作。一些有一定经济实力的协会也可以向技术经济实体方向发展，如共办各种实体、公司、集团等，所以应积极探索适应市场经济规律的外部运行机制。一些规模较小的农民合作经济组织可通过相互联合取得规模效益和比较优势，加强农民合作经济组织之间以及它们同政府组织和企业组织之间的协调工作，使其发挥各自优势，相互合作，形成网络，对于农村经济合作组织的规范管理尤为重要。

需要特别指出的是，在农民合作经济组织中，农民专业合作社模式在我国取得了较为良好的效果，可以大力推广。农民专业合作社是主要以家庭承包经营为基础，由从事同类农产品生产或服务的提供者、使用者自愿组织联合管理的互助性经济组织。农民专业合作社具有经济互助性，能够实现合作社内成员之间的相互联结，而且，合作社发展到现在也拥有比较完善的组织框架，内部管理和成员分工较为清晰。尤其是在市场经济条件下，农民专业合作社可以帮助解决农村中单个农户受生产规模、技术水平、市场信息等限制的问题，实行规模化的经营方式，使生产、加工、销售一体化，把分散的农产品集中经营管理，延长农产品产业链。除此之外，农民专业合作社还可以通过农业技术经纪人提供专门的技术指导和支持，为农业科技成果转化、农民增收、农业增效提供极大的促进作用。

第三节　强化教育科研单位的中介职能和平台作用

培育农村科技型社会组织需要有强大的农业科技创新和服务体系作支撑。而农业教育科研单位是农村科技服务体系中的重要角色，是引导和实现农业科技创新的主体部分，包括农业科研部门、大专院校等，在将科研成果转化为实际生产力的目标的作用下，能够为农村科技型社会组织的发展提供创新的方向和服务。具体说来，发挥农业教育科研单位的中介职能和平台作用应重点做好以下几个方面。

一、拓宽服务领域，建立咨询公司

教育科研型农业科技中介组织提供的服务，不应局限在提高组织的经济效益上，社会伦理、责任、信任、和谐、可持续发展等社会效益目标的实现也是其应该考虑的内容。科技中介服务活动完全可以也应该在提供科技服务的同时，为农业企业等科技供需方提供多方面服务。例如，农业高校可以系统协同地发挥多学科兼备的各类智力资源优势，在为农业科技供需双方确定具体可实施的项目时，可综合不同学科的优势，除了从技术经济的角度论证技术实现的可行性，还可以从人文社科的角度，结合时代背景，分析项目实施中的政策、舆论、人文、法律等方面的综合特征；从理工经管法多个学科视角出发全面论证成果应用的可控程度、预期目标、可能带来的影响和后果。又如，在农业企业文化建设方面，帮助农业企业确立经营理念、对企业员工进行培训；在生产方面，帮助企业规范地实现对产品全过程的质量控制与管理；在营销方面，可以为农业企业进行营销策划等。

大学可以发挥农业经济管理、社会工作等专业的学科优势，让相关专业领域的老师和学生尝试创办农业市场调查研究与咨询公司，由政府、学校出资创办，由大学资产管理公司控股。首先，这类公司的优势在于它能够整合校内外的人才资源，利用其数据采集、数据分析与市场解读能力为农业市场提供数据采集、市场调研与企业咨询及农业高校的科研成果转化推广等业务，通过公司股权社会化来实现高校多种力量的凝结。其次，公司的目标客户以科研院所、政府和非营利组织以及各公司、企业为主，为这些机构和组织提供市场调查、研究分析、咨询诊断等相关的各类服务。对内通过与高校教师合作建立联系，为其科研项目和课题研究提供数据支持；对外以高校智力库为后盾占据行业制高点，树立咨询公司的品牌并有效地扩展公司知名度。

当今社会，市场调查、市场研究公司日益增多，但在农业领域，利用农业高校资源建设的市场调查与咨询公司还较少。随着我国科研工作的规范深入，概念时代已经被数据时代所替代，现代社会对数据的敏感度更高，使用数据分析是当下的大势所趋。科研过程中，社会调查、数据整理、研究分析等过程需要花费大量的时间和精力，单单依靠学生难以完成这一系列的工作，所以时下科研调查外包也成了一种趋势。建立专门的农业市场调查研究与咨询公司为农业高校科研院所等机构提供支撑，做科研数据的挖掘开发也是紧跟了当下的步伐。同时，公司还可以开辟企业客户满意度调查研究、政府绩效考核项目等。

此外，咨询公司的优越性还在于可以利用高校知识优势，高校中拥有很多社会调研和市场研究等领域的专家，并且具有多年的经验，理论知识和储备充足。咨询公司通过资源的综合，一方面使得高校教师能够在理论知识指导实践的同时，也推动了其学术成果的转化；另一方面这些实践经验又反过来丰富了教师的教学经验，为学科的发展提供了真实而有效的素材，实现高校与公司的互惠合作。最后，学术专家顾问具有专业化的操作功底和实践经验，这也是咨询公司的特色和优势所在。

二、建立培训平台和科技成果转化平台

农村科技型社会组织作为农村新型社会组织，要想取得长远发展，需要不断地更新和创新，科技的发展变化通常是一日千里，因此建立以农业高校、职业技术院校等为主要带动主体的培训平台是极为必要的，也是强化教育在农村科技型社会组织中的作用的重要体现。在农村科技培训平台构建的过程中，需要多方面的合作，首先是需要科学规划、组织和协调农民教育培训机构参与到农民科技培训的过程中，从而可以更有效地进行农村教育资源的整合，提高资金的使用效益，实现培训效果的效用最大化。其次，有必要构建以县、乡、村农业技术推广服务体系和各类培训机构为基础的农民科技培训体系。可以充分地利用各级农业科技教育培训中心和高、中等农业院校及科研院所，构建起全国范围内的农民科技教育培训体系，实现各级培训平台的资源整合和优势互补。

在发挥农村科技培训平台优势的基础上，建立农村科技成果转化平台，为农村科技的发展提供依托。农村科技成果转化平台顾名思义是要把农村的产品、技术、工艺等转化成实实在在的成果，这就需要产、学、研、用的有效结合。这一目的可以通过建立综合性、专业性的农业科技示范基地来实现。农业科技示范基地能够提供前沿的科技信息和咨询服务，研发新品种、新科技，开展科学研究。除此之外，农业科技示范基地的作用还在于为农民“探路子、做样子、教法子”，通过农村教育机构展示最新的农村科技发展成果，推广与使用农村新科技和新品种，进而推动区域农业主导产业的发展，带动农民增收致富。与此同时，还可以用科学的方法指导农村耕种和养殖，引导农村农业的发展方向，从原先凭经验到有科学依据，从粗放化向精细化和规范化发展。并且通过科技成果的有效转化，也为农产品的销售谋定了方向和出路，有效地解决了生产与市场脱节的问题。这样，就可以充分发挥农村培训平台和科技成果转化平台在农业经济生产发展与农业产业化发展过程中的带头作用，为农民进入市场架起桥梁。

三、建立科研机构撤出机制，规避经营风险

教育科研单位主办的农业科技中介组织，有相当一部分是以建立校办企业或院办企业的形式来进行成果的转化推广。然而，办企业不是科研教育单位所擅长的，高校与科研院所要从高科技产业经营主角向高科技产业服务主角转变，因此高校与科研院所的创办产业要建立有效的投入和撤出机制，确保其能够规避企业经营的风险，维护其正当利益。在这些校办企业或院办企业真正成为市场竞争中的法人实体之后，高校和科研院所可以将技术、人才、资金等作为生产要素进行

参股，既能实现农业生产技术的合理转化，又能够从中获取应得收益，实现良性循环。

投资撤出体系中要想保全高校和科研院所的利益、规避风险，并且使国有资产能进能出的手段之一就是设立资产经营公司。这一过程的实现需要有清晰的资产和权责划分，彻底将校办产业的经营性资产与学校的事业资产剥离开来，学校不再直接对下属企业进行投资，而改由资产经营公司管理，以此来理顺学校与企业间的产权关系和校内的投资关系。资产经营公司可拥有经由学校授权的经营性资产权的占有、经营和处置权，同时承担保持资产增值的责任，这样可使校办产业成为依法实行自主经营、自负盈亏、独立核算的独立法人实体和市场竞争的主体。资产经营公司享有公司法人财产权，依法享有民事权利、承担民事责任，对授权范围内的学校资产进行经营性运作并负责保值增值，对其投资企业按照投资额享有决策权、投资收益权和经营管理者选择权。

四、加强科技中介经营性职能

目前，教育科研单位主办的农业科技中介组织，还是以公益性服务为主，经营性服务还很有限，未能很好地实现科技与经济的有效结合，目前农村科技中介组织的经营性职能还很缺乏，对此亟须增强科技中介组织的经营性职能，以便更好地推进农业科技中介组织的长远发展，促进农业科技创新和科技成果的转化。

首先要清楚地认识到科技中介组织是介于政府和社会、政府和企业之间的社会型组织，并不归属于政府和企业任何一个组织，它需要有较强的自治性和独立性，以确保其在执行相关职能时保持自身的优势，能够根据对市场走向的判断和把握，增进和改善农业科技产品，克服技术问题，积极扶持与鼓励社会各界和科技人员创办农村科技服务中心、科技企业孵化器，为参与其中的科技人员与中小企业的发展提供良好的发展思路和优质的服务。此外，农村科技中介组织经营性职能的加强，也离不开政府的扶持，一方面，政府可通过给予这些组织以税收、财政等方面的优惠，确保科技中介组织的资金运转顺畅，能够在充沛的资金支持下研发出新型科技产品；另一方面，需要政府提供宽松的社会环境，重视农村科技中介组织的发展，引发起科技中介组织在人们心目中的信任感，从而便于科技成果为广大人民接受，也能够在市场经济中拥有更多的消费群体，推广科技的同时也提高了经营性收入。其次，从农村科技中介组织的分类来看，经营性农村科技中介组织往往是以企业为主导的，因此，想要增强农村科技中介组织的经营性职能也离不开与企业的联系。一是推动其向企业化方向发展，并坚持以市场为导向。科技中介组织很大程度上是市场化运作的产物，要时刻关注市场的发展动向，把握市场主体的不同层次的需求，采取相应的营销策略，促进科技成果的推广和使用。二是要坚持多元化发展，支持多元投资，吸引民间资本和国外资本等多种经济成分加入到组织中来，这样可以为科技中介组织的发展输入新鲜血液，增强整体活力。最后，任何组织要想取得长足的发展都不能仅仅依靠外界的帮助，更需要增强自身的实力，注重人才的培养和引进，实现技术的创新，完善组织内部管理体制和机制，与高校、科研机构建立广泛的联系，时刻保持自身的专业化水平。

五、发挥桥梁作用，完善多元化服务模式

农村科技型社会组织主体的多元化是充分利用多方力量，共同促进农业科技发展的重要途径。目前我国农村科技型社会组织的主体多元化态势也在不断加强，但是从整体上来看还是不够成熟，存在着各种问题。因此，完善多元化的科技组织服务模式，实现农村科技型社会组织的长久发展尤为重要。首先，鼓励和吸纳多元主体参与到农村科技型社会组织中来。这就需要农业科研单位充分发挥科技研发和推广的桥梁作用，一方面要从客观条件上激起参与者想要加入的欲望，取得服务主体的信任。可利用科研单位的资源优势帮助农民开发产业实体、创办生产基地，协助农村成立专业合作社、行业协会等农村自助组织，在此过程中不断完善“政府 + 科研院（所）+ 企业 + 基地 + 合作社 + 农户”等多元化的农村科技服务模式，更重要的是使这些组织所提供的服务内容和发挥的功能作用能真正符合农民的需要，在为农村经济发展提供技术支撑的同时，也吸引更多主体机构加入到科技服务中来。另一方面，要从制度和机制上保障参与主体的权益，留得住更多的人。完善农村科技型社会组织的内部结构和分工，实现组织内部的有序管理，同时，增强各主体之间的沟通和交流，鼓励科研单位和农民之间建立利益共同体，鼓励各主体为组织的更好发展建言献策。在组织内建立有效的激励机制，激发科研人员的创作和服务热情，更好地为农民提供科技服务，也增强其对组织的认同感。其次，推动农业产业化经营，发挥农村科技型社会组织在其中的技术保障作用。产业化经营势必离不开规模化生产，科研单位可为农业的规模化、产业化经营提供技术支撑和保障，也可通过市场调研将市场信息更有效、直接地带给农民。在这个过程中离不开多元主体的共同参与，更多的服务主体也可以为农业的优质化、规模化发展而愿意加入到农村科技型社会组织中去，共同承担农村经济发展的使命。

第四节　引导企业型农业科技组织的发展

企业型农业科技组织能够为农业的发展提供完善的服务，并且高质、高效是

农业科技中介组织中科技服务动力十足的代表，但是不可避免的是，企业追求利润最大化的本质也决定了其局限性，应当积极引导企业型农业科技中介组织的发展，发挥其在提供科技服务中的有效作用。

一、培育农业科技中介公司或开展科技中介服务

市场经济发展下兴起的企业型农业科技中介组织以企业为主要的经济活动主体，对市场的供需变化具有较为灵敏的反应，往往具有强大的生命力和活力。因此在当前的农村社会中，也应当重视培育商业性的农村科技中介公司，提高农村科技产品和服务的市场化程度，这样就能够促进农村科技中介组织主动发现和弥补市场中的空白，从而有效地提高科技服务质量。但就实际情况来看，我国真正从事这类服务的商业性公司还为数不多，它们主要为企业提供服务，因为农民购买这类服务的能力不足。但随着农民收入的不断提高，农民的需求也会日益多元化，除了需要提高经济产量，对生产技术等方面的物质、技术需求，还会日益增加对生活质量、文化娱乐、教育知识等精神、生活领域的需求，这也将会为商业化农业科技中介公司的发展提供新的市场机遇和广阔的发展空间。基于其未来良好的发展形势，相关政府部门应该降低这类组织的市场准入门槛，给予税收、政策等方面的优惠，使商业性农村科技中介公司的发展具有较为宽松的生存发展环境。

在开展农业科技中介服务方面，企业尤其是农业龙头企业也承担着不可或缺的角色，在市场出现缺陷难以发挥有效作用的情况下，就会更加缺乏独立的科技中介机构提供相应的服务。而农业龙头企业往往可以利用“企业＋农户”等多种方式为农民在技术推广、技术培训和信息服务等方面提供相应的支持与帮助，客观上发挥了科技中介服务的作用。此外，很多的龙头企业也会大力扶持各类农民合作经济组织的发展，实现合作组织与普通农户之间的直接连接，大大地减少了中间交易费用，提高了整体的运营效率。由于企业在进行农业科技中介服务时，有其私利性和风险性的局限，在实际运作过程中，存在龙头企业和农户利益冲突的可能，这需要在企业和农民之间建立契约机制，加强法律规范。实践中，龙头企业与农户之间直接签订合同，违约率较高；然而，龙头企业通过农民合作经济组织与农户连接签订的合同，违约率低。为了降低违约率，提高科技中介效率，龙头企业对农户开展科技中介服务，最好与当地农民合作经济组织联合，以保护企业和农户的双方利益。

二、鼓励和引导企业开展农业科技服务

农业企业在推进农业科技服务方面是一股重要的力量，为此要积极地鼓励和

引导企业加入到农业科技服务中来，以专业大户、家庭农场和农民专业合作社等各主体的科技服务需求为主要导向，为这些经营主体提供农业科技服务，并且在此过程中不断增强企业自身的服务质量和服务层次，更好地带动农民增收、农业增效。

1. 鼓励创办企业共同参与公益性农业科技服务的提供

农村相对于城市而言，存在着交通闭塞、市场信息不完善、生产经营不稳定等方面的缺陷，特别是农业生产过程很大程度上受天气变化和气候的影响较大。所以需要及时地获取可能面对的旱涝灾害、植物病虫害、动物疫情等方面的防护信息，更需要及时获得相应的科技服务来解决此类难题，这类服务也是属于公益性服务的范畴，通常由政府提供。但在鼓励多元主体参与的条件下，一要鼓励企业主动加入到提供公益性服务中来，二要鼓励有条件的基层农技推广站创办农业科技服务型企业，三要鼓励和引导农业科研院所、高等院校中的科研教学人员到农村地区创办科技型农业企业，广泛、深入地提供农业科技服务。另外，需要注意的是，企业在提供公益性科技服务的过程中不能总是以自身利益最大化为唯一的目标，还必须坚持公平正义的原则，确保其提供的服务能够落到实处。将促进农民生活改善、提高农村生产经营水平进一步纳入到企业目标中去，努力增强自身实力并提高服务质量和效率，以平等的姿态和服务为农村科技增长服务，增强获得的平等性和服务价格的可承受性。对此，企业可以与农民合作经济组织合作，协同为农村经济的发展提供公益性科技服务，从而构建起企业科技创新网络与农村自治组织间的良好沟通互助机制，积极探索出适合农村科技发展进步的新型模式。

2. 鼓励和引导企业提供发展型农业科技服务

发展型农业科技服务能够满足农业生产经营主体高效的生产需求，它需要高端化的农业科学技术和服务，这通常具有较大的私人属性，完全可以让企业参与到此类农业科技的服务中来。为此，企业也要加强和完善自身高端技术方面的能力，优化为农村提供此类服务的方式，突出企业在提供发展型农业科技服务过程中的引导和带动作用。积极地引导企业与农业科技型服务组织之间的分工合作，实现彼此间的优势互补，以便提供更好的、更高质量的发展型农业科技服务。

3. 鼓励和引导企业加强开发与培育特色农业科技服务项目

实践证明，企业与农业科技型服务组织的合作是很有效率的，也是很必要的。如今，企业不断地拓展农业科技服务的领域，努力做好常规化的农业科技服务项目建设。与此同时，需要让企业更加突出自身所具有的服务特色，不断加强开发与培育特色农业科技服务项目的建设，为农村专业大户、农民专业合作社提供专门的、个性化、定制化的科技服务，着力突出企业自身优势，在提供此类增值服务的同时，也对推广企业产品，打造企业品牌起到了重要的作用，实现两者之间的“双赢化”发展。

4. 鼓励和引导企业积极创新和优化农业科技服务方式

充分利用大数据时代下的互联网技术和资源，构建现代化的科技网络平台，借助工作站、网站的方式进行虚拟的窗口化办公。同时，企业应注重线上与线下的互动，借助线上、线下两个维度的平台，搭建覆盖网站和实体的办公窗口，来充分提高农业科技服务的效率和质量，同时也增强农业企业的影响力、降低服务成本，提高农业企业的可持续发展能力。

三、多样化涉农企业农业科技推广模式

目前，我国具有多种企业农业科技推广模式，包括“企业＋农户”“企业＋基地＋农户”“企业＋示范户＋农户”“企业＋技术协会/农民组织＋农户”四种模式。我国幅员辽阔，各地的农业生产的基础条件和农业发展程度差异较大。因此，农业企业需因地制宜，选择适合的农业科技推广模式。

1. 企业＋农户

随着现代农业不断发展壮大，作为个体的农户由于分工零散，难以抵御市场经济带来的潜在风险，进而就会阻碍农业的现代化升级改造。“企业＋农户”这种形式则是应对这些困境而摸索出的一套行之有效的模式。“企业＋农户”农业科技推广模式就是企业和农民通过合同的方式，将两者的利益捆绑在一起。在此模式下，企业为农民提供技术支持，而农民则遵循企业要求进行标准化的农业生产。

此处所指企业应当是农业产业化龙头企业或具有一定发展规模的乡镇企业等。此类企业将农业科技与农业生产紧密结合，能够与农户在生产上进行较好的适配，对于提高农民农业生产能力和收入水平具有相对优势。以市场动态为发展方向的龙头企业，将农业技术交于合作农户，在一定程度上有利于农户规避试错的风险。同时这种面对面的农业技术推广砍掉了烦琐的中间环节。农户在同企业合作期间，通过培训能够迅速接受新的农业技术，这种互利的合作模式可以进一步推动农业技术高效推广。这一模式将零散的个体农户同标准化的商品产出有机融合，为农业科技的转化搭建了良好的合作平台。“企业＋农户”模式下的企业能够针对市场变化，指导农户进行生产品种的选定和农业技术，这极大地帮助了农业科技成果实现转化，同时也将科研、生产、加工三者有机融合。

2. 企业＋基地＋农户

“企业＋基地＋农户”相比于“企业＋农户”的农业产业化模式多了一个“基地”。顾名思义，这种模式是农业龙头企业通过建立农业基地的方式，与农户合作进行一体化生产经营的一种模式。在此模式中，企业和农户通过签订合同来对双方的权责进行明确，达到一种互利共赢的合作关系。具体而言，企业给农户进行配套的帮扶，如提供良种、技术指导、销售保护等。农民则依据企业要求进行农业生产，并将农产品按照协议销售给上级企业，企业再将农产品投向市场。这种互利共赢的模式保障了双方的利益。

3. 企业＋示范户＋农户

“企业＋示范户＋农户”相较于前面两者引入了“示范户”来进行带头，通过良好的示范作用，吸纳广大农户参与到新模式当中，接受新科技，用标准化的方法推动农业生产的变革。在选择示范户时，要选择那些拥有一定生产规模、经济基础以及技术手段的农户。示范户的成功经验，能够对广大的农户产生冲击效果，说服他们加入“企业＋示范户＋农户”模式。

4. 企业＋技术协会/农民组织＋农户

最后一种模式是“企业＋技术协会/农民组织＋农户”，这种模式形成的基础是对于企业与农户直接合作的不信任和不支持，技术协会与农民组织的存在能够将农户组织起来，为他们发声，以此强化农户群体与企业进行合作时的话语权及在价格谈判中的地位和进行自我管理的能力。农民合作组织建立之后，它们可以代表农户同企业进行谈判与签订合同，不仅能够实现企业与农民身份对等，还能有效地降低交易成本，将农户所需同技术帮扶、市场信息相结合，极大地增强了农户的归属感，对于企业而言，也能够减少个体散户违约的风险。

第五节　营造良好环境，提供有力保障

在农村科技型社会组织培育过程中，各方面的“软环境”建设至关重要。只有营造了良好的外部环境，各个主体才能各尽其职，发挥最大作用。

一、法律体系完善

农业科技中介组织缘起于市场体系，保障此类组织的有序发展，政策法律是基石，推动农业科技中介的发展必须制定和完善农业科技中介组织的相关立法，

缺乏法律保障的农业科技中介组织在结合过程中必然会遇到诸多矛盾和纠纷。目前，我国针对农业科技中介的法律法规尚不多见。因此，需要激发农业科技中介组织的动力，从知识产权、利益分配、税收信贷、职称评定等领域，拟定具体可行的政策措施，以此保障农业科技中介组织的有序发展。

1. 出台科技中介的专门立法

我国曾经颁布过超过 200 个鼓励创新的相关制度文件，但是尚未出台专门促进科技中介发展的法律。为了更好地促进科技中介在深度和广度上拓展，整合现有各方面的创新资源和能力，制定促进科技中介发展的法律法规政策势在必行。在拟定此类制度文件时，不能局限于引导和鼓励的表面，而需要针对具体的领域或者方向，加以量化处理和拟定强制措施。

2. 将促进农业科技中介组织的发展确立为政府的职责

政府在农业科技中介中处于一定的领导、组织、导向、服务、协调地位，政府作用的体现，主要是运用法律、财税等手段引导、调整、规范和服务农业科技中介，政府的正确定位应该是创造一个有利于农业科技中介合作的制度和文化环境。因此，应通过立法，将农业科技中介纳入到政府相关部门的职责中，明确政府对农业科技中介的责任，让农业科技中介成为政府的任务之一。具体要求为政府成立专门的促进农业科技中介合作办公室，将农业科技中介工作纳入到对政府工作人员的考评中，规定政府相应部门对农业科技中介负有责任；设立农业科技中介贡献奖金，用于奖励在农业科技中介工作中做出杰出贡献的个人和单位。

3. 知识产权制度建设

知识产权是农业科技中介中较常发生争议的领域，对产权进行界定时，我国目前实施的规定，仅仅是针对科技成果转化的知识产权归属而设计。然而，知识产权争议往往发生于技术是否成熟、知识产权归属、技术作价高低、是否职务成果等方面。为了让农业科技中介组织的各方利益都能得到有效保障，需要打破过去国家资助等于国家所有的局面，除了涉及重大事项或者国家安全的项目，应将项目归于项目承担单位的各方所有。一旦选择持有所有权的大学或其他机构，必须在规定时间内为其选择持有的发明申请专利，如果大学等放弃所有权，该项成果的所有权仍属政府。项目承担单位能够自主决定获取合法收益的方式，同时在进行项目成果转让时，成果完成人具有优先权。政府要求受助者应当进行申报，便于让政府部门可以留下对成果加以衍生发展的操作空间，就如同成果没有得到有效的利用和转化，政府部门能将该项成果转为其他用途，如公共事业。在针对农业科技中介活动的知识产权焦点上，政府部门能够颁布政策文件，如颁布实施

《企业技术秘密保护条例》《技术成果入股管理办法》《知识产权战略纲要》等政策法规和措施，使得原来属国家所有的专利技术不再束之高阁，并兼顾发明所有者、公众和国家的利益。

4. 环境保护法

农业科技中介活动使用自然科技资源时，务必要遵循环境保护法，主要是自然科技资源的权属、利用方式、范围、对象等细节部分，同时还要重视科技活动的负外部性，如环境污染。法律支持环境的营造，不仅需要制定完善的法律法规，更重要的是贯彻实施相关的法律法规，要强化执法力度，对违法行为要坚决依法予以惩处。

二、政策环境建设

提供公共产品或服务是政府的重要职能，全球都非常注重农业科技中介服务的发展，因为农业科技中介能够在市场机制失灵时发挥作用。但是，我国农业中介服务等方面的政府支持严重不足。因此，政府应逐步加大对农业科技中介服务的投入力度，特别是大幅度加大对于农业技术推广、农业技术培训服务、农业公共基础设施建设等方面的扶持力度，尤其应重点支持政府农业技术推广机构和农民合作经济组织的发展，对这些组织采取多种措施的政策倾斜和政策支持（表 8-1）。此外，国家农业推广机构需要的资金，可以借助农业推广专项资金的形式获取，通过政府拨款，保证资金的稳步增长。在严格区分公益性职能和经营性服务的基础上，省市级财政要加大对县乡农业技术重大项目推广、人员培训等方面的投入力度，确保其履行公益性职能的正常经费投入，保障农业技术推广所需必要经费。

表 8-1　农民合作经济组织实行税收、信贷等优惠措施

优惠对象	优惠措施
已登记的农民合作经济组织的农户成员	免除其劳务所得的税收
从事农业机耕作业、排灌、植保、农牧保险、家畜配种和疫病防治项目以及相关技术培训的农户	免征营业税
销售自产农产品及其经分等分级、整理包装、加贴品牌商标等简单加工的自产农产品	免征增值税
需要资金扶持的农民合作经济组织	各级农村信用社和其他商业银行，要加大对农民合作经济组织的信贷支持力度，简化审批手续。规模较大、实力较强的农民合作经济组织可以授予一定的信用额度。此外，还要对农民合作经济组织给予登记注册、用地、用电等方面的政策优惠

三、信息环境建设

目前农业科技中介的具体事务当中，往往由于沟通存在问题，农业科技中介组织出现运作困难的问题。因为信息掌握在不同部门之中，所以其他部门缺乏对真实具体情况信息的及时了解和掌握，从而对农业科技中介的效率造成影响。农业科技中介组织的多方主体想达到协同创新的效果，必然需要使市场、科技、生产、金融等多种信息互通有无。因此，消除农业科技中介的信息沟通障碍问题，加强对农业科技中介系统各组织的信息沟通，对于建立良好、高效的农业科技中介就显得极为重要。

1. 建设区域农业科技中介联合信息网

目前，因为企业、高校及科研院所间缺乏有效沟通了解的途径，三者之间联系不够紧密，所以需要搭建区域农业科技中介联合信息网，及时地掌握企业需求和市场动态，企业也要能够掌握高校、科研院所的产出成果。区域农业科技中介联合信息网的建设资金一部分由政府出资，一部分来源于为企业服务所得。创办主体最好是受政府委托，由农业高校、农业科研院所中孕育成立的科技中介机构。区域农业科技中介联合信息网具有区域性、专业性和现实性的优点。区域性是指在有限的区域内，整合其科研、人才、市场等区域内的资源，有利于为区域经济建设服务；专业性是指区域农业科技中介联合信息网突出了农业特色，具有专门为农业高校、农业科研院所和农业企业以及农户服务的特性；现实性是指在区域内，农业高校、农业科研院所与农业企业的联合更加便利，目标有限，可以集中精力锁定目标，实现联合。区域农业科技中介联合信息网运行的主要内容包括几个方面：首先，需要主动掌握农业企业技术面临的困难；其次，需要加强高校、科研院所、企业三者之间的互通有无、项目中介、咨询服务等工作，实现互通互联、培育优势、培养人才的功能；最后，还需汇总农业高校、农业科研院所和农业企业的相关信息反馈，逐步建立起人才、信息、科研成果的数据库。

加强农业科技中介联合，不仅要在农业科技中介之间建立联合信息网络平台，还要加强农业高校、农业科研院所及农业企业各自内部的与农业科技中介相关的网站建设。高等院校需要根据自身网络的优势所在，主动发布科研招标和成果产出内容，积极同外部拓展合作和实现成果转化，通过完善科研探讨机制，实现科研人员信息沟通畅通。企业内部也需要搭建相关科研数据库，实现信息的有效传递，通过设置沟通专职，来强化企业与科研部门的信息交流。此外，社会中有一些私人农业网站，政府可以对农业网络公司提供政策优抚，以促进各类农业信息网站的建设。

2. 建立农民需求信息采集制度和咨询平台

农业产业的一大特点是广大分散的农民仍是其主体，因此，了解广大农民的需求，是农业科技中介信息沟通的重要内容。最重要的是建立起面向农民需求的信息反馈机制，借助问卷、田野调查来深入基层，掌握农民所需，或者借助网络平台的渠道让农民可以留言反馈。

构建农业技术咨询平台，借助农业公共信息平台，汇聚农业科技专家，针对农民的问题进行及时有效的回复和帮助。因为农业科技中介系统中有待互通有无的信息资源丰富，所以进行沟通的渠道也需要更加全面多元化，内外部信息沟通、正式组织与非正式组织的沟通均需要得到同样程度的重视。

四、金融环境建设

农业科技中介涉及农业技术的转化和推广扩散，但是大部分的农业科技中介项目对于金融机构而言存在较高风险，导致这些项目难以获得金融机构的青睐，资金支持自然匮乏。同时，我国资本市场的局限性和企业融资难度较大，也加剧了这种资金匮乏的问题。所以政府借助拟定相关政策制度，激发社会力量参与到扶持农业科技中介项目的金融扶持体系当中，借助社会资本，来缓解农业科技中介的资金短缺的困境，为农业科技中介营造良好的金融支持环境。

1. 设立农业科技中介专项基金

政府应设立农业科技中介专项基金，专门用于对农业科技中介的支持。该基金可以根据不同类型来使用，首先是通过项目来使用，主要是面向农业科技中介项目提供资助金；其次是通过专项资金给高校及科研院所的农业科技中介组织进行资金划拨，以此加强三者之间的良性互动，引导高校和科研院所同企业进行联姻，推进技术成果的转化；最后是对在农业科技中介中表现优异的单位和个人进行嘉奖。为了加强农业科技中介专项基金的使用管理，需要建立对基金走向的跟踪制度和相应的奖惩制度，对于违背正常使用的单位，取消其今后分享基金的机会。

2. 实行企业配套资金制度

凡是参加农业科技中介项目并接受政府农业科技中介专项基金资助的企业单位，务必要执行配套资金，企业对应的配套资金需要达到政府拨款金额的 3 倍以上。同时政府还要求设置独立账户统一管理资金，以防企业骗款的风险，银行账号上花每分钱都要中介见到，而且资金必须用到该农业科技中介的项目上。

3. 组建风险投资基金

在资金平台上，除了政府财政拨款和农业科技中介组织的资金，借助市场资本组建风险投资基金也是重要的选项之一。组建风险投资基金，需要由政府先出面注入资金，以此表明政府的态度来引导民间力量的介入。风险投资基金具体来看就是一个集中了技术与中介的事业法人，搭建企业、高校与科研院所的桥梁，并为三者的合作提供启动资本，协作成功之后按预定的比例分成。为了提高风险投资的成功性，需要在管理机构和投资操作评审制度上进行严格的把控。一般而言，民间资本在未确定项目内容和风险程度时，是不会贸然投资的。所以风险投资基金需要对于项目和风险加以明确，通过公开透明的方式展现项目投资的可靠程度和政府的支持情况，以此来增加民间资本投入的信心。总而言之，对于资金平台，政府拨款与农业科技中介投资，要与民间资本的介入并重，特别是风险投资的参与，最终实现官、产、学、研、金、民等多元化的融资体系。

农村科技型社会组织的发展离不开一个优越的大环境，这个环境的形成离不开政府完善、有效的法律体系，政策支持，信息建设，金融制度的顶层设计和战略部署。这也是培育、壮大农村科技型社会组织，理顺我国的科技管理体制，充分激发创新在解决“三农”问题中的重要推动力的前提保障。

参 考 文 献

白旭霞，杨猛，张翔驰，等. 2011. 社会组织培育和监管的制度研究——以宁波老三区为例. 法制与社会，（11）：214-216.

波特 M. 1996. 国家竞争优势. 李明轩译. 北京：天下文化出版公司.

财政部. 2015. 关于印发《政府购买服务管理办法（暂行）》的通知. http：//www.mof.gov.cn/mofhome/zonghesi/zhengwuxinxi/zhengcefabu/201501/t20150104_1175300.html[2015-01-04].

常向阳，姚华峰. 2005. 我国农业技术扩散的阻碍因素分析. 农林经济管理学报，4（3）：21-23.

陈华，郝继明，马建珍，等. 2012. 社会组织参与社会管理和服务研究：南京的探索和实践. 中共南京市委党校学报，（5）：52-58.

陈雷. 2008. 浅析我国农村社会组织制度化问题. 学会，（10）：10-15.

陈荣卓，陈鹏. 2013. 新型城镇化背景下现代农村社会组织管理体制构建研究. 社会主义研究，（6）：94-99.

陈新华，罗恢远. 2014. 农村纠纷解决中的农村社会组织及其培育路径——以创新社会管理为视角. 哈尔滨师范大学社会科学学报，（2）：53-56.

陈友华，祝西冰. 2014. 中国的社会组织培育：必然、应然与实然. 江苏社会科学，（3）：90-95.

程广华，王艳. 2013. 农村新型合作组织发展探析. 宏观经济管理，（7）：42-43.

楚成亚，陈恒彬. 2007. 新时期农村民间组织生长机制研究——基于张高村民间组织建设实验观察. 东南学术，（1）：31-35.

崔春晓，李建民，邹松岐. 2013. 日本农业科技推广体系的组织框架、运行机制及对中国的启示. 农业经济，（4）：6-8.

戴国海. 2004. 良种技术扩散的理论与实证研究. 硕士学位论文. 南京：南京农业大学.

丁楠，周明海. 2010. 科技非政府组织参与农业科技服务问题研究. 中国科技论坛，（5）：133-138，144.

董玉萍. 2010. 农村社会组织在维护农村社会稳定中的作用. 安徽农业科学，（17）：9278-9280.

段平方. 2009. 技术创新的理论与实践. 现代经济信息，（17）：44-46.

多西 G. 1992. 技术进步与经济理论. 钟学义译. 北京：经济科学出版社.

范用兵. 2014. 农村民间组织在农业科技推广中的作用. 硕士学位论文. 杭州：浙江农林大学.

费广胜. 2010. “复合供给”：农村公共服务的一种新模式——农村科技服务视角. 农村经济，（10）：13-16.

付建军，高奇琦. 2012. 政府职能转型与社会组织培育：政治嵌入与个案经验的双重路径. 理论与现代化，（2）：108-114.

傅雪琳，吴汉，李贵明. 1999. 健全推广体系发挥农民主体作用做好农业推广工作. 农业科技管理，（3）：24-26.

高红，朴贞子. 2012. 我国社会组织政策参与及其制度分析. 中国行政管理，（1）：71-74.

高萍. 2000. 新制度经济学的国家理论及其启示. 中南财经大学学报，(6)：26-30.
高强，孔祥智. 2012. 农业科技创新与技术推广体系研究：日本经验及对中国的启示. 世界农业，(8)：9-16.
关信平. 2014. 当前我国增强社会组织活力的制度建构与社会政策分析. 江苏社会科学，(3)：83-89.
郭强，刘冬梅. 2013. 对农业科技专家大院运行机制的思考. 中国科技论坛，(10)：99-104.
郭姝宇. 2006. 吉林省农村科技服务体系创新研究. 硕士学位论文. 长春：吉林大学.
郭霞，刘志民，董维春. 2005. 我国农村科技服务体系的组织、制度与政策演变. 生产力研究，(10)：40-42.
郭晓鸣，廖祖君，付娆. 2007. 龙头企业带动型、中介组织联动型和合作社一体化三种农业产业化模式的比较——基于制度经济学视角的分析. 中国农村经济，(4)：40-47.
郭勇. 2009. 在政府服务与农民主体的互动中发展农民组织——基于双峰县农村科技合作社实践的思考. 农业经济问题，30(9)：37-44.
国亮. 2011. 农业节水灌溉技术扩散研究. 博士学位论文. 兰州：西北农林科技大学.
国务院. 2001. 关于印发《农业科技发展纲要（2001—2010 年）》的通知. http://www.gov.cn/zhengce/content/2016-09/23/content_5111082.htm[2001-04-28].
国务院. 2016. 中共中央、国务院印发《国家创新驱动发展战略纲要》. http://www.most.gov.cn/yw/201605/t20160520_125675.htm[2016-05-19].
国务院办公厅. 2013. 国务院办公厅关于政府向社会力量购买服务的指导意见. http://www.gov.cn/zwgk/2013-09/30/content_2498186.htm[2013-09-30].
国务院办公厅. 2016. 国务院办公厅关于深入推行科技特派员制度的若干意见. http://www.gov.cn/zhengce/content/2016-05/19/content_5074696.htm[2016-05-19].
韩孟华. 2011. 北京市农业推广问题研究. 硕士学位论文. 长春：吉林大学.
韩晓燕. 2008. 中国农村科技资源供给研究. 硕士学位论文. 长春：吉林大学.
洪绍青. 2011. 论新农村建设中科技服务体系的构建. 辽宁农业职业技术学院学报，(3)：31-33.
洪银兴. 2013. 关于创新驱动和协同创新的若干重要概念. 经济理论与经济管理，(5)：5-12.
胡虹文. 2003. 农业技术创新的理论研究与实证分析. 博士学位论文. 武汉：武汉理工大学.
胡荣. 2009. 农村民间组织的发展与农民自组织能力的培育——以福建安溪珍田茶叶专业合作社为例. 西北大学学报（哲学社会科学版），39(5)：70-73.
胡文波. 2012. 农村基层党组织在农业科技推广中的功能研究. 硕士学位论文. 长沙：湖南农业大学.
胡仙芝. 2006. 积极培育社会组织构建社会矛盾调节体系——以社会中介组织为视角. 国家行政学院学报，(6)：42-45.
胡延松. 2010. 发达国家农村科技创新体系的模式分析及对中国的启示.经济研究导刊，(19)：40-42.
黄晓娟，李国杰，王燕，等. 2011. 发达国家农村社会发展科技支撑的典型经验与启示. 湖北农业科学，50(10)：2146-2148.
黄新华. 2000. 新制度经济学的国家理论探析. 厦门大学学报，(1)：88-94.
季丽新. 2009. 新型农民组织对新农村建设和乡村治理的独特贡献. 理论前沿，(5)：22-23.
贾康，刘尚希，王泽彩，等. 2013. 如何培育和发展社会组织——基于潍坊市的调查与思考. 地方财政研究，（5）：42-48.
贾伟强. 2006. 基于反馈动态复杂性分析的“公司 + 农户”组织模式的合作机制研究. 博士学位论文. 南昌：南昌大学.
贾义保. 2014. 机制创新：农村社区社会组织的反思与出路. 山东社会科学，（9）：78-81.
姜继红. 2009. 做好社区社会组织培育发展的建议. 中国民政，（9）：47.
姜长云. 2003. 农村科技创新体系建设的三大支撑点. 调研世界，（5）：6-7.
蒋和平，宋莉莉. 2006. 国家农业科技园区的运行模式分析. 科技与经济，（6）：21-24.
焦源. 2014. 需求导向型农技推广机制研究——基于农户分化视角. 博士学位论文. 青岛：中国海洋大学.
科技部. 2001. 关于印发《农业科技园区指南》与《农业科技园区管理办法（试行）》的通知. http://www.most.gov.cn/fggw/zfwj/zfwj2001/200512/t20051214_55014.htm[2001-07-06].
科斯 R H. 1990. 企业、市场与法律. 盛洪，陈郁译. 上海：上海人民出版社.
蒯强. 2009. 关于法国重视社会发展和民生科技的成功经验. 全球科技经济瞭望，（6）：57-63.
李保丽. 2012. 河南省新农村科技服务模式的构建路径. 河南科技学院学报，（1）：16.
李芳. 2014. 枢纽型社会组织与民间公益组织的培育. 东方论坛，（4）：75-82.
李峰. 2012. 社会组织参与农村公共服务供给问题研究. 硕士学位论文. 哈尔滨：黑龙江省社会科学院.
李国宇. 2009. 关于青岛市农村社会组织培育发展的思考. 青岛行政学院学报，（2）：78-81.
李建军，周津春. 2012. 科学技术与农村发展政策. 北京：中国农业大学出版社.
李立秋，胡瑞法，刘健，等. 2003. 建立国家公共农业技术推广服务体系. 中国科技论坛，（6）：125-128.
李斯特. 2013. 政治经济学的国民体系. 北京：华夏出版社.
李研，李哲. 2015. 科技类社会组织发展思路与对策研究. 科研管理，（11）：124-130.
李熠煌. 2009. 文化视野下乡村民间组织转型动因研究. 中国行政管理，（6）：81-84.
李远行. 2004. 互构与博弈——当代中国农村组织的研究与建构. 开放时代，（6）：89-100.
李燕，刘维，许光辉. 2008. 岳阳市发展农村科技合作组织对策研究. 湖南农业科学，（5）：153-155.
林柯，火召前. 2008. 农村土地使用权流转及农业产业化发展研究. 乡镇经济，（1）：31-35.
刘春芳，王济民，梁辛. 2009. 我国农业科技推广体系主要模式评价. 农业经济问题，（2）：48.
刘冬梅，石践. 2005. 对我国农村科技扶贫组织形式转变的思考. 中国科技论坛，（1）：115-119.
刘辉，李小芹，李同升. 2006. 农业技术扩散的因素和动力机制分析——以杨渡农业示范区为例. 农业现代化研究，27（3）：178-181.
刘晶晶. 2014. 县域基层社会组织发展状况调查分析——以襄州区农村专业经济协会为例. 金田，（10）：270-272.
刘景莉，张海珍. 2008. 当前农村专业经济合作组织存在的问题及对策. 中共石家庄市委党校学报，10（12）：35-37.
刘少君. 2006. 湖南新型农村科技服务体系发展模式研究. 硕士学位论文. 长沙：湖南大学.
刘胜轩. 2017. 湖南华绿生物科技有限公司——创新成就绿色梦. http://www.hnagri.gov.cn/web/hnagrizw/9681/9684/9710/content_263092.html[2017-04-11].
刘亭，齐静，李博文. 2013. 荷兰、新西兰农业科技创新的做法与经验. 世界农业，（10）：124-126.

刘文. 2008. 德阳市农村科技服务体系研究. 硕士学位论文. 重庆：重庆大学.
刘晓艳. 2010. 新农村科技、经济、社会、环境耦合仿生及协同管理研究. 博士学位论文. 长春：吉林大学.
刘义强. 2009. 构建以社会自治功能为导向的农村社会组织机制. 东南学术，(1)：79-85.
刘志民，郭霞，倪浩. 2005. 国外农村科技服务的组织框架与政策法规探析. 科技与经济，(4)：33-36.
刘志民，郭霞，倪浩. 2005. 国外农村科技服务的组织框架与政策法规探析. 科技与经济，18(4)：33-36.
刘志民，欧阳晓光. 2005. 多模块复合型：我国现行农村科技服务体系的组织构架. 科技与经济，(2)：41-44.
楼仁，曾新根. 2003. 农民科技教育与农业人才培养. 山东省农业管理干部学院学报，(5)：57.
鲁可荣. 2010. 城乡基层社会组织发展与管理状况调查分析. 广西民族大学学报（哲学社会科学版），(2)：117-124.
鲁可荣. 2013. 农村社会组织与基层政府协同开展社会管理创新的浙江经验及模式. 武汉科技大学学报（社会科学版），(3)：233-239.
路甬祥. 2009. 科技创新是摆脱危机的根本出路. 今日浙江，(3)：10-11.
罗杰斯 E M. 2002. 创新的扩散. 辛欣译. 北京：中央编译出版社.
吕洪霞，丁文锋. 2005. 农业科技推广体系改革的目标模式和对策. 农业经济问题，(6)：47-52.
吕雅琴，刘琦，雷军. 2013. 社会组织培育扶持机制研究——以西安市为例. 南方论刊，(11)：65-67.
门献敏. 2012. 社会管理创新视野下我国农村社会组织的角色定位. 社会主义研究，(2)：73-76.
孟莉娟. 2016. 美国、法国、日本农业科技推广模式及其经验借鉴.世界农业，(2)：138-141.
苗金萍. 2004. 新制度经济学理论评述. 甘肃科技纵横，(6)：104-106.
牛铭晨，安载学，徐建华，等. 2010. 国内外农村科技中介组织发展现状及对策. 现代农业科技，(24)：349-350.
牛铭晨. 2010. 国内外农村科技中介组织发展现状及对策. 现代农业科技，(24)：349-350.
农村经济体制与经营管理司. 2016. 农业部办公厅关于做好2016年政府购买农业公益性服务机制创新试点工作的通知. http://www.moa.gov.cn/govpublic/NCJJTZ/201607/t20160714_5206614.htm[2016-07-13].
农业部发展计划司. 2017. 农业部财政部关于开展国家现代农业产业园创建工作的通知. http://www.moa.gov.cn/govpublic/FZJHS/201704/t20170401_5548300.htm[2017-03-29].
农业部科技教育司. 2017. 农业部关于印发《"十三五"农业科技发展规划》的通知. http://jiuban.moa.gov.cn/zwllm/ghjh/201702/t20170207_5469863.htm[2017-02-04].
诺思 D C. 1994. 经济史中的结构与变迁. 陈郁，罗华平译. 上海：上海人民出版社.
欧继中. 2010. 新时期我国新型农村经济合作组织研究. 博士学位论文. 武汉：武汉大学.
潘文华，胡胜德. 2014. 黑龙江省农业科技中介组织体系研究. 北京：中国农业出版社.
潘文华. 2009. 黑龙江省农业科技中介组织体系研究. 博士学位论文. 哈尔滨：东北农业大学.
庞洪伟. 2010. 农业技术扩散机制研究. 硕士学位论文. 呼和浩特：内蒙古农业大学.
齐力. 2014. 农业社会化服务现代化的评价体系探索——以广东省为例. 南方农村，(6)：26-31.
齐莹莹，龚冠豪，冯耀祖，等. 2016. "院县共建"研究概况. 经济管理，(1)：155.
邱密. 2014. 中国农业创新经纪人研究. 博士学位论文. 北京：中国农业大学.

全国人民代表大会常务委员会. 2017. 中华人民共和国农民专业合作社法. http://www.npc.gov.cn/npc/xinwen/2017-12/27/content_2035707.htm[2017-12-27].
冉光军，张俊. 2011. 城镇化进程中农村科技服务组织的发展困境及对策. 中国农村科技，(11)：46-48.
任志武. 2004. 互动式教学在农民科技教育培训中的应用. 天津农林科技，(3)：29-30.
陕黎明，方群. 1993. 重视乡村科技组织的建设. 湖北社会科学，(3)：21-23.
佘珍艳. 2014. 农村社会组织面临的困境及未来发展模式研究. 硕士学位论文. 湘潭：湘潭大学.
沈海燕. 2011. 农村社会组织发展对中国法治化作用的思考. 西北农林科技大学学报（社会科学版），11（5）：152-157.
盛国辉. 2005. 吉林省新型农村科技服务体系建设模式与运行机制研究. 博士学位论文. 长春：吉林大学.
宋青. 2005. 农村民间组织合法性剖析. 理论学习，(4)：37-38.
苏霄飞. 2017. 美国、加拿大、日本农业科技中介服务体系发展的经验与启示. 商业经济研究，(3)：197-198.
孙春宁. 2014. 广州市社会组织培育基地助力“草根”梦想起飞. 中国社会组织，(13)：24-26.
孙丽. 2014. 社会组织培育机制研究——以淄博市为例. 企业导报，(12)：32，34.
孙明. 2001. 浅论国家创新系统理论. 合肥工业大学学报，15（2）：15-19.
孙雄松，田兴国. 2008. 建设与完善现代农业科技中介服务机构的思路与对策. 中国高校科技与产业，(3)：50-51.
孙燕. 2011. 社会组织孵化器——实现公益事业可持续发展的助推器. 社团管理研究，(6)：48-51.
孙志智，咸秀斋. 2004. 大力开展农民科技教育培训. 中国职业技术教育，(15)：20-21.
覃思鼎. 2007. 论农村合作组织在科技传播中的作用. 广西大学学报（哲学社会科学版），(S1)：198-199.
谭志福. 2014. 公益孵化器：正确的诊断与错误的药方——兼论地方政府在社会组织培育中的角色. 中国行政管理，(8)：62-66.
汤锦如. 1998. 具有中国特色的“三农”结合推广模式及其运行机制的研究. 扬州大学学报（人文社会科学版），(1)：73-76.
唐建平，张国祥，高青. 2010. 农村社会组织建设对策研究. 湖北社会科学，(12)：36-39.
唐炜. 2013. 关于社会组织培育发展和监管的思考. 南方论刊，(5)：84-85.
仝志辉. 2005. 农村民间组织与中国农村发展：来自个案的经验. 北京：社会科学文献出版社.
万江红，管珊. 2013. 农村专业技术协会的实践形态与发展定位——基于与农民专业合作社的比较. 华中农业大学学报（社会科学版），(4)：7-12.
万江红，张小玉. 2006. 我国民间组织在建构和谐社会中的社会功能探析. 广东社会主义学院学报，(2)：47.
万伦来，马娇娇，朱湖根. 2010. 中国农业产业化经营组织模式与龙头企业技术效率——来自安徽农业综合开发产业化经营龙头企业的经验证据. 中国农村经济，(10)：30.
汪春翔. 2013. 和谐社会视域下社会组织建设研究. 博士学位论文. 南昌：江西师范大学.
汪锦军. 2008. 农村公共事务治理——政府、村组织和社会组织的角色. 浙江学刊，(5)：113-117.
王国义. 2014. 评估：社会组织发展的助推器——记上海申杰社会组织培育评估中心的创新之路. 中国社会组织，(17)：40-41.

王海山. 1992. 技术创新动力机制的理论模式. 科学技术哲学研究，(6)：22-27.
王海燕，张钢. 2000. 国家创新系统理论研究的回顾与展望. 经济学动态，(11)：66-71.
王佳. 2016. 贵州省现代高效农业示范园发展评价研究. 硕士学位论文. 贵阳：贵州财经大学.
王甲云. 2014. 我国农业技术服务模式与机制研究. 博士学位论文. 武汉：华中农业大学.
王建军. 2012. 当前我国社会组织培育和发展中的问题与对策. 四川大学学报（哲学社会科学版），(3)：5-11.
王世强. 2012. 非营利组织孵化器：一种重要的支持型组织. 成都行政学院学报，(5)：83-88.
王薇，李燕凌. 2013. 农村科技服务与管理绩效评估方法创新研究. 科技管理研究，(22)：201-204.
王新祝. 1997. 构建农民科技教育的结构体系. 理论月刊，(3)：10-14.
王彦雨，徐善衍. 2011. 农技协在农村科学技术社会化过程中的作用及新模式研究——以四川省农村专业技术协会为例. 科技进步与对策，(20)：24-28.
王义. 2010. 对农村社会组织成长问题之思考. 中共山西省直机关党校学报，(2)：35-37.
王玉海. 2006. 新制度经济学的理论演进及其逻辑起点. 东方论坛：青岛大学学报，(2)：65-71.
王震. 2012. 科技特派员农村科技服务行为与体系建设研究. 博士学位论文. 北京：中国农业科学院.
王治强. 2005. 当前农村合作组织问题初探. 理论学刊，(1)：62-64.
卫明凤. 2005. 农业技术创新扩散理论的发展综述. 中国科技信息，(16)：24.
卫元琪. 2000. 科技中介服务机构亟待发展、规范. 科技管理，(12)：36-39.
魏德功，张超，安永景，等. 2011. 梧州市实施科技特派员制度的运作模式与绩效评价. 劳动保障世界（理论版），(3)：53-58.
文军. 2012. 中国社会组织发展的角色困境及出路. 江苏行政学院学报，(1)：57-61.
巫琼. 2012. 关于创新社会管理中农村社会组织建设对策研究. 硕士学位论文. 南昌：江西农业大学.
吴津，毛力熊. 2011. 公益组织培育新机制——公益组织孵化器研究. 兰州学刊，(6)：46-53.
吴晓婷. 2016. 四川省农业经营主体培育政策效果研究. 硕士学位论文. 成都：四川农业大学.
夏英，王震，李芸. 2013. 农村科技服务行为：组织模式和机制分析. 基层农技推广，(8)：35-41.
肖建英. 2010. “太行山道路”研究. 硕士学位论文. 兰州：西北农林科技大学.
谢菊. 2006. 新农村建设中的农村民间组织发展研究. 中国行政管理，(10)：64-67.
谢宇，谢建社. 2012. 政府培育发展和规范管理社会组织研究. 城市观察，(2)：55-61.
新华社. 2015. 中共中央办公厅、国务院办公厅《深化农村改革综合性实施方案》. http://www.gov.cn/zhengce/2015-11/02/content_2958781.htm[2015-11-02].
熊彼特 J A. 1990. 经济发展理论. 何畏，易家详，等译. 北京：商务印书馆.
熊俊. 2010. 农村科技服务组织的生存困境与出路. 硕士学位论文. 长沙：中南大学.
熊鹂，徐琳杰，焦悦，等. 2018. 美国农业科技创新和推广体系建设的启示.中国农业科技导报，20（10)：21-26.
许世卫，李哲敏. 2005. 荷兰、法国农业科研体制及对我国的启示. 科学管理研究，(6)：97-101.
许小玲，马贵侠. 2013. 社会组织培育：动因、困境及前瞻. 理论与改革，(5)：39-43.
闫芳. 2013. 中国农村合作经济组织的演进逻辑研究. 博士学位论文. 上海：上海交通大学.
杨雄，程福财. 2014. 当前我国社会组织培育和监管的问题与对策. 毛泽东邓小平理论研究，

（4）：20-26.
杨艳花. 2014. 社会组织培育中的政府角色定位. 产业与科技论坛，（13）：104-105.
姚监复. 1996. 农村专业技术协会的发展趋势与政策选择. 中国农村经济，（1）：33-37.
叶维伟. 2012. 农民科技教育服务组织发展问题的对策研究. 硕士学位论文. 南昌：江西农业大学.
尹志刚. 2010. 社会组织培育与社会建设制度框架建构——基于北京市西城区社会组织的调查. 北京工业大学学报（社会科学版），（5）：1-11.
俞可平. 2002. 中国公民社会的兴起与治理的变迁. 北京：社会科学文献出版社.
袁学国. 2012. 面向新农村建设构建新型农村科技服务体系. 中国农村科技，（11）：24-25.
岳金柱. 2010. “公益创投”：社会组织培育发展的创新模式. 社团管理研究，（4）：12-15.
岳靓，孙超. 2014. 我国当前农业科技服务体系研究. 山西农业大学学报（社会科学版），（5）：487-492.
岳中文. 2014. 我国农村社会组织培育发展浅析. 学理论，（28）：102-103.
张宝娟. 2012. 公益性社会组织培育发展研究——基于江苏省的实证分析. 社团管理研究，（3）：18-22.
张丙宣. 2012. 支持型社会组织：社会协同与地方治理. 浙江社会科学，（10）：45-50.
张芳芳. 2013. 社会组织介入农村社区发展的途径和机制研究. 硕士学位论文. 成都：四川省社会科学院.
张建成，刘斌. 2005. 发展农村合作组织构建农村和谐社会. 井冈山师范学院学报，（2）：73-76.
张武强，汪雷. 2011. 大力发展农村合作组织提高农村公共物品供给能力. 铜陵学院学报，（2）：8-10.
张雨，高峰，刘智敏，等. 2008. 科技特派员制度创新模式与机制研究. 农业经济问题，（1）：61-65.
张云英. 2011. 农村社会组织：农村社会管理创新的基础. 湖南农业大学学报（社会科学版），12（6）：1-4.
赵伯艳. 2012. 社会组织在公共冲突治理中的作用研究. 博士学位论文. 天津：南开大学.
赵建春. 2002. 技术创新原理及体系构建. 郑州：河南人民出版社.
周秋琴. 2010. 农民专业合作组织发展中出现的问题及其对策. 全国商情（理论研究），（4）：69-72.
周小花. 2012. 农村社会组织在农村社会管理中的作用研究. 安徽农业科学，（33）：16458-16461.
朱小梅，柏振忠，王红玲. 2005. 湖北省公益性农业技术推广服务体系改革模式的利弊分析. 中国农村经济，（12）：22-28.
Archibugi D，Michie J. 1997. Technological globalisation or national systems of innovation. Futures，（2）：121-137.
Coase R H. 1992. The institutional structure of production. American Economic Review，82（4）：713-719.
Coleman J S. 1990. Foundations of Social Theory. Cambridge：Harvard University Press：117-128.
Emelianoff I V. 1942. Economic Theory of Cooperation. Detroit：Edwards Brothers.
Kidd A D，Lamers J P A，Ficarelli P P，et al. 2000. Privatising agricultural extension：Caveat emptor. Journal of Rural Studies，16（1）：95-102.
Porter M E. 1990. The Competitive Advantage of Nations. New York：The Macmillian Press.

后　记

习近平总书记在十九大报告中提到“创新是引领发展的第一动力”①，作为创新体系关键组成部分的科技创新是国家经济发展的重要引擎。科技类社会组织是科技创新、科技研发和科技成果转化的重要载体，它在创新资源集聚、创新活动开展、创新成果转化、创新环境营造、推动产业升级等方面发挥了不可替代的作用。当把科技类社会组织落脚在农村、农业上，可以充分发挥农村科技型社会组织对培育新型农业经营主体、实现农业规模化经营、健全农业社会化服务体系的优势，对实现小农户和现代农业发展有机衔接，加快推进农业农村现代化，促进农村一二三产业融合发展、实现乡村振兴更是意义重大。

目前，学界对农村科技型社会组织的研究培育的研究稍显薄弱，本书在充分借鉴和吸收国内外最新研究成果的基础上，结合历年来国家对科技创新和社会组织发展、“三农”问题的相关文件及政策法规，精心安排框架体系，注重理论联系实际，突出研究的前沿性、针对性、实用性、系统性和开创性，对我国农村科技型社会组织培育进行了初步探索。

本书是作者2015年主持华中科技大学自主创新重大交叉研究基金项目“创新驱动视域下农村科技型社会组织培育研究”（项目批准号：2015AD002）的成果体现。作为长期从事政府治理、非政府组织、科技管理及科技政策等方面的研究和教学的工作者，近年来对社会组织这个领域进行了初步探索，主持过多项国家级、省部级科研项目，并相继先后出版《城市中介组织管理》《区域创新与科技中介服务体系建设》《农村中介组织网络解析与构建》《社会组织解析》《非营利组织管理》等有关社会组织方面的著作和教材。参与相关专题研究和本书撰写工作的有华中科技大学徐顽强教授，博士研究生乔纳纳、肖宇、赵梦楚、宋信强、钟钦崄、李敏、王文彬，硕士研究生王德莉、胡经纬、李莉、帅维、任勇俊、于周旭等。本书的写作还得到相关专家学者及相关部门的大力支持与指导，在此表示由衷的感谢。

---

① http://cpc.people.com.cn/n1/2017/1028/c64094-29613660-7.html

农村科技型社会组织方面的研究还较少，本书只作出一些有益的探索，意在抛砖引玉，吸引更多的学者关注该项研究，为解决“三农”问题尽一份绵薄之力。鉴于作者水平有限，本书可能存在不足之处，我们真诚期待学术同行和专家、农村科技型社会组织领域从业者的批评指正。

徐顽强

2017 年 12 月于武汉